博雅国际汉语精品教材
北大版长期进修汉语教材

博雅汉语听说·初级起步篇 Ⅰ

Boya Chinese
Listening and Speaking (Elementary) Ⅰ

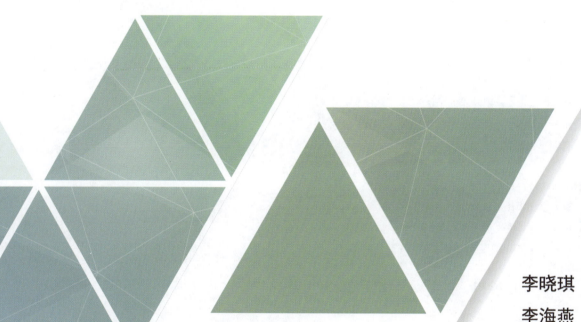

李晓琪　主编
李海燕　编著

图书在版编目（CIP）数据

博雅汉语听说·初级起步篇Ⅰ/李海燕编著. —北京：北京大学出版社，2019.9
北大版长期进修汉语教材
ISBN 978-7-301-30644-4

Ⅰ.①博… Ⅱ.①李… Ⅲ.①汉语-听说教学-对外汉语教学-教材 Ⅳ.①H195.4

中国版本图书馆CIP数据核字（2019）第167800号

书　　名	博雅汉语听说·初级起步篇Ⅰ BOYA HANYU TINGSHUO·CHUJI QIBU PIAN Ⅰ
著作责任者	李海燕　编著
责任编辑	唐娟华
标准书号	ISBN 978-7-301-30644-4
出版发行	北京大学出版社
地　　址	北京市海淀区成府路205号　100871
网　　址	http://www.pup.cn　　新浪微博：@北京大学出版社
电子信箱	zpup@pup.cn
电　　话	邮购部 010-62752015　发行部 010-62750672　编辑部 010-62767349
印刷者	北京大学印刷厂
经销者	新华书店
	889毫米×1194毫米　大16开本　23.25印张　602千字 2019年9月第1版　2019年9月第1次印刷
定　　价	118.00元（含课本、听力文本及参考答案）

未经许可，不得以任何方式复制或抄袭本书之部分或全部内容。
版权所有，侵权必究
举报电话：010-62752024　电子信箱：fd@pup.pku.edu.cn
图书如有印装质量问题，请与出版部联系，电话：010-62756370

前　言

"听、说、读、写"是第二语言学习者必备的四项语言技能，全面掌握了这四项技能，就能够实现语言学习的最终目标——运用语言自由地进行交际。为实现这一目的，自20世纪中后期起，从事汉语教学工作的教材编写者们在综合教材之外，分别编写了听力教材、口语教材、阅读教材和写作教材，这对提高学习者的"听、说、读、写"四项语言技能起到了至关重要的作用。不过，由于各教材之间缺乏总体设计，各位编者各自为政，产生的结果就是教材主题比较零散，词汇和语言点数量偏多，重现率偏低。这直接影响到教学效果，也不符合第二语言学习规律和现代外语教学原则。21世纪以来，听说教材和读写教材开始出现，且以中级听说教材和中级读写教材为主，这是教材编写的新现象。

本套系列教材突破已有教材编写的局限，根据语言教学和语言习得的基本原则，将听力教学和口语教学相结合，编写听说教材9册，将阅读教学和写作教学相结合，编写读写教材6册，定名为《博雅汉语听说》《博雅汉语读写》系列教材。这是汉语教材编写的一次有益尝试。为保证教材的科学性和有效性，在编写之前，编者们多次研讨，为每册教材定性（教材的语言技能性质）、定位（教材的语言水平级别）和定量（教材的话题、词汇和语言点数量），确保了教材设计的整体性和科学性。这符合现代外语教材编写思路和原则，也是本套教材编写必要性的集中体现。相信本套教材的出版，可为不同层次的学习者（从初级到高级）学习和掌握汉语的听说、读写技能提供切实的帮助，可为不同院校的听说课程和读写课程提供突出语言功能的成系列的好用教材。

还要说明的是，早在2004年，北京大学对外汉语教育学院的一些教师已经陆续编写和出版了《博雅汉语》综合系列教材，共9册。该套教材十余年来受到使用者的普遍欢迎，并获得北京大学2016年优秀教材奖。2014年，该套教材根据使用者的需求进行了修订。本次编写的《博雅汉语听说》《博雅汉语读写》系列教材与《博雅汉语》综合教材成龙配套，形成互补（听说9册与综合9册对应，读写6册分为初、中、高三个级别，也与综合教材对应）和多维度的立体结构。无论是从教材本身的体系来看，还是从出版的角度来说，同类系列汉语教材这样设计的还不多见，《博雅汉语》和《博雅汉语听说》《博雅汉语读写》系列教材的出版开创了汉语教材的新局面。

本套教材（听说系列、读写系列）的独特之处有以下几点：

1. 编写思路新，与国际先进教学理念接轨

随着中国国际地位的提高，世界各国、各地区学习汉语的人越来越多，汉语教学方兴未艾，编写合适的汉语系列教材是时代的呼唤。目前世界各地编写的汉语教材数量众多，但是很多教材缺乏理论指导，缺乏内在的有机联系，没有成龙配套，这不利于汉语教学的有效开展。国内外汉语教学界急需有第二语言教学最新理论指导的、有内在有机联系的、成龙配套的系列教材。本套系列教材正是在此需求下应运而生，它的独到之处主要体现在编写理念上。

第二语言的学习，在不同的学习阶段有不同的学习目标和特点，因此《博雅汉语听说》《博雅汉语读写》系列教材的编写既遵循了汉语教材的一般性编写原则，也充分考虑到各阶段的特点，较好地体现了各自的特色和目标。两套教材侧重不同，分别突出听说教材的特色和读写教材的特色。前者注重听说能力的训练，在过去已有教材的基础上有新的突破；后者注重读写能力的训练，特别重视模仿能力的培养。茅盾先生说："模仿是创造的第一步。"行为主义心理学也提出"模仿"是人类学习不可逾越的阶段。这一思想始终贯穿于整套教材之中。说和写，都从模仿开始，模仿听的内容，模仿读的片段，通过模仿形成习惯，以达到掌握和创新。如读写教材，以阅读文本为基础，阅读后即引导学习者概括本段阅读的相关要素（话题、词语与句式），在此基础上再进行拓展性学习，引入与文本话题相关的词语和句式表达，使得阅读与写作有机地贯通起来，有目的、有计划、有步骤、有梯度地帮助学生进行阅读与写作的学习和训练。这一做法在目前的教材中还不多见。

2. 教材内容突出人类共通文化

语言是文化的载体，也是文化密不可分的一部分，语言受到文化的影响而直接反映文化。为在教材中全面体现中华文化的精髓，又突出人类的共通文化，本套教材在教学文本的选择上花了大力气。其中首先是话题的确定，从初级到高级采取不同方法。初级以围绕人类共通的日常生活话题（问候、介绍、饮食、旅行、购物、运动、娱乐等）为主，作者或自编，或改编，形成初级阶段的听或读的文本内容。中级阶段，编写者以独特的视角，从人们日常生活中的喜怒哀乐出发，逐渐将话题拓展到对人际、人生、大自然、环境、社会、习俗、文化等方面的深入思考，其中涉及中国古今的不同，还讨论到东西文化的差异，视野开阔，见解深刻，使学习者在快乐的语言学习过程中，受到中国文化潜移默化的熏陶。高级阶段，以内容深刻、语言优美的原文为范文，重在体现人文精神、突出人类共通文化，让学习者凭借本阶段的学习，能够恰当地运用其中的词语和结构，能够自由地与交谈者交流自己的看法，能够自如地写下自己的观点和意见……最终能在汉语的天空中自由地飞翔。

3. 充分尊重语言学习规律

本套教材从功能角度都独立成册、成系列，在教学上完全可以独立使用；但同时又与综合教材配套呈现，主要体现在三个方面：

（1）与《博雅汉语》综合系列教材同步，每课的话题与综合教材基本吻合；

（2）词汇重合率在25%以上，初级阶段重合率在45%以上；

（3）语言知识点在重现的基础上有限拓展。

这样，初级阶段做到基本覆盖并重现综合教材的词语和语言点，中高级阶段，逐步加大难度，重点学习和训练表达任务与语言结构的联系和运用，与《博雅汉语》综合教材的内容形成互补循环。

配套呈现的作用是帮助学习者在不同的汉语水平阶段，各门课程所学习的语言知识（词语、句式）可以互补，同一话题的词语与句式在不同语境（"听说读写"）中可以重现，可以融会贯通，这对学习者认识语言，同步提高语言"听说读写"四项技能有直接的帮助。

4. 练习设置的多样性和趣味性

练习设计是教材编写中的重要一环，也是本套教材不同于其他教材的特点之一。练习的设置除了遵循从机械性练习向交际练习过渡的基本原则外，还设置了较多的任务型练习，充分展示"做中学""练中学"的教学理念，使学习者在已有知识的基础上得到更深更广的收获。

还要特别强调的是，每课的教学内容也多以听说练习形式和阅读训练形式呈现，尽量减少教师的讲解，使得学习者在课堂上获得充分的新知识的输入与内化后的语言输出，以帮助学习者尽快掌握汉语"听说读写"技能。这也是本套教材的另一个明显特点。

此外，教材中还设置了综合练习和多种形式的拓展训练，这些练习有些超出了本课听力或阅读所学内容，为的是让学习者在已有汉语水平的基础上自由发挥，有更大的提高。

综上，本套系列教材的总体设计起点高，视野广，既有全局观念，也关注每册的细节安排，并且注意学习和借鉴世界优秀第二语言学习教材的经验；参与本套系列教材的编写者均是具有丰富教学经验的优秀教师，多数已经在北京大学从事面向留学生的汉语教学工作超过20年，且有丰硕的科研成果。相信本套系列教材的出版将为正在世界范围内开展的汉语教学提供更大的方便，进一步推动该领域的学科建设向纵深发展，为汉语教材的百花园增添一束具有鲜明特色的花朵。

衷心感谢北京大学出版社的领导和汉语室的各位编辑，是他们的鼓励和支持，促进了本套教材顺利立项（2016年北京大学教材立项）和编写实施；是他们的辛勤耕作，保证了本套教材的设计时尚、大气，色彩及排版与时俱进，别具风格。

李晓琪

于北京大学蓝旗营

使用说明

《博雅汉语听说·初级起步篇Ⅰ》是《博雅汉语听说》系列教材的第一册,是一本适合零起点学习者的初级汉语听说教材。本册教材共25课,第1—3课内容为汉语拼音和日常用语,帮助学生打好语音基础。第4—25课围绕日常生活中最常见的情景和话题进行听、说技能训练,满足学生用汉语进行日常交际的基本需求。

本教材本着由易到难、循序渐进的原则,平均每课生词为25个左右,共选取口语常用词语540个左右。前面一些课内容不多,可2课时左右完成一课教学,后面一些课内容逐渐丰富,可4课时左右完成一课教学。

本教材的话题、语法点与《博雅汉语·初级起步篇Ⅰ》基本一致,重现了《博雅汉语·初级起步篇Ⅰ》69%左右的生词(复现词语用*标记),另外补充的31%左右多为口语常用词语。与《博雅汉语·初级起步篇Ⅰ》相比,本教材更注重口语特征,加强了听说训练;选材注重实用性和趣味性,以学生实际生活为本,选取小话题、小段落,带出语法点。因此,本教材既可以作为听说教材单独使用,也可以与《博雅汉语·初级起步篇Ⅰ》配套使用,在内容和语言技能训练方面形成互补,更好地提高常用词语和表达方式的重现率和学生汉语听说的熟练度。

本教材充分展示"练中学"的教学理念。每课教学内容完全以听说练习形式呈现,尽量减少教师的讲解,在词语、句子和语段等不同层面进行充分的输入和输出训练。练习数量多,形式多样,便于课堂操作,可以帮助学生尽快提高汉语听、说技能。这是本教材与同类教材相比最大的区别和特点。

对于初学汉语的学习者来说,语言输出的能力较弱,语言输入和感知更为重要,所以本教材在设计上听力比重较大,以听的方式感知话语,先听后说,以听带说,将听和说直接联系起来,更有利于促进口头表达。除了语音部分(前3课)以外,每课的主要版块分为:词语、听说词语、听说句子、听说一段话及相关的交际练习、重点句子等。

"词语"列表主要是帮助教师和学生对本课的生词有一个全面清晰的了解,教师不必在课堂上一一进行讲解,可让学生先预习,然后课堂教学直接进入"听说词语"练习环节。

"听说词语"部分的内容包括本课生词和常用短语,从词语的语音听辨入手,到词语的意义理解、常用搭配和结构,再到朗读、说出短语,目的是让学生比较熟练地掌握本课生词,为下面的"听说句子"做准备。

"听说句子"部分的练习也是由易到难,从听辨句子中的某个词语,把生词放在句子中进行输入开始,过渡到重复句子、句子问答等练习,在句子的层面进一步强化训练听说能力。

"听说一段话"部分每课编写了两段或三段对话或独白式语段,这些对话或语段既是每课的听力练习材料,也可以看作每课的课文。在课堂教学中,教师可以先放录音,完成对话或语段的听力练习,然后引导学生朗读、讲练、复述这几段话。在掌握课文的基础上,本教材最后还编写了角色扮演、看图说话、成段表达等语段练习以及综合的课堂交际活动,目的是提高学生综合运用语言的能力,同时通过多样的活动活跃课堂气氛。

每课最后的"重点句子"基本上选自本课,以帮助学生复习巩固本课的重点语句。

作为零起点的汉语听说教材,汉字虽不是教学的重点,但往往会成为学生学习的难点,因此本教材的"听说词语""听说句子"的部分内容、"听说一段话"的听力文本及相关练习基本上都标注了拼音。同时,为了让学生能够逐渐摆脱拼音这个拐杖,从第21课开始,部分练习不再标注拼音。

为了降低学生初学汉语的难度,本教材配有大量的图片,目的是直观、形象地帮助学生理解、掌握语言材料,增强学习的趣味性,同时绝大部分的练习指令、说明配有英文翻译,便于学生理解,也可以减少教师解释说明的时间,提高课堂效率。

本教材采用阶梯式设计,按照词语——句子——语段、机械性练习——半机械性练习——交际性练习的顺序,由浅入深,逐渐扩展。教师可以根据学生的实际水平和学习能力灵活选用教材中的内容。

李海燕

目录

第 1 课　拼音和日常用语（一）…………………………………………… 1

第 2 课　拼音和日常用语（二）…………………………………………… 6

第 3 课　拼音和日常用语（三）…………………………………………… 10

第 4 课　你叫什么名字 …………………………………………………… 16

第 5 课　认识你很高兴 …………………………………………………… 24

第 6 课　这是什么 ………………………………………………………… 33

第 7 课　欢迎去我家玩儿 ………………………………………………… 42

第 8 课　明天晚上你有时间吗 …………………………………………… 50

第 9 课　我们怎么去 ……………………………………………………… 58

第 10 课　西瓜怎么卖 ……………………………………………………… 69

第 11 课　明天天气怎么样 ………………………………………………… 80

第 12 课　我正在等公共汽车呢 …………………………………………… 89

第 13 课　你打算买什么样子的 …………………………………………… 99

第 14 课　祝你生日快乐 …………………………………………………… 109

第 15 课　我可以试试吗 …………………………………………………… 119

第 16 课　来一斤饺子 ……………………………………………………… 129

第 17 课　喝茶还是喝咖啡 ………………………………………………… 139

第 18 课　今天我七点半就起床了 ………………………………………… 150

第19课	你又熬夜了	160
第20课	我想请一天假	170
第21课	每个人要说多长时间	180
第22课	明天你下了课去哪儿	189
第23课	假期有什么打算	198
第24课	学得怎么样	209
第25课	准备好了吗	218
词语总表		227

第 1 课 拼音和日常用语（一）

听力录音

21 个声母

1-1

b	p	m	f
d	t	n	l
g	k	h	
j	q	x	
z	c	s	
zh	ch	sh	r

 二　听录音，选择你听到的声母　Listen and choose the initials that you heard
1-2

1. b　p　　　　　　　　　　2. d　t
3. n　l　r　　　　　　　　　4. g　k　h
5. j　zh　z　　　　　　　　　6. q　ch　c
7. x　sh　s　　　　　　　　　8. zh　ch　sh　r

 三　听写　Dictation
1-3

1. _____　2. _____　3. _____　4. _____　5. _____

6. _____　7. _____　8. _____　9. _____　10. _____

11. _____　12. _____　13. _____　14. _____　15. _____

三　三个人一组，一个人任意读一个声母，另外两个人写出听到的那个声母，互相纠正读得或写得对不对　In a group of three, one person reads an initial at will, and the other two write down the initial that they heard. Correct the reading or writing by each other

1

6个单韵母

```
a        o        e
i        u        ü
```

4个声调

一声 the first tone	二声 the second tone	三声 the third tone	四声 the fourth tone
ˉ	ˊ	ˇ	ˋ
ā	á	ǎ	à

注意：

1. 声调要标在韵母中"a、o、e、i、u、ü"这六个字母上。
The tone should be marked on the six main vowels "a, o, e, i, u, ü" in the finals.

2. 汉语中，还有一种又轻又短的调子，叫轻声。轻声不标声调符号。
There is also a light and short tone in Chinese called Neutral. There is no tone marks on the Neutral.

  一 跟着录音朗读 Listen to the recording and read aloud

ā	á	ǎ	à
ō	ó	ǒ	ò
ē	é	ě	è
ī	í	ǐ	ì
ū	ú	ǔ	ù
ǖ	ǘ	ǚ	ǜ

第1课　拼音和日常用语（一）

 二　听录音，选择你听到的音节　Listen and choose the syllables that you heard

1. bā　　bō　　　　　　2. nǐ　　nǔ
3. lù　　nù　　　　　　4. gē　　gū
5. ná　　lá　　　　　　6. cū　　chū
7. jǔ　　zhǔ　　　　　 8. rè　　lè
9. zī　　zū　　　　　　10. sè　　sù
11. dǎ　　tǎ　　　　　 12. jì　　qù
13. kè　　kù　　　　　 14. xū　　shū
15. pí　　pú　　　　　 16. fó　　fú
17. mò　　mù　　　　　 18. mǎ　　nǎ
19. hù　　tù　　　　　 20. shé　　shá

注意：

1. 声母是j、q、x时，韵母ü上的两点省略不写。如"ju、qu、xu"，这里的u是"ü"，不是"u"。

When the initials is "j, q" or "x", the two dots above "ü" in the final are dropped. For example, in "ju, qu, xu", where "u" is actually "ü", not "u".

2. 当声调标在韵母i上时，i上就不用再加点了。如"mī、dì、jǐ、qí"。

When the tone is marked on the final "i", there is no need to add a dot above "i", such as: mī, dì, jǐ, qí.

 三　听录音，把下面的音节填写完整，包括声调　Listen and complete the following syllables, including tones

1. __ā（八）　　__ǎ（打）　　__ā（擦）　　__á（茶）
　 __ī（鸡）　　__ē（喝）　　__ì（字）　　__ē（歌）

2. __（饿）　　d__（读）　　b__（笔）　　c__（词）
　 d__（大）　　ch__（车）　　b__（把）　　b__（不）
　 ch__（差）　　ch__（吃）　　h__（和）　　d__（得）

3

3. mām__（妈妈）　　b__ba（爸爸）　　j__zi　（句子）

　　sh__fu（舒服）　　kèq__（客气）　　zh__shi（知识）

4. f__xí　（复习）　　chūf__（出发）　　k__shì（可是）

　　kǎch__（卡车）　　lǜs__（绿色）　　sh__zì（数字）

　　nǔl__（努力）　　bǐr__（比如）　　sùsh__（宿舍）

　　zìj__（自己）　　lìsh__（历史）　　jìx__（继续）

　　chūz__chē（出租车）

四　三个人一组，一个人读练习三中的任意音节，另外两个人写出听到的音节，互相纠正读得或写得对不对　In a group of three, one person reads the syllables in Exercise 3 at will, and the other two write down the syllables that they heard. Correct the reading or writing by each other

日常用语

1-9

一　跟着录音朗读　Listen to the recording and read aloud

1. Nǐ hǎo!　　　你好！　　　How are you? / How do you do?
2. Xièxie.　　　谢谢。　　　Thanks!
3. Bú kèqi.　　　不客气。　　You are welcome. / It's OK.
4. Duìbuqǐ.　　　对不起。　　Sorry.
5. Méi guānxi.　　没关系。　　It's OK.
6. Zàijiàn!　　　再见！　　　Bye!

二　两个人一组，互相问答　Ask and answer each other in pairs

1. A：Nǐ hǎo! 你好！

　　B：_____。

4

2. A：Xièxie! 谢谢!

   B：_____。

3. A：Duìbuqǐ! 对不起!

   B：_____。

4. A：Zàijiàn! 再见!

   B：_____。

第 2 课 拼音和日常用语（二）

听力录音

13 个复韵母

2-1

ai	ei	ao	ou	
ia	ie	ua	uo	üe
iao	iou (iu)	uai	uei (ui)	

2-2

一 听录音，选择你所听到的韵母 Listen and choose the finals that you heard

1. ai   ei   2. uai   uei (ui)
3. ao   ou   4. iao   iou (iu)
5. ua   uo   6. ie   üe
7. ia   iao   8. ei   uei (ui)

2-3

二 听写 Dictation

1. _____   2. _____   3. _____   4. _____
5. _____   6. _____   7. _____   8. _____
9. _____   10. _____ 11. _____ 12. _____

2-4

三 听录音，在合适的字母上标写声调 Listen and add tone marks on the proper letters

1. bai   hao   tou   fei   dui   duo
   gua   zuo   shui   jia   lei   mao
   niao   niu   que   zhua   cuo   huai
   xie   rou

6

2. xuexi   bisai   bucuo   huacha   fa shao   li kai
   guojia   haochi   huida   jiaozi   kafei   meimei
   niunai   pao bu   shoubiao

> **注意:**
>
> 1. 声调标写的顺序为：a、o、e、i、u、ü。比如"hǎo、xiè、jiào、xué"。
> The preferred order of tone marking: a, o, e, i, u, ü. For example: hǎo, xiè, jiào, xué.
>
> 2. u和i一起出现时，声调要标在后面的元音上。比如"duì、diū"。
> When there are the vowels "u" and "i" in the syllable together, the tone mark should be above the latter one. For example: "duì, diū".

四 三个人一组，一个人读练习三中的任意音节，另外两个人写出听到的音节，互相纠正读得或写得对不对 In a group of three, one person reads the syllables in Exercise 3 at will, and the other two write down the syllables that they heard. Correct the reading or writing by each other

16个鼻音韵母

an	ian	uan	üan
ang	iang	uang	
en	in	uen(un)	üen(ün)
eng	ing	ueng	
ong	iong		

  一 **朗读** Read aloud

a	ian	an	uan	uang	ao	ang	iang
o	uo	ou	iou	ong	iong	ao	
e	ei	en	eng	uei	uen	ueng	ie

i	ia	ian	ie	iao	iou	in	ing
ji	qi	xi					
zi	ci	si					
zhi	chi	shi	ri				

二 听录音，选择你听到的韵母 Listen and choose the finals that you heard

1. an　　　ang　　　　　　2. en　　　eng
3. in　　　ing　　　　　　4. ian　　　iang
5. uan　　　uang　　　　　6. ong　　　iong
7. un　　　uan　　　　　　8. ueng　　　eng
9. ou　　　ong　　　　　　10. in　　　en

三 听录音，把下面的音节填写完整，包括声调 Listen and complete the following syllables, including tones

1. __īng（听）　　　__án（男）　　　__óng（红）
   __ěng（冷）　　　__ōng（中）　　　__ùn（困）

2. ___（爱）　　　c___（从）　　　ch___（唱）
   q___（钱）　　　q___（请）　　　sh___（山）
   sh___（上）　　　t___（汤）　　　t___（疼）
   r___（人）　　　q___（穷）

3. ānj___（安静）　　　ch___tiān（春天）　　　b___zhù（帮助）
   ch___shì（城市）　　　d___huà（电话）　　　dāngr___（当然）
   fángj___（房间）　　　gāox___（高兴）　　　Sh___hǎi（上海）
   guānx___（关心）　　　j___miàn（见面）　　　lǚx___（旅行）
   Běij___（北京）

8

第 2 课　拼音和日常用语（二）

四 三个人一组，一个人读练习三中的任意音节，另外两个人写出听到的音节，互相纠正读得或写得对不对　In a group of three, one person reads the syllables in Exercise 3 at will, and the other two write down the syllables that they heard. Correct the reading or writing by each other

日常用语

一 跟着录音朗读　Listen to the recording and read aloud

1. Zǎoshang hǎo!	早上好！	Good morning!
2. Wǎnshang hǎo!	晚上好！	Good evening!
3. Míngtiān jiàn!	明天见！	See you tomorrow!
4. Qǐng jìn!	请进！	Come in, please!
5. Shénme?	什么？	What?
6. Duōshao qián?	多少钱？	How much?

二 两个人一组，互相问答　Ask and answer each other in pairs

1. A：Zǎoshang hǎo! 早上好！

　　B：_____。

2. A：Wǎnshang hǎo! 晚上好！

　　B：_____。

3. A：Míngtiān jiàn! 明天见！

　　B：_____。

第3课 拼音和日常用语（三）

听力录音

卷舌元音

3-1

er

3-2

一 跟着录音朗读 Listen to the recording and read aloud

1. èr（二）
2. érzi（儿子）
3. nǚ'ér（女儿）
4. érnǚ（儿女）
5. ěrduo（耳朵）
6. érqiě（而且）

儿化韵

3-3

huā—huār	hào—hàor
gè—gèr	xiǎohái—xiǎoháir
mén—ménr	gēn—gēnr
shuǐ—shuǐr	gài—gàir
tóu—tóur	xìn—xìnr
zì—zìr	diǎn—diǎnr
píng—píngr	qiú—qiúr

注意：

er用在一些名词的词尾，和前面的韵母融合成为一个音节，叫作儿化韵，写作r。儿化韵有时表示喜爱的语气，比如"花儿(huār, flower)"；有时形容物

第3课　拼音和日常用语（三）

品细、小，比如"冰棍儿(bīnggùnr, ice-sucker)"；有的词语儿化以后词义和词性发生了变化，比如"头(tóu, head)—头儿(tóur, leader)" "信(xìn, letter)—信儿(xìnr, information)" "盖(gài, to cover)—盖儿(gàir, lid)" "画(huà, to draw)—画儿(huàr, picture)" "尖(jiān, sharp)—尖儿(jiānr, top)"。儿化韵在一些方言如北京话中用得比较多。

"er" is used at the end of some nouns and merges with the preceding vowels to form a syllable, called Retroflex final, written as "r". Retroflex final sometimes expresses a kind of fondness mood, such as "huār (flower)". Sometimes it describes small things as "bīnggùnr (ice-sucker)". The meaning and part of speech of some words will change after being retroflexed, such as "tóu (head) — tóur (leader)" "xìn (letter) — xìnr (information)" "gài (to cover) — gàir (lid)" "huà (to draw) — huàr (picture)" "jiān (sharp) — jiānr (top)". Retroflex final is widely used in some dialects, such as Beijing dialect.

一　跟着录音朗读　Listen to the recording and read aloud

1. hàomǎr　　　　fěnmòr　　　　zhǐhér　　　　tǔdòur
   gàn huór　　　niǎor　　　　　huàr

2. pír　　　　　　jīr　　　　　　mǐlìr　　　　yǒuqùr
   xiǎo qír

3. qízǐr　　　　　cìr　　　　　　ròusīr　　　　shír
   guǒzhīr

4. xiédàir　　　　guǎi wānr　　　fànguǎnr　　　xīménr
   yìdiǎnr　　　　bàntiānr　　　 mòshuǐr

5. xìnfēngr　　　dànhuángr　　　chóngr

6. jìnr　　　　　diànyǐngr　　　bīnggùnr

y 和 w

i—yi	in—yin	ing—ying	
u—wu			
ü—yu	üe—yue	üan—yuan	ün—yun
ia—ya	ie—ye	iao—yao	iou—you
ian—yan	iang—yang	iong—yong	
ua—wa	uo—wo	uai—wai	uei—wei
uan—wan	uen—wen	uang—wang	ueng—weng

注意：

1. i开头的韵母，前面没有声母时，"i、in、ing"写成"yi、yin、ying"；"ia、ie、iao、iou、ian、iang、iong"写成"ya、ye、yao、you、yan、yang、yong"。

If a final starts with "i" and without any initial ahead, "i, in, ing" are written into "yi, yin, ying"; "ia, ie, iao, iou, ian, iang, iong" are written into "ya, ye, yao, you, yan, yang, yong".

2. ü开头的韵母，前面没有声母时，要在韵母前加上y，去掉ü上的两点儿，写成"yu、yue、yuan、yun"。

If a final starts with "ü" and without any initial ahead, we add a "y" before the final and remove the two dots above "ü". The syllables should be written into "yu, yue, yuan, yun".

3. u开头的韵母，前面没有声母时，u写成wu，其他的要把u写成w，如：wa、wo。

When there is no initial before the final "u", we add "w" before the final, and "u" is written into "wu". When there is no initial before a final starting with "u", we change "u" into "w", such as "wa, wo".

 一 **跟着录音朗读** Listen to the recording and read aloud

| yīnyuè | Yīngyǔ | yóu yǒng | yuányīn |
| yǎnyuán | yīyuàn | wǒmen | wǔwèi |

wǎnshang	wèntí	xīnwén	lǎowēng
yǐwài	yīnwèi	wūyún	wāyǒng
wāngyáng	wèilái		

三声变调

nǐ hǎo → ní hǎo

一 跟着录音朗读 Listen to the recording and read aloud

shǒubiǎo	fǔdǎo	kěyǐ	xiǎojiě
lǎohǔ	yǔsǎn	biǎoyǎn	shuǐguǒ
kǒuyǔ	yěxǔ	yǔfǎ	zhǎnlǎnguǎn

Wǒ xiǎng liǎojiě nǐ.   Qǐng nǐ zǎo diǎnr lái.

Gěi wǒ liǎng wǎn mǐfàn.

"一、不"变调

注意:

1. "不"的变调:"不"单念或在第一声、二声、三声前读bù,如"bù tīng、bù lái、bù hǎo";"不"在第四声前读bú,如"bú qù"。

Tone changes of 不: When 不 stands by itself or precedes a 1st, 2nd or 3rd tone, pronounced as "bù", for example: "bù tīng, bù lái, bù hǎo", but it is pronounced as "bú" when it precedes a 4th tone, for example: "bú qù".

2. "一"的变调:"一"在第一声、二声、三声前读yì,如"yì bēi、yì píng、yìqǐ";"一"在第四声前读yí,如"yíqiè"。

Tone changes of 一: When 一 precedes a 1st, 2nd or 3rd tone, pronounced as "yì", for example: "yì bēi, yì píng, yìqǐ", but it is pronounced as "yí" when it precedes a 4th tone, for example: "yíqiè".

一 跟着录音朗读，并给其中的"bu"和"yi"标声调 Listen to the recording and read aloud. Please add tone marks above "bu" and "yi"

bu tīng	bu xíng	bu hǎo	bucuò
bu chī	bu nán	bu dǒng	bu yào
yi tiān	yi nián	yi wǎn	yigòng
yi jīn	yizhí	yiqǐ	yidìng
yibān	yi máo	yidiǎnr	yixiàr

 二 听录音，选择你听到的音节 Listen and choose the syllables that you heard

1. gùnr　　gēnr　　　　　　2. huā　　huār
3. kǒuyǔ　　kǒuyù　　　　　4. bùtóng　　bù dǒng
5. yuànwàng　　yuǎnwǎng　　6. yóu yǒng　　yǒngyuǎn
7. yùnqi　　yuánqì　　　　　8. yí biàn　　yìbān
9. Fǎyǔ　　fāyù　　　　　　10. yǔyán　　wūyán

 三 听录音，把下面的音节填写完整，包括声调 Listen and complete the following syllables, including tones

1. n____（哪儿）　　　zh____（这儿）　　　n____（那儿）

　　g____ wānr（拐弯儿）　hǎow____（好玩儿）　d____ménr（东门儿）

　　____óur（头儿）　　　qì____uǐr（汽水儿）　x____háir（小孩儿）

2. xǐ z____（洗澡）　　suǒ____（所以）　　　fěn____（粉笔）

　　xiǎng____（想法）　　jiǎn____（减少）　　dǎo____（导演）

　　lǐ____（理想）　　　děng____（等你）　　lǐng____（领导）

3. ____bēi shuǐ（一杯水）　____huì（不会）　　____qiè（一切）

　　____wèi（一位）　　　____shǎo（不少）　　____kèqi（不客气）

　　bú____ xiè（不用谢）　___gāox___（不高兴）　___kuàir（一块儿）

　　___guānx___（不关心）　___guì（不贵）　　___ge rén（一个人）

14

第 3 课　拼音和日常用语（三）

四　三个人一组，一个人读练习三中的任意音节，另外两个人写出听到的音节，互相纠正读得或写得对不对　In a group of three, one person reads the syllables in Exercise 3 at will, and the other two write down the syllables that they heard. Correct the reading or writing by each other

日常用语

3-12

一　跟着录音朗读　Listen to the recording and read aloud

1. Míngbai le.　　　　　　明白了。　　　　　I see.
2. Wǒ tīng bu dǒng.　　　　我听不懂。　　　　I don't understand.
3. Qǐng zài shuō yí biàn.　　请再说一遍。　　　Please say it again.
4. Tài guì le!　　　　　　　太贵了！　　　　　It's too expensive!
5. Piányi (yì) diǎnr ba!　　　便宜（一）点儿吧！　A little cheaper.
6. Cèsuǒ zài nǎr?　　　　　厕所在哪儿？　　　Where is the toilet?

二　两个人一组，互相问答　Ask and answer each other in pairs

1. A：Míngbai le ma? 明白了吗？

　　B：_____。

2. A：Duōshao qián? 多少钱？

　　B：Wǔbǎi kuài. 500块。

　　A：_____。

第 4 课 你叫什么名字

听力录音

词语

4-1

1.	你*	nǐ	代	you	你好
2.	叫*	jiào	动	to call	你叫什么
3.	什么*	shénme	代	what	叫什么
4.	名字*	míngzi	名	name	他的名字
5.	他*	tā	代	he; him	他是学生
6.	学*	xué	动	to learn; to study	学什么
7.	姓*	xìng	动	to be surnamed	姓什么 | 姓李
8.	好*	hǎo	形	well; good	你好
9.	我*	wǒ	代	I; me	我叫大卫
10.	是*	shì	动	am; is; are	他是老师
11.	不*	bù	副	no; not	不是
12.	老师*	lǎoshī	名	teacher	李老师
13.	学生*	xuésheng	名	student	中国学生
14.	留学生*	liúxuéshēng	名	foreign student	她是留学生
15.	吗*	ma	助	used at the end of a declarative sentence to transform it into a question	是吗 | 好吗

专有名词

1.	中国*	Zhōngguó		China	中国留学生

16

第 4 课 你叫什么名字

2.	汉语*	Hànyǔ	Chinese language	学汉语
3.	李	Lǐ	a Chinese surname	李老师｜李军
4.	王	Wáng	a Chinese surname	王老师｜王大卫

听说词语

4-2

一　听录音，写声调　Listen and write the tones

1. ta（他）　　ni（你）　　xue（学）　　ming（名）
   xing（姓）　hao（好）　wo（我）　　lao（老）
   liu（留）　　shi（是）　bu（不）　　jiao（叫）

2. laoshi（老师）　　　　　xuesheng（学生）
   shenme（什么）　　　　　mingzi（名字）
   liuxuesheng（留学生）　　Zhongguo（中国）
   Hanyu（汉语）

4-3

二　听录音，选择听到的词语　Listen and choose the words that you heard

1. tā（他）　　　　　　dà（大）
2. shì（是）　　　　　sì（四）
3. xiè（谢）　　　　　xué（学）
4. shēng（生）　　　　shén（什）
5. Hànyǔ（汉语）　　　Hányǔ（韩语）

4-4

三　听录音，选择正确的拼音　Listen and choose the correct *Pinyin*

1. (　) A. lǎosī　　　　B. lǎoshī　　　　C. lǎoshì
2. (　) A. xuésheng　　 B. xiéshēng　　　C. xuéshēng
3. (　) A. shénma　　　B. shénmì　　　　C. shénme
4. (　) A. míngzì　　　B. míngzi　　　　C. mínzi
5. (　) A. bú kèqi　　　B. bú kèqì　　　　C. bú kūqì
6. (　) A. liúxuéshēng　B. lǎo xuéshēng　C. lóuxuéshēng

17

四 朗读词语　Read the following words aloud

1. 你（nǐ）　　　　　　　　我（wǒ）
   他（tā）

2. 老师（lǎoshī）　　　　　王老师（Wáng lǎoshī）
   学生（xuésheng）　　　　留学生（liúxuéshēng）

3. 是（shì）　　　　　　　　不是（bú shì）
   好（hǎo）　　　　　　　　不好（bù hǎo）

4. 叫什么（jiào shénme）　　是什么（shì shénme）
   学什么（xué shénme）　　姓什么（xìng shénme）

五 读词语，连线　Read and match the words

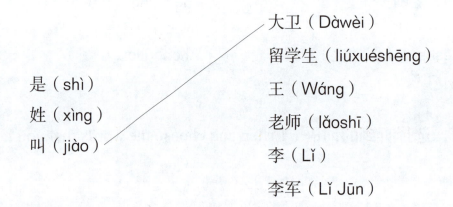

注意：
中国人的姓名是姓在前，名字在后。比如：李军、王大卫。
In China, the family name comes before the given name. For example, 李军，王大卫.

听说句子

4-5

一　听录音，填空（可以写拼音）　Listen and fill in the blanks (you can write in *Pinyin*)

1. 你是_____吗？

2. 大卫不是老师，他是_____。

3. 你_____大卫吗？

4. 我不叫大卫，我叫_____。

5. 你_____什么？

6. 老师_____什么？

7. 老师姓_____，不姓_____。

8. 他是李老师，_____王老师。

二 听录音，把听到的句子的序号填到相应的图片下面　Listen to the recording. Fill in the serial numbers of the sentences that you heard under the corresponding pictures

4-6

（1）_____　　（2）_____　　（3）_____　　（4）_____

三 跟着录音重复句子　Listen to the recording and repeat the sentences

4-7

四 两个人一组，互相问答　Ask and answer each other in pairs

1. A：你好！ Nǐ hǎo!

   B：_____

2. A：早上好！ Zǎoshang hǎo!

   B：_____

3. A：你好！你叫什么名字？ Nǐ hǎo! Nǐ jiào shénme míngzi?

   B：_____

4. A：你是李老师吗？Nǐ shì Lǐ lǎoshī ma?

   B：_____

5. A：你的老师姓什么？Nǐ de lǎoshī xìng shénme?

   B：_____

6. A：你是中国学生吗？Nǐ shì Zhōngguó xuésheng ma?

   B：_____

7. A：你是大卫吗？Nǐ shì Dàwèi ma?

   B：_____

8. A：你学什么？Nǐ xué shénme?

   B：_____

五 看图，回答录音中的问题 Look at the pictures and answer the questions in the recording

4-8

1.

2.

3.

4.

第4课　你叫什么名字

听说一段话

一　听录音，选择正确答案　Listen to the recording and choose the right answer

[第一段录音]　你叫什么名字

1. 李军是留学生吗？Lǐ Jūn shì liúxuéshēng ma?（　　）
   A. 是　shì　　　　　　　B. 不是　bú shì

2. 玛丽学汉语吗？Mǎlì xué Hànyǔ ma?（　　）
   A. 学　xué　　　　　　　B. 不学　bù xué

[第二段录音]　他是中国学生吗

1. 他是中国学生吗？Tā shì Zhōngguó xuésheng ma?（　　）
   A. 是　shì　　　　　　　B. 不是　bú shì

2. 老师姓什么？Lǎoshī xìng shénme?（　　）
   A. 李　Lǐ　　　　　　　B. 王　Wáng

二　朗读　Read aloud

1. 你好！你是王老师吗？我叫玛丽，是留学生。
   Nǐ hǎo! Nǐ shì Wáng lǎoshī ma? Wǒ jiào Mǎlì, shì liúxuéshēng.

2. 你好！我叫李军，你叫什么名字？
   Nǐ hǎo! Wǒ jiào Lǐ Jūn, Nǐ jiào shénme míngzi?

3. 你好！我姓王，叫王大卫，是中国学生，不是留学生。
   Nǐ hǎo! Wǒ xìng Wáng, jiào Wáng Dàwèi, shì Zhōngguó xuésheng, bú shì liúxuéshēng.

三 用所给的词语看图说话 Look at the picture and talk with the words given

是　叫　姓　学

四 交际练习 Communicative practice

老师把班里学生的姓名分别写在不同的卡片上，然后打乱顺序，发给每个学生一张卡片（卡片上的名字不是本人的），要求学生们离开座位，通过问答找到卡片上的人。

The teacher will write down the names of students on different cards, and then give each student a card in a random order. The students are expected to leave their seats and find the person on the card by asking and answering questions.

问题提示 Question prompt

你是……吗？　你叫什么名字？　你姓什么？

如果问的人不是卡片上的人，要求问清楚他叫什么名字，并记下来。活动时间5至10分钟。活动结束后要求每个学生介绍卡片上的人和刚认识的人，看谁认识的人最多。

If the person asked is not the person on the card, ask him / her what his / her name is and write it down. The activity will last 5—10 minutes. After the activity, each student will be asked to introduce the person on the card and the person he/she just met, and see who knows the most people.

第4课　你叫什么名字

重点句子

1. 你好！Nǐ hǎo!
2. 你叫什么名字？Nǐ jiào shénme míngzi?
3. 我叫李军。Wǒ jiào Lǐ Jūn.
4. 你是留学生吗？Nǐ shì liúxuéshēng ma?
5. 他不是留学生，是中国学生。Tā bú shì liúxuéshēng, shì Zhōngguó xuésheng.
6. 我学汉语。Wǒ xué Hànyǔ.
7. 他姓什么？Tā xìng shénme?
8. 他姓王。Tā xìng Wáng.

第 5 课 认识你很高兴

听力录音

词语

5-1

1.	认识*	rènshi	动	to know	不认识他
2.	很*	hěn	副	very	很好
3.	高兴*	gāoxìng	形	happy; glad	很高兴｜不高兴
4.	人*	rén	名	people; person	哪国人
5.	她*	tā	代	she; her	她是留学生
6.	这*	zhè	代	this	这是王老师
7.	哪*	nǎ	代	which	哪个人
8.	个*	gè	量	measure word	哪个大学
9.	国*	guó	名	country	中国｜美国｜英国
10.	也*	yě	副	also; too	他也是学生
11.	你们	nǐmen	代	you (plural)	你们来吗
12.	我们*	wǒmen	代	we; us	我们很好
13.	他们	tāmen	代	they; them	他们是谁
14.	朋友*	péngyou	名	friend	好朋友
15.	国家	guójiā	名	country	哪个国家
16.	大学*	dàxué	名	university	我们大学
17.	同学*	tóngxué	名	classmate	我的同学
18.	同屋*	tóngwū	名	roommate	我的同屋

第 5 课　认识你很高兴

| 19. | 呢* | ne | 助 | used at the end of a special, atternative, or rhetorical question to indicate a question | 你呢 |
| 20. | 的* | de | 助 | auxiliary word indicating possession, roughly equivalent to "-s" suffix | 我的老师 |

专有名词

1.	美国*	Měiguó	the United States	美国人
2.	韩国	Hánguó	The Republic of Korea	韩国学生
3.	英国	Yīngguó	the United Kingdom	英国人
4.	北京大学*	Běijīng Dàxué	Peking University	北京大学的学生

听说词语

一　听录音，写声调　Listen to the recording and add tone marks

1. ren（人）　　　　ta（她）　　　　zhe（这）
   na（哪）　　　　ge（个）　　　　da（大）
   guo（国）　　　　hen（很）　　　　ye（也）

2. nimen（你们）　　women（我们）　　tamen（他们）
   renshi（认识）　　gaoxing（高兴）　　pengyou（朋友）
   Beijing（北京）　　Zhongguo（中国）　Meiguo（美国）
   Hanguo（韩国）　　Yingguo（英国）　　guojia（国家）
   daxue（大学）　　 tongxue（同学）　　tongwu（同屋）

二　听录音，把下面的音节填写完整，包括声调　Listen and complete the following syllables, including tones

1. ___óngxué（同学）　　tā___en（她们）　　___ǐmen（你们）
   g___xìng（高兴）　　___ěn hǎo（很好）　　r___shi（认识）
   Zh___guórén（中国人）

25

2. d__xué （大学）　　　guóji__ （国家）　　　t__ngxuémen（同学们）

　　p__ngyou（朋友）　　　tóngw__ （同屋）　　　n__ guó rén （哪国人）

🎧 三 听录音，选择听到的词语　Listen and choose the words that you heard
5-4

1. rén（人）　　　　　　rèn（认）
2. guó（国）　　　　　　gè（个）
3. hàn（汉）　　　　　　hěn（很）
4. hǎo（好）　　　　　　lǎo（老）
5. tóngwū（同屋）　　　 dòngwù（动物）
6. shénme（什么）　　　 rénmen（人们）

四 朗读词语　Read the following words

1. 你们　（nǐmen）　　　　　　我们　（wǒmen）
   她们　（tāmen）　　　　　　他们　（tāmen）
   人们　（rénmen）　　　　　　老师们（lǎoshīmen）
   同学们（tóngxuémen）　　　　朋友们（péngyoumen）

2. 哪国人　（nǎ guó rén）　　　哪个人　（nǎge rén）
   哪个国家（nǎge guójiā）　　　哪个大学（nǎge dàxué）

3. 很高兴（hěn gāoxìng）　　　　不认识（bú rènshi）
   好朋友（hǎo péngyou）

注意：

"们"和英语中的复数"-s/-es"不同，"们"只能用于表示人的名词后，不能说"桌子们"；如果名词前边有数量词或有别的复数成分，就不能用"们"，不能说"三个老师们""我们是学生们"，应该说"三个老师""我们是学生"。

Different from the plurals "-s/-es" in English, "们" can only be used after the nouns that denote people, and we can't say "桌子们"; if there are quantifiers or other plural elements in front of the nouns, we can't use "们". For example, we can't say "三个老师们" "我们是学生们", we should say "三个老师" and "我们是学生".

第 5 课　认识你很高兴

五　**看国旗，说一说国旗代表的是哪个国家** Look at the national flags and talk about which countries they represent

参考词语

法国（Fǎguó）　　　中国（Zhōngguó）　　　美国（Měiguó）

英国（Yīngguó）　　德国（Déguó）　　　　韩国（Hánguó）

日本（Rìběn）　　　加拿大（Jiānádà）　　　澳大利亚（Àodàlìyà）

俄罗斯（Éluósī）　　泰国（Tàiguó）　　　　西班牙（Xībānyá）

27

> **注意：**
> 表达"我的国家"或"我们国家"时，一般不说"我的国"或"我们的国"。Usually we say "我的国家" or "我们国家" instead of "我的国" or "我们的国".

听说句子

5-5

一　听录音，填空（可以写拼音） Listen and fill in the blanks (you can write in *Pinyin*)

1. 你是_____国人？
2. 我_____李军，是中国人，你呢？
3. 我是英国人，他们_____是英国人。
4. 大卫是我的_____，玛丽_____是我的同学。
5. 我们_____中国人，他们_____中国人。
6. 你_____朋友是哪国人？
7. 你是韩国人，你的_____也是韩国人吗？
8. 我_____他，你认识吗？

5-6

二　听录音，把听到的句子的序号填到相应的图片下面 Listen to the recording. Fill in the serial numbers of the sentences that you heard under the corresponding pictures

（1）_____

（2）_____

（3）_____

第 5 课　认识你很高兴

　　　　（4）_____　　　　　　　　（5）_____

 三　跟着录音重复句子　Listen to the recording and repeat the sentences

5-7

四　两个人一组，互相问答　Ask and answer each other in pairs

1. A：你是哪国人？Nǐ shì nǎ guó rén?

　　B：_____

2. A：我是北京大学的留学生，你呢？Wǒ shì Běijīng Dàxué de liúxuéshēng, nǐ ne?

　　B：_____

3. A：你是中国人吗？Nǐ shì Zhōngguórén ma?

　　B：_____

4. A：你是哪个大学的学生？Nǐ shì nǎge dàxué de xuésheng?

　　B：_____

5. A：你的好朋友叫什么名字？Nǐ de hǎo péngyou jiào shéme míngzi?

　　B：_____

6. A：你的汉语老师姓什么？Nǐ de Hànyǔ lǎoshī xìng shénme?

　　B：_____

7. A：认识你很高兴。Rènshi nǐ hěn gāoxìng.

　　B：_____

8. A：你认识我的同屋吗？Nǐ rènshi wǒ de tóngwū ma?

　　B：_____

29

五 看图，回答录音中的问题 Look at the pictures and answer the questions in the recording

1.
2.
3.
4.

听说一段话

 一 听录音，回答问题 Listen to the recording and answer the questions

[第一段录音] 认识你很高兴

1. 李美是哪国人？大卫呢？　Lǐ Měi shì nǎ guó rén? Dàwèi ne?
2. 玛丽是大卫的好朋友吗？李美呢？　Mǎlì shì Dàwèi de hǎo péngyou ma? Lǐ Měi ne?

[第二段录音] 她是英国人

1. 安娜认识丽丽吗？　Ānnà rènshi Lìli ma?
2. 丽丽是哪国人？　Lìli shì nǎ guó rén?

第 5 课　认识你很高兴

[第三段录音] 我们是留学生

1. 马克是哪个国家的留学生？丽丽呢？　Mǎkè shì nǎge guójiā de liúxuéshēng? Lìli ne?
2. 他们是哪个大学的留学生？　Tāmen shì nǎge dàxué de liúxuéshēng?

二　用所给的词语看图说话　Look at the picture and talk with the words given

你们　你　是　谁　叫　名字　什么　认识　高兴

三　交际练习　Communicative practice

老师发给每个学生A、B两张卡片，A卡片上是同学的名字，B卡片上是一个国家名（最好班里有这个国家的学生），要求学生们离开座位，找到A卡片上的人，并问他是不是B卡片上那个国家的人。如果不是，了解他（她）是哪国人，并继续寻找谁是B卡片上那个国家的人。

The teacher will give each student two cards: card A with a student's name on it and card B with a country's name on it. The students are expected to leave their seats and find the person on the card A and ask him/her if he/she is from the country on card B. If not, please know about which country he/she comes from and keep on looking for people that are from the country on card B.

问题提示 Question prompt

你是……吗？　你是……国人吗？　你是哪国人？　你呢？

活动时间5到10分钟。活动结束后要求每个学生先介绍A卡片上人的国籍，再介绍有哪些同学是B卡片上那个国家的人。

The activity will last 5—10 minutes. After the activity, each student will be asked to introduce the nationality of the person on card A and then introduce which students are from the country on card B.

重点句子

1. 认识你很高兴！Rènshi nǐ hěn gāoxìng !
2. 我也很高兴。Wǒ yě hěn gāoxìng.
3. 这是我的同学。Zhè shì wǒ de tóngxué.
4. 我是韩国留学生，你呢？Wǒ shì Hánguó liúxuéshēng, nǐ ne?
5. 你是哪国人？Nǐ shì nǎ guó rén?
6. 你是哪个大学的留学生？Nǐ shì nǎge dàxué de liúxuéshēng?
7. 你认识她吗？Nǐ rènshi tā ma?
8. 她是我的同学，也是我的同屋。Tā shì wǒ de tóngxué, yě shì wǒ de tóngwū.

第 6 课   这是什么

听力录音

词语

 6-1

1.	那*	nà	代	that	那是什么
2.	书*	shū	名	book	我的书
3.	谁	shuí / shéi	代	who; whom	他是谁；谁的书
4.	笔	bǐ	名	pen	这是谁的笔
5.	水*	shuǐ	名	water	一瓶水
6.	本子	běnzi	名	notebook	我的本子
7.	教室*	jiàoshì	名	classroom	我们的教室
8.	手机*	shǒujī	名	mobile phone	谁的手机
9.	电脑	diànnǎo	名	computer	你的电脑
10.	书包	shūbāo	名	schoolbag	一个书包
11.	来*	lái	动	to come; to indicate someone will do something	我来介绍一下儿
12.	介绍*	jièshào	动	to introduce	介绍朋友
13.	一下儿*	yíxiàr	数量	used after a verb to indicate a brief action	我来介绍一下儿
14.	大*	dà	形	big	教室很大

专有名词

1.	日语*	Rìyǔ		Japanese	日语书
2.	英语	Yīngyǔ		English	英语书
3.	韩语	Hányǔ		Korean	韩语书

33

听说词语

 一、听录音，写声调 Listen and write the tones

1. zhe（这）　　na（那）　　na（哪）　　shu（书）
   shui（谁）　　bi（笔）　　shui（水）

2. Hanyu（汉语）　　Riyu（日语）　　Yingyu（英语）　　Hanyu（韩语）

3. benzi（本子）　　jiaoshi（教室）　　shouji（手机）
   diannao（电脑）　　shubao（书包）

注意：

"这、那、哪、谁"在口语中常常说"zhèi、nèi、něi、shéi"。

"这、那、哪、谁" are usually pronounced as "zhèi, nèi, něi, shéi" in spoken Chinese.

 二、听录音，把听到的词语写在相应的图片下面，并大声朗读 Listen to the recording. Write down the words that you heard under the corresponding pictures and read them aloud

(1) _____　　(2) _____　　(3) _____

(4) _____　　(5) _____　　(6) _____

　　（7）_____　　　　（8）_____　　　　（9）_____

三　朗读词语　Read the following words aloud

1. 谁（shuí / shéi）　　那（nà / nèi）　　这（zhè / zhèi）
   哪（nǎ / něi）

2. 同屋（tóngwū）　　日语（Rìyǔ）　　英语（Yīngyǔ）
   手机（shǒujī）　　书包（shūbāo）　　本子（běnzi）
   朋友（péngyou）　　电脑（diànnǎo）　　教室（jiàoshì）

3. 学汉语（xué Hànyǔ）　　好学生（hǎo xuésheng）
   介绍朋友（jièshào péngyou）

四　读下面的词组，注意"的"的用法　Read the following phrases and pay attention to the usage of "的"

1. 谁的书（shéi de shū）　　我的笔（wǒ de bǐ）
   他的本子（tā de běnzi）　　朋友的书包（péngyou de shūbāo）
   老师的电脑（lǎoshī de diànnǎo）　　大卫的同学（Dàwèi de tóngxué）
   我们的教室（wǒmen de jiàoshì）

2. 我（的）同学 [wǒ（de）tóngxué]
   他（的）朋友 [tā（de）péngyou]
   我（的）同屋 [wǒ（de）tóngwū]
   他们（的）老师 [tāmen（de）lǎoshī]
   我们（的）国家 [wǒmen（de）guójiā]

3. 中国人（Zhōngguórén）　　什么书（shénme shū）
   汉语书（Hànyǔshū）　　美国留学生（Měiguó liúxuéshēng）

英语老师（Yīngyǔ lǎoshī）　　好朋友（hǎo péngyou）
大教室（dà jiàoshì）

4. 很好的朋友（hěn hǎo de péngyou）
很大的教室（hěn dà de jiàoshì）
我朋友的笔（wǒ péngyou de bǐ）
我妈妈的朋友（wǒ māma de péngyou）
我们老师的手机（wǒmen lǎoshī de shǒujī）

> **注意：**
> 1. 名词、代词做定语表示领属关系时，要加"的"，如"我的书"。
> When a noun or pronoun is used as the attribute, or modifying word to indicate possession, "的" is inserted between the words, for example, "我的书".
> 2. 表示亲属关系时，常常不用"的"，如"我妈妈"。加"的"表示强调。
> When it comes to the kinship, "的" is usually omitted, for example, "我妈妈". "的" is added only to emphasize.
> 3. 名词或形容词做定语表示性质，一般不加"的"，如"汉语书""好朋友"。
> When a noun or adjective is used as the attribute to indicate the character, "的" is usually omitted, for example, "汉语书""好朋友".
> 4. 定语中有"很"修饰时，要用"的"，如"很好的朋友"。
> When the attribute is modified by "很", we should use "的", for example, "很好的朋友".

听说句子

 一 听录音，填空（可以写拼音） Listen and fill in the blanks (you can write in *Pinyin*)

1. 这是_____？
2. 那是_____？
3. 这是我的_____朋友。

第6课　这是什么

4. 谁是大卫的_____？

5. 这是谁的_____？

6. 那是你的_____吗？

7. 这是谁的_____？

8. 这不是我的_____。

二　听录音，把听到的句子的序号填到相应的图片下面　Listen to the recording. Fill in the serial numbers of the sentences that you heard under the corresponding pictures

（1）_____

（2）_____

（3）_____

（4）_____

（5）_____

三　听录音中的问题，选择合适的回答，把相关问题的序号填在括号里　Listen to the questions, choose the proper answer and fill in the serial numbers of corresponding questions

（　）是英国人。Shì Yīngguórén.

（　）不是，是李军的。Bú shì, shì Lǐ Jūn de.

（　）是大卫的。Shì Dàwèi de.

（　）她不是老师。Tā bú shì lǎoshī.

（　　）这是汉语书。Zhè shì Hànyǔshū.

（　　）他是大卫的同学。Tā shì Dàwèi de tóngxué.

（　　）玛丽也是我的好朋友。Mǎlì yě shì wǒ de hǎo péngyou.

（　　）那是电脑。Nà shì diànnǎo.

四 跟着录音重复句子　Listen to the recording and repeat the sentences

6-7

五 两个人一组，互相问答　Ask and answer each other in pairs

1. A：这是什么？Zhè shì shénme?

   B：_____

2. A：你是哪国的留学生？Nǐ shì nǎ guó de liúxuéshēng?

   B：_____

3. A：那个人是谁？你认识吗？Nàge rén shì shéi? Nǐ rènshi ma?

   B：_____

4. A：你的汉语老师姓什么？Nǐ de Hànyǔ lǎoshī xìng shénme?

   B：_____

5. A：你们的教室大吗？Nǐmen de jiàoshì dà ma?

   B：_____

6. A：这是什么书？Zhè shì shénme shū?

   B：_____

7. A：谁是美国留学生？Shéi shì Měiguó liúxuéshēng?

   B：_____

8. A：这是谁的笔？Zhè shì shéi de bǐ?

   B：_____

第6课　这是什么

听说一段话

一　听录音，选择正确答案　Listen to the recording and choose the right answer

6-8

［第一段录音］　那是什么

1. 那是什么书？Nà shì shénme shū？（　　）

　　A. 汉语书 Hànyǔshū　　　　　　B. 英语书 Yīngyǔshū

2. 那是谁的书？Nà shì shéi de shū？（　　）

　　A. 大卫的 Dàwèi de　　　　　　B. 大卫同屋的 Dàwèi tóngwū de

6-9

［第二段录音］　这是谁的手机

1. 这是谁的手机？Zhè shì shéi de shǒujī？（　　）

　　A. 马克的 Mǎkè de　　　　　　B. 大卫的 Dàwèi de

2. 马克认识大卫吗？Mǎkè rènshi Dàwèi ma？（　　）

　　A. 认识 rènshi　　　　　　　　B. 不认识 bú rènshi

6-10

［第三段录音］　我来介绍一下儿

1. 玛丽是哪国人？Mǎlì shì nǎ guó rén？（　　）

　　A. 加拿大 Jiānádà　　　　　　B. 日本 Rìběn

2. 他们的教室大吗？Tāmen de jiàoshì dà ma？（　　）

　　A. 不大 bú dà　　　　　　　　B. 很大 hěn dà

二　用所给的词语看图说话　Look at the pictures and talk with the words given

这　　那　　的　　教室　　谁　　同屋　　是

参考词语

宿舍　　床（chuáng; bed）　　桌子　　椅子

参考句式

这/那是什么？　　这/那是谁的……？　　这/那是……吗？

三　根据下面的参考词语和句式，介绍一下儿你的同学、朋友、教室和宿舍
According to the following reference words and patterns, introduce your classmates, friends, classroom and dormitory

参考词语

很漂亮　　很好　　很大

参考句式

我来介绍一下儿……　　这是……　　这是……的……

四　交际练习　Communicative practice

老师在课堂上尽量多地把自己的和各位同学的东西，比如笔、书、书包、本子、词典、手机等打乱放在讲台上或者教室的某个地方，然后轮流找几位同学把每件东西还给主人，在还东西以前要先说出东西的名字，然后问清楚东西是谁的。还的时候要说明东西是谁的。

The teacher will put the students' belongings everywhere in the classroom randomly, such as the pen, book, schoolbag, notebook, dictionary, mobile phone and so on. And then ask several students to return every item to its owner. Before giving it back, the student should speak out its name first, and ask whose thing it is. When returning it, the student should make it clear whose thing it is.

问题提示 Question prompt

这是……　　这是谁的……？　　这是……的吗？　　这是……的……

第 6 课　这是什么

重点句子

1. 这是什么？　Zhè shì shénme?
2. 那是什么书？　Nà shì shénme shū?
3. 这是谁的手机？　Zhè shì shéi de shǒujī?
4. 我来介绍一下儿。　Wǒ lái jièshào yíxiàr.
5. 这是我的好朋友。　Zhè shì wǒ de hǎo péngyou.
6. 我们是很好的朋友。　Wǒmen shì hěn hǎo de péngyou.
7. 这是我们的教室。　Zhè shì wǒmen de jiàoshì.
8. 我们的教室很大。　Wǒmen de jiàoshì hěn dà.

第7课 欢迎去我家玩儿

听力录音

词语

7-1

1.	欢迎*	huānyíng	动	to welcome	欢迎你
2.	去*	qù	动	to go	去哪儿｜去学校
3.	家*	jiā	名	home	我家｜你家
4.	玩儿*	wánr	动	to play	去哪儿玩儿
5.	住*	zhù	动	to live	住宿舍
6.	在*	zài	动	to be at (in)	在哪儿
7.	哪儿*	nǎr	代	where	住在哪儿
8.	里（边）*	lǐ(bian)	名	inside	宿舍里｜学校里边
9.	远	yuǎn	形	far	远吗｜不远
10.	学校*	xuéxiào	名	school	我们学校
11.	宿舍*	sùshè	名	dormitory	留学生宿舍
12.	房间*	fángjiān	名	room	我的房间
13.	左边*	zuǒbian	名	the left side	在左边
14.	东边*	dōngbian	名	the east side	学校东边
15.	外边	wàibian	名	outside	学校外边
16.	专业*	zhuānyè	名	major	什么专业
17.	国际关系	guójì guānxi		international relations	国际关系专业

42

第7课 欢迎去我家玩儿

18.	研究生*	yánjiūshēng	名	graduate student	他是研究生
19.	右边*	yòubian	名	the right side	在右边
20.	就*	jiù	副	at once; right away	不远，就在学校里

听说词语

一 听录音，把下面的音节填写完整，包括声调 Listen and complete the following syllables, including tones

1. zh____（住）   z____i（在）   n____r（哪儿）   j____（家）
   l____（里）   q____（去）   w____r（玩儿）   y____（远）

2. xué____iào（学校）   sù____è（宿舍）
   ____uān____íng（欢迎）   ____áng____iān（房间）
   ____āo____ìng（高兴）   ____uǒ____ian（左边）
   ____ōng____ian（东边）   ____ài____ian（外边）

3. zh____yè（专业）   g____jì g____xi（国际关系）
   y____j____shēng（研究生）

二 把听到的词语用拼音或汉字写在图中合适的位置 Please write down the words you heard in the proper places (you can write in *Pinyin*)

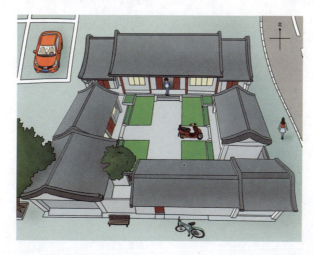

43

三　朗读词语　Read the following words aloud

1. 在哪儿（zài nǎr）　　　　　　在这儿（zài zhèr）
   在那儿（zài nàr）　　　　　　在学校（zài xuéxiào）
   在东边（zài dōngbian）　　　　在左边（zài zuǒbian）
   在你的右边（zài nǐ de yòubian）

2. 不在家（bú zài jiā）　　　　　不在宿舍（bú zài sùshè）
   不在教室里边（bú zài jiàoshì lǐbian）

3. 去哪儿（qù nǎr）　　　　　　去学校（qù xuéxiào）
   去玩儿（qù wánr）　　　　　　欢迎你（huānyíng nǐ）

4. 右边的房间（yòubian de fángjiān）
   学校的东边（xuéxiào de dōngbian）
   老师的左边（lǎoshī de zuǒbian）

5. 什么专业（shénme zhuānyè）　　汉语专业（Hànyǔ zhuānyè）
   学国际关系（xué guójì guānxi）

四　读词语，找出左边一列词语的反义词并连线　Read the words, find the antonym of the left list of words and match them

里边（lǐbian）　　　　　　我们（wǒmen）
东边（dōngbian）　　　　　右边（yòubian）
左边（zuǒbian）　　　　　　外边（wàibian）
这个（zhège）　　　　　　　学生（xuésheng）
你们（nǐmen）　　　　　　　西边（xībian）
老师（lǎoshī）　　　　　　　那个（nàge）

第 7 课　欢迎去我家玩儿

听说句子

 一　听录音，填空（可以写拼音）　Listen and fill in the blanks (you can write in *Pinyin*)

1. 大卫在_____？
2. 玛丽的_____是大卫吗？
3. 同学，这儿是留学生_____吗？
4. 我家_____学校的东边。
5. 我的朋友是北京大学的_____。
6. 他_____学校外边。
7. 欢迎你_____我家玩儿。
8. 宿舍不_____，_____在那儿。

注意：

"就"用在动词前边，表示加强肯定，如"他就是大卫""书就在这儿"。
"就" is used before verbs to strengthen the affirmatives. For example: "他就是大卫""书就在这儿".

  二　听录音，把听到的句子的序号填到相应的图片下面　Listen to the recording. Fill in the serial numbers of the sentences that you heard under the corresponding pictures

（1）_____　　（2）_____　　（3）_____　　（4）_____

三　听录音中的问题，选择合适的回答，把相关问题的序号填在括号里
Listen to the questions, choose the proper answers and fill in the serial numbers of corresponding questions

（　　）不是，她是中国学生。Bú shì, tā shì Zhōngguó xuésheng.

（　　）北京大学。Běijīng Dàxué.

（　　）不远，就在那儿。Bù yuǎn, jiù zài nàr.

（　　）那是我们的汉语老师。Nà shì wǒmen de Hànyǔ lǎoshī.

（　　）我学国际关系专业。Wǒ xué guójì guānxi zhuānyè.

（　　）是的，这儿就是留学生宿舍。Shì de, zhèr jiù shì liúxuéshēng sùshè.

四　跟着录音重复句子　Listen to the recording and repeat the sentences

五　两个人一组，互相问答　Ask and answer each other in pairs

1. A：你的手机在哪儿？Nǐ de shǒujī zài nǎr?

   B：_____

2. A：你在宿舍吗？Nǐ zài sùshè ma?

   B：_____

3. A：你右边／左边的同学叫什么名字？Nǐ yòubian / zuǒbian de tóngxué jiào shénme míngzi?

   B：_____

4. A：你住在哪儿？Nǐ zhù zài nǎr?

   B：_____

5. A：你是研究生吗？Nǐ shì yánjiūshēng ma?

   B：_____

6. A：你的专业是什么？Nǐ de zhuānyè shì shénme?

   B：_____

7. A：你的宿舍好吗？Nǐ de sùshè hǎo ma?

   B：_____

8. A：你的老师在哪儿？Nǐ de lǎoshī zài nǎr?

   B：_____

六 把下面的东西写在图A中不同的位置上，然后两个人一组，参考所给的词语和句式互相问对方东西在哪儿，把结果写在图B中 Write the following things in different places in Picture A. Then, with a partner, referring to the given words and sentences, ask each other where they are, and write the results in Picture B

书　　本子　　书包　　电脑　　手机

图A

图B

参考词语

左边　　右边　　里边　　外边

参考句式

你的……在哪儿？　　　你的……在这儿吗？

注意：

　　我们不能说"书包的里、教室的外"，可以说"书包（的）里边、教室（的）外边"，也可以说"书包里、教室外"。

　　We cannot say "书包的里，教室的外", but can say "书包（的）里边，教室（的）外边", or you can aslo say "书包里，教室外".

听说一段话

一 听录音，回答问题 Listen to the recording and answer the questions

🎧 7-8

[第一段录音] 你住在哪儿

1. 大卫住在哪儿？玛丽呢？Dàwèi zhù zài nǎr? Mǎlì ne?
2. 玛丽的家远吗？Mǎlì de jiā yuǎn ma?

🎧 7-9

[第二段录音] 这是你的房间吗

1. 大卫的房间在哪边？Dàwèi de fángjiān zài nǎbian?
2. 右边是谁的房间？Yòubian shì shéi de fángjiān?

🎧 7-10

[第三段录音] 她的专业是国际关系

1. 张红的专业是什么？Zhāng Hóng de zhuānyè shì shénme?
2. 张红的家在哪儿？Zhāng Hóng de jiā zài nǎr?

二 两个人一组，用所给的词语根据图画内容对话 Look the picture, use the given words and talk with each other in pairs

在　　是　　哪儿　　东边　　西边　　南边　　北边

第7课　欢迎去我家玩儿

参考词语

食堂（shítáng, canteen）　　　图书馆（túshūguǎn, library）
商店（shāngdiàn, shop）　　　银行（yínháng, bank）
教学楼（jiàoxuélóu, teaching building）

三　两三个人一组，进行对话练习　In a group of 2 or 3, make conversation practice

1. 介绍自己，认识同学。
2. 请同学去你家玩儿。
3. 告诉同学你家在哪儿。

四　交际练习　Communicative practice

请两位同学先到教室外边，然后老师和其他同学把教室里的一件常见小物品（如课本或书包）藏起来。然后请外边的两位同学进来，让他们通过问问题猜大家藏的是什么东西，是谁的东西，在哪儿。别的同学只能回答"是"或者"不是"。

Two students will be asked to go outside the classroom first, and the teacher and other students will hide a common item in the classroom, such as a textbook or a schoolbag. Then let the two students come in and guess what is hidden, whom it belongs to and where it is by asking questions. Other students can only say "是" or "不是".

问题提示 Question prompt

……是笔吗？　　……是……的吗？　　……在你的左边吗？

重点句子

1. 你住在哪儿？ Nǐ zhù zài nǎr?
2. 我住在学校外边。 Wǒ zhù zài xuéxiào wàibian.
3. 她的家就在我们学校的东边。 Tā de jiā jiù zài wǒmen xuéxiào de dōngbian.
4. 欢迎去我家玩儿。 Huānyíng qù wǒ jiā wánr.
5. 右边是谁的房间？ Yòubian shì shéi de fángjiān?
6. 他的专业是国际关系。 Tā de zhuānyè shì guójì guānxi.

第 8 课 明天晚上你有时间吗

听力录音

词语

8-1

1.	明天*	míngtiān	名	tomorrow	明天见
2.	晚上*	wǎnshang	名	night; evening	晚上好
3.	有*	yǒu	动	to have	有什么
4.	时间*	shíjiān	名	time	有时间
5.	几*	jǐ	数	how many	几个人
6.	点*	diǎn	量	o'clock ; hour on the clock	几点
7.	分*	fēn	量	minute	五点十分
8.	刻*	kè	量	a quarter (of an hour)	十二点一刻
9.	差*	chà	动	to lack; to be short (by some amount)	差十分十二点
10.	事*	shì	名	matter or thing	有事儿
11.	一起*	yìqǐ	副	together	一起去
12.	中午*	zhōngwǔ	名	noon	今天中午
13.	食堂*	shítáng	名	canteen	学校食堂
14.	没（有）*	méi(yǒu)	动	to do not have	没（有）时间
15.	上午*	shàngwǔ	名	morning	明天上午
16.	下午*	xiàwǔ	名	afternoon	今天下午
17.	下课*	xià kè		to finish class	几点下课

第8课　明天晚上你有时间吗

18.	吃饭	chī fàn		to eat	一起吃饭
19.	辅导	fǔdǎo	动	to tutor	辅导老师
20.	生日*	shēngrì	名	birthday	明天是他的生日
21.	六*	liù	数	six	六点
22.	半*	bàn	数	half	六点半
23.	见*	jiàn	动	to see; to meet	去见朋友
24.	今天*	jīntiān	名	today	今天星期一
25.	两*	liǎng	数	two	两点｜两个人
26.	课*	kè	名	class; lesson	有课｜没有课
27.	十*	shí	数	ten	十个人
28.	十二	shí'èr	数	twelve	十二点
29.	吧*	ba	助	particle placed at the end of a sentence to indicate a supposition, suggestion, request or order	一起吃饭吧

听说词语

8-2

一　听录音，把下面的音节填写完整，包括声调 Listen and complete the following syllables, including tones

1. j___（几）　　　　d___（点）　　　　f___（分）
   k___（刻）　　　　ch___（差）　　　　y___（有）
   sh___（事）　　　　shij___（时间）　　　y___q___（一起）
   zh___wu（中午）　　shit___（食堂）　　　m___y___（没有）

2. ___àng（上）　　　___ià（下）　　　　___àngwǔ（上午）

51

__iàwǔ（下午） __àng kè（上课） __ià kè（下课）

__ī __àn（吃饭） __ǔ__ǎo（辅导） __ēng__ì（生日）

3. l__（六） b__（半） j__（见）

j__tiān（今天） m__tiān（明天） l____ diǎn（两点）

y____ k__（有课） m__ sh__（没事儿） w__shang（晚上）

 二 按照录音中读的顺序把数字写出来 Listen and write down the following numbers in proper order

8-3

_____

_____

_____

 三 按照录音中读的顺序在钟表上画出时间 Listen and draw the time on the following watches in proper order

8-4

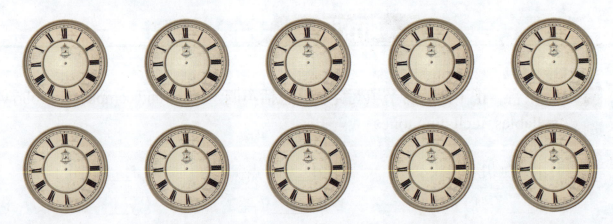

四 朗读词语 Read the following words

1. 今天（jīntiān） 明天（míngtiān） 上午（shàngwǔ）
   下午（xiàwǔ） 晚上（wǎnshang）

第 8 课　明天晚上你有时间吗

2. 几点（jǐ diǎn）　　　六点（liù diǎn）　　　十点十分（shí diǎn shí fēn）
   十二点一刻（shí'èr diǎn yíkè）　　两点半（liǎng diǎn bàn）
   两点三刻（liǎng diǎn sān kè）

3. 时间（shíjiān）　　　　　　　有时间（yǒu shíjiān）
   没有时间（méiyǒu shíjiān）　　上课时间（shàng kè shíjiān）
   下课时间（xià kè shíjiān）　　吃饭时间（chī fàn shíjiān）

4. 课（kè）　　　　　　　　　　上课（shàng kè）
   上什么课（shàng shénme kè）　上汉语课（shàng Hànyǔkè）
   有课（yǒu kè）　　　　　　　没有课（méiyǒu kè）
   几点下课（jǐ diǎn xià kè）

注意：
一般在量词前说"两"，不说"二"，比如"两点""两个人"。
Generally speaking, "两" is used before the measure words instead of "二", such as "两点" "两个人".

五 三个人一组，一个人任意说出下面的时间，另外两个人指出他说的是哪个时间　In a group of three, one person says a time below at will, and another two point out which time he/she said

| 12：30 | 7：02 | 11：20 | 6：55 | 2：15 | 5：45 |
| 15：30 | 8：10 | 20：20 | 22：40 | 13：05 | 16：15 |

听说句子

一 听录音，填空（可以写拼音）　Listen and fill in the blanks（you can write in *Pinyin*）

1. 现在_____点？
2. 今天_____我有课。

3. 晚上_____吃饭。

4. 明天晚上我没有_____。

5. 你有什么_____？

6. _____我去见汉语辅导老师。

7. 明天上午你没有课_____？

8. 今天晚上是他的_____，一起吃饭吧？

二 听录音中的问题，选择合适的回答，把相关问题的序号填在括号里
8-6
Listen to the questions, choose the proper answer and fill in the serial numbers of corresponding questions

（　）下午没事儿。Xiàwǔ méi shìr.

（　）上午十点。Shàngwǔ shí diǎn.

（　）明晚见。Míngwǎn jiàn.

（　）没有。Méiyǒu.

（　）在学校的食堂。Zài xuéxiào de shítáng.

（　）好啊！Hǎo a!

三 跟着录音重复句子 Listen to the recording and repeat the sentences
8-7

四 两个人一组，互相问答 Ask and answer each other in pairs

1. A：现在几点？Xiànzài jǐ diǎn?

   B：_____

2. A：你有汉语辅导老师吗？Nǐ yǒu Hànyǔ fǔdǎo lǎoshī ma?

   B：_____

3. A：明天上午你有课吗？Míngtiān shàngwǔ nǐ yǒu kè ma?

   B：_____

4. A：今天下午三点你有时间吗？Jīntiān xiàwǔ sān diǎn nǐ yǒu shíjiān ma?

   B：_____

5. A：中午你去哪儿吃饭？Zhōngwǔ nǐ qù nǎr chī fàn?

   B：_____

6. A：明天是你的生日吗？Míngtiān shì nǐ de shēngrì ma?

   B：_____

7. A：明天几点上汉语课？Míngtiān jǐ diǎn shàng Hànyǔkè?

   B：_____

8. A：今天你有时间一起吃饭吗？Jīntiān nǐ yǒu shíjiān yìqǐ chī fàn ma?

   B：_____

五 **两个人一组，看图说句子** Work in pairs, look at the pictures and make conversation practice with each other

1. 现在是北京时间上午十点十分，请问，纽约（New York）现在几点？东京（Tokyo）呢？巴黎（Paris）呢？……

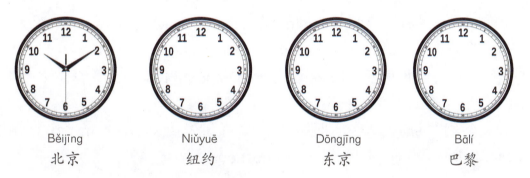

Běijīng 北京　　Niǔyuē 纽约　　Dōngjīng 东京　　Bālí 巴黎

2. 小王的房间在哪儿？小李的房间呢？

小王的房间

小李的房间

一 听录音，回答问题 Listen to the recording and answer the questions

［第一段录音］ 明天晚上你有时间吗

1. 李军明天晚上有时间吗？Lǐ Jūn míngtiān wǎnshang yǒu shíjiān ma?
2. 明天是谁的生日？Míngtiān shì shéi de shēngrì?
3. 他们几点在哪儿一起吃饭？Tāmen jǐ diǎn zài nǎr yìqǐ chī fàn?

［第二段录音］ 你有汉语辅导老师吗

1. 安娜有汉语辅导老师吗？Ānnà yǒu Hànyǔ fǔdǎo lǎoshī ma?
2. 他们几点去见汉语辅导老师？Tāmen jǐ diǎn qù jiàn Hànyǔ fǔdǎo lǎoshī?

［第三段录音］ 明天你有课吗

1. 玛丽明天下午有课吗？Mǎlì míngtiān xiàwǔ yǒu kè ma?
2. 玛丽明天几点下课？Mǎlì míngtiān jǐ diǎn xià kè?
3. 他们几点去哪儿吃饭？Tāmen jǐ diǎn qù nǎr chī fàn?

二 两个人一组，通过问答，把对方的课填在表中 Work in pairs, fill in the timetable by asking and answering questions

时间	今天	明天
8:00 — 10:00	汉语课	
10:00 — 12:00		
13:00 — 15:00		
15:00 — 17:00		
19:00 — 21:00		

参考句式

你今天上午八点有课吗？　　有什么课？　　明天呢？　　你几点有时间？

第 8 课　明天晚上你有时间吗

三 两个人一组，进行对话练习 Work in pairs, make conversation practice

情景：A约B一起去玩儿/吃饭/上课/见朋友……

参考句式

……有时间吗？　　去哪儿……？　　几点……？

四 课堂活动 Class activity

全班同学围坐成一圈，一个人随便从1—5之间选择一个数字开始轮流数数。遇到7或者7的倍数不能说出来，只能拍手表示。比如：A说5，B说6，C拍手……。请说错数字或者拍错手的同学表演一个节目，然后再重新开始。说得越快越好。

The whole class sit around in a circle, and one person randomly selected a number from 1—5 to start counting. If you encounter 7 or a multiple of 7, you can't say it, you can only clap your hand. For example: A says 5, B says 6, C claps... The classmate who says the wrong number or claps the wrong hand should perform a show. Then we will start all over again. The sooner you say, the better.

重点句子

1. 明天晚上你有时间吗？Míngtiān wǎnshang nǐ yǒu shíjiān ma?
2. 你有什么事儿？Nǐ yǒu shénme shìr?
3. 我们一起吃饭吧？Wǒmen yìqǐ chī fàn ba?
4. 几点在哪儿吃饭？Jǐ diǎn zài nǎr chī fàn?
5. 明天下午我没有课。Míngtiān xiàwǔ wǒ méiyǒu kè.
6. 中午十二点一刻食堂见。Zhōngwǔ shí'èr diǎn yíkè shítáng jiàn.

第 9 课　我们怎么去

听力录音

词语

9-1

1.	怎么*	zěnme	代	how	怎么去｜怎么玩儿
2.	号*	hào	名	number	几号｜房间号
3.	坐*	zuò	动	to take (a car, a plane...)	坐车｜坐飞机｜坐地铁
4.	骑*	qí	动	to ride	骑车｜骑马
5.	线	xiàn	名	line	地铁四号线
6.	给*	gěi	动	to give	给谁｜给朋友
7.	楼*	lóu	名	building	一号楼｜宿舍楼
8.	电话*	diànhuà	名	telephone	电话号码｜打电话
9.	东门	dōngmén	名	east gate	学校东门
10.	微信	wēixìn	名	WeChat	微信号｜加微信
11.	旁边*	pángbiān	名	side	旁边的房间｜学校旁边
12.	和*	hé	连	and	我和你｜今天和明天
13.	加	jiā	动	to add	加一下儿我的微信
14.	号码*	hàomǎ	名	number	手机号码
15.	快递	kuàidì	名	express delivery	有你的快递
16.	知道*	zhīdào	动	to know	不知道电话号码
17.	办公室	bàngōngshì	名	office	去办公室｜在办公室
18.	星期六	xīngqīliù	名	Saturday	今天星期六

58

第9课 我们怎么去

19.	地铁*	dìtiě	名	subway	坐地铁
20.	公共汽车*	gōnggòng qìchē		bus	坐公共汽车
21.	飞机	fēijī	名	airplane	坐飞机
22.	火车*	huǒchē	名	train	坐火车
23.	自行车*	zìxíngchē	名	bike	骑自行车
24.	出租车	chūzūchē	名	taxi	坐出租车
25.	男*	nán	名	male	他是男的
26.	女*	nǚ	名	female	她是女的
27.	动物园	dòngwùyuán	名	zoo	去动物园玩儿

听说词语

一 听录音，把拼音写完整 Listen to the recoring and complete the *Pinyin*

1. 写声调

   hao（号）　　　zuo（坐）　　　qi（骑）
   xian（线）　　　gei（给）　　　lou（楼）
   dianhua（电话）　dongmen（东门）　weixin（微信）
   pangbian（旁边）

2. 写声母

   __é（和）　　　　　　　__iā（加）
   __ào__ǎ（号码）　　　　__uài__ì（快递）
   __ī__ào（知道）　　　　__ěn__e（怎么）
   __àn__ōng__ì（办公室）　__òng__ù__uán（动物园）
   __ì__iě（地铁）　　　　__īng__ī__iù（星期六）
   __ēi__ī（飞机）　　　　__uǒ__ē（火车）
   __ì__íng__e（自行车）　__ū__ū__ē（出租车）

3. 写韵母和声调

n____（男）　　　n____（女）　　　g__g__q__ch__（公共汽车）

h____（和）　　　d__h____（电话）　z__m__q__（怎么去）

q__ch____（骑车）　z__ch__（坐车）　zh__y__b__（这样吧）

  二 听录音，写电话号码 Listen to the recording and write down the telephone numbers

9-3

1. _____　　2. _____　　3. _____

4. _____　　5. _____　　6. _____

> 注意：
>
> 　　我们在说号码时，"1"一般说yāo，不说yī，因为yī和qī发音相近，容易听错。
>
> 　　When we say the numbers, "1" is usually pronounced as "yāo" instead of "yī". Because "yī" and "qī" sound similar and will be easily mistaken.

  三 听录音，选择图片并连线 Listen to the recording, and match the pictures with words

9-4

骑自行车　　　　坐地铁　　　　坐公共汽车

坐飞机　　　坐出租车　　　坐火车　　　骑马

第9课　我们怎么去

 四　听录音，把听到的词语写到相应的图片下面，并大声朗读　Listen to the recording. Write down the words that you heard under the corresponding pictures and read them aloud

9-5

(1) _____　　(2) _____　　(3) _____　　(4) _____

(5) _____　　(6) _____　　(7) _____　　(8) _____

五　朗读词语　Read the following words

1. 几点（jǐ diǎn）　　　　　　　　几号（jǐ hào）
   几号线（jǐ hào xiàn）　　　　　星期几（xīngqī jǐ）
   几个人（jǐ ge rén）

2. 电话号码（diànhuà hàomǎ）　　手机号码（shǒujī hàomǎ）
   微信号（wēixìnhào）　　　　　房间号码（fángjiān hàomǎ）
   楼号（lóuhào）　　　　　　　　车号（chēhào）

3. 怎么（zěnme）　　　　　　　　怎么去（zěnme qù）
   怎么说（zěnme shuō）　　　　怎么玩儿（zěnme wánr）
   怎么欢迎（zěnme huānyíng）

4. 骑自行车（qí zìxíngchē）　　　坐出租车（zuò chūzūchē）
   坐地铁（zuò dìtiě）　　　　　　坐公共汽车（zuò gōnggòng qìchē）
   坐飞机（zuò fēijī）　　　　　　坐火车（zuò huǒchē）

5. 我和朋友（wǒ hé péngyou）　　他和我（tā hé wǒ）
　　老师和学生（lǎoshī hé xuésheng）　　今天和明天（jīntiān hé míngtiān）
　　电脑和手机（diànnǎo hé shǒujī）　　左边和右边（zuǒbian hé yòubian）
　　中国和美国（Zhōngguó hé Měiguó）

> **注意：**
> 1. 当我们说"几号"时，不能说"几号码"。
> We can say "几号" but not "几号码".
> 2. 我们可以说"电话号、手机号"，也可以说"电话号码、手机号码"，但不说"车号码、楼号码"。因为"车、楼"是单音节词。
> We can say "电话号，手机号", and we can also say "电话号码，手机号码". But we do not say "车号码，楼号码". Because "车，楼" are monosyllabic words.
> 3. "和"一般用来连接两个或两个以上的名词或代词。如"今天和明天""小张、小王和小李"。
> "和" is generally used to connect two or more nouns or pronouns. For example, "今天和明天""小张，小王和小李".

六　看图说话　Look at the pictures and talk

例 A：我们怎么去？
　　B：_____。

第 9 课　我们怎么去

七 每个人先编一个号码，然后三个人一组，一个人说出自己编的号码，另外两个人写出他说的号码，互相纠正读得或写得对不对　Each person makes up a number first. Then in a group of three, one person says his own number, and the other two write the number he said. Correct the reading and writing by each other

手机号：_____

房间号：_____

微信号：_____

车　号：_____

听说句子

一 听录音，填空（可以写拼音）　Listen and fill in the blanks（you can write in Pinyin）
9-6

1. _____你有时间吗？

2. 你们_____去动物园？

3. 老师的_____是62763168.

4. 这是老师_____的电话。

5. 我可以_____一下儿你的微信吗？

6. 我们_____自行车去吧。

7. 我朋友住在旁边的_____房间。

8. 我们坐地铁_____？

二 听录音，如果句子完全一样就在后面画√，如果不一样，把不一样的地方写在句子后面　Listen to the recording, if the sentence is exactly the same, draw a tick. If it is not the same, write down the differences
9-7

1. 留学生宿舍就在学校的东边。　　　　　　　　　　　（　　　）

2. 我的手机号是13436857721，你的呢？　　　　　　　（　　　）

3. 我们星期六上午十点半在学校东门见。　　　　　　　（　　　）

4. 我的宿舍在学校里，是9号楼315。（　　　）
5. 我有他的微信号，没有他的手机号。（　　　）

三　听录音中的问题，选择合适的回答，把相关问题的序号填在括号里　Listen to the questions, choose the proper answer and fill in the serial numbers of corresponding questions

（　　）13128886669。Yāo sān yāo èr bā bā bā liù liù liù jiǔ.
（　　）不，是我同屋的。Bù, shì wǒ tóngwū de.
（　　）不是，我家里没有电话。Bú shì, wǒ jiā li méiyǒu diànhuà.
（　　）坐地铁去吧。Zuò dìtiě qù ba.
（　　）明天晚上我有课。Míngtiān wǎnshang wǒ yǒu kè.
（　　）学校东门见吧。Xuéxiào dōngmén jiàn ba.

四　跟着录音重复句子　Listen to the recording and repeat the sentences

五　两个人一组，互相问答　Ask and answer each other in pairs

1. A：你有手机吗？Nǐ yǒu shǒujī ma?

   B：_____

2. A：你的手机号码是多少？Nǐ de shǒujī hàomǎ shì duōshao?

   B：_____

3. A：你怎么来学校上课？Nǐ zěnme lái xuéxiào shàng kè?

   B：_____

4. A：你住几号房间？Nǐ zhù jǐ hào fángjiān?

   B：_____

5. A：我这个星期六有时间，你呢？Wǒ zhège xīngqīliù yǒu shíjiān, nǐ ne?

   B：_____

6. A：明天下午我没有课，你呢？Míngtiān xiàwǔ wǒ méiyǒu kè, nǐ ne?

   B：_____

7. A：你知道老师的电话号码吗？Nǐ zhīdào lǎoshī de diànhuà hàomǎ ma?

   B：_____

第 9 课　我们怎么去

8. A：你知道老师的办公室在哪儿吗？Nǐ zhīdào lǎoshī de bàngōngshì zài nǎr ma?

   B：_____

六　两个人一组，根据下面的参考词语和句式互相问答　Work in pairs, ask and answer each other according to the following reference words and patterns

1. 参考词语

手机　　电话　　学生证　　护照　　宿舍　　房间　　汽车……

参考句型

A：你有……吗？

B：我的……号码是……，你的呢？

2. 参考词语

学校　　动物园　　上海　　朋友家　　食堂……

走路　　自行车　　公共汽车　　地铁　　飞机……

参考句型

A：我们怎么去……？

B：我们……去。

听说一段话

一　听录音，选择正确答案　Listen to the recording and choose the right answer

[第一段录音]　我们怎么去

1. 他们星期六去哪儿玩儿？Tāmen xīngqīliù qù nǎr wánr?（　　）

   A. 学校　xuéxiào　　　　　　B. 动物园　dòngwùyuán

2. 他们怎么去？Tāmen zěnme qù?（　　）

   A. 坐地铁　zuò dìtiě　　　　　B. 骑自行车　qí zìxíngchē

3. 他们几点在哪儿见？Tāmen jǐ diǎn zài nǎr jiàn?（　　）

   A. 八点在宿舍　bā diǎn zài sùshè

   B. 九点在学校东门　jiǔ diǎn zài xuéxiào dōngmén

[第二段录音] 问电话号码

1. 62572305是李老师的什么号码? Liù èr wǔ qī èr sān líng wǔ shì Lǐ lǎoshī de shénme hàomǎ? (　　)
   - A. 微信号 wēixìnhào
   - B. 手机号 shǒujīhào
   - C. 办公室电话号码 bàngōngshì diànhuà hàomǎ

2. 李老师在哪儿? Lǐ lǎoshī zài nǎr? (　　)
   - A. 在办公室 zài bàngōngshì
   - B. 在教室 zài jiàoshì
   - C. 不知道 bù zhīdào

3. 玛丽有李老师的什么号码? Mǎlì yǒu Lǐ lǎoshī de shénme hàomǎ? (　　)
   - A. 手机号 shǒujīhào
   - B. 微信号 wēixìnhào
   - C. 家里的电话号码 jiā li de diànhuà hàomǎ

[第三段录音] 送快递

1. 男的是谁? Nán de shì shéi? (　　)
   - A. 朋友 péngyou
   - B. 送快递的 sòng kuàidì de
   - C. 同学 tóngxué

2. 女的在哪儿? Nǚ de zài nǎr? (　　)
   - A. 在家 zài jiā
   - B. 在朋友房间 zài péngyou fángjiān
   - C. 在外边 zài wàibian

3. 朋友住在几号房间? Péngyou zhù zài jǐ hào fángjiān? (　　)
   - A. 306
   - B. 301
   - C. 307

注意:

"这样吧"在口语中表示建议采用某种方法,比如:

A:星期五上午去动物园,你有时间吗?　B:星期五我有课。
A:这样吧,我们星期六去,好吗?　　　B:星期六没有问题。

In spoken chinese, "这样吧" means suggesting to adopt some way, such as:

A:星期五上午去动物园,你有时间吗?　B:星期五我有课。
A:这样吧,我们星期六去,好吗?　　　B:星期六没有问题。

第 9 课　我们怎么去

二　看图说一段话　Look at the pictures and talk

三　交际练习　Communicative practice

每个人在A、B两张纸条上随便写上同一个手机号码，然后把A纸条交给老师。老师把纸条打乱顺序后发给不同的同学。

Everyone writes the same mobile phone number on two pieces of paper—A and B, and then gives A to the teacher. The teacher will mess up the order and send them to different students.

1. 老师随便指定一位同学读出A纸条上的手机号码，拿着同样号码的同学听到后接电话。

   The teacher randomly assigns a classmate to read the mobile phone number on A, and the classmate who holds the same number picks up the call.

2. 两个人互相询问什么时间有空儿，去什么地方，干什么，怎么去，在哪里见面。

   Two people ask each other what time they are free, where to go, what to do, how to get there and where to meet.

3. 对话结束后，刚才接电话的同学读出自己手里A纸条上的手机号码，同刚才一样，再给其他同学打电话，重复前面的活动内容。

After the dialogue, the classmate who just answered the phone reads the mobile phone number on A note his hand, and then calls other students just as before, and repeats the previous activities.

4. 如果班里同学比较多的话，可以分组进行这个活动。
   If there are many classmates in the class, we will make groups.

参考句式

你好！我是……	……有时间吗？	去……吧？
我们怎么去呢？	几点见？	在哪儿见？

四 老师准备五个空盒子，同学们努力把下面这几类学过的词语写在纸片上，把每类纸片放在一个盒子里。然后每个人分别从每个盒子里随便拿一张纸片，组成一句话，大声念出来　The teacher prepares five empty boxes, and the students should try hard to write the following types of words on the paper and put each type of paper in a box. Then each person takes a piece of paper from five boxes and composes a sentence, and read it out loudly

1. 人物，如：大卫、玛丽……
2. 时间，如：早上八点、晚上六点半……
3. 方式，如：骑自行车、坐地铁、坐公共汽车……
4. 地方，如：去学校、去动物园、去老师办公室……
5. 干什么，如：上课、玩儿、欢迎你、见同学、介绍朋友、学汉语……

重点句子

1. 我们怎么去？Wǒmen zěnme qù?
2. 我们骑自行车去吧。Wǒmen qí zìxíngchē qù ba.
3. 他办公室的电话号码是62572305。Tā bàngōngshì de diànhuà hàomǎ shì liù èr wǔ qī èr sān líng wǔ.
4. 他不在办公室。Tā bú zài bàngōngshì.
5. 我加一下儿你的微信吧。Wǒ jiā yíxiàr nǐ de wēixìn ba.
6. 这样吧，快递你给我朋友吧。Zhèyàng ba, kuàidì nǐ gěi wǒ péngyou ba.

第 10 课 西瓜怎么卖

听力录音

词语

10-1

1.	西瓜	xīguā	名	watermelon	一个西瓜
2.	卖	mài	动	to sell	怎么卖
3.	买*	mǎi	动	to buy	买什么
4.	钱*	qián	名	money	多少钱
5.	块（元）*	kuài（yuán）	量	块 is spoken form of 元, Chinese basic monetary unit	一块钱
6.	毛（角）*	máo（jiǎo）	量	毛 is spoken form of 角 (unit of currency, 0.10元)	五毛钱
7.	分	fēn	量	fen (unit of currency 0.10角)	五分钱
8.	苹果	píngguǒ	名	apple	买苹果｜一个苹果
9.	香蕉	xiāngjiāo	名	banana	买（一）些香蕉
10.	面包	miànbāo	名	bread	买面包｜一个面包
11.	付	fù	动	to pay	付钱
12.	牛奶	niúnǎi	名	milk	一杯牛奶
13.	现金	xiànjīn	名	cash	付现金
14.	刷卡	shuā kǎ		swipe the card	还是刷卡吧
15.	扫	sǎo	动	to scan	扫微信二维码
16.	要*	yào	动	to want（something）	要什么

69

17.	瓶*	píng	名	bottle	一瓶啤酒
18.	师傅*	shīfu	名	master in trade, used to address a variety of service workers	那位师傅
19.	啤酒*	píjiǔ	名	beer	一杯啤酒
20.	服务员	fúwùyuán	名	waiter; waitress	一位服务员
21.	咖啡*	kāfēi	名	coffee	一杯咖啡
22.	多少*	duōshao	代	how many; how much	多少人
23.	一共*	yígòng	副	in total	一共多少钱
24.	再*	zài	副	again; once more; further	再来｜再买一瓶
25.	斤*	jīn	量	half a kilogram	一斤西瓜
26.	一些	yìxiē	数量	some	一些人
27.	杯*	bēi	名	cup	一杯水
28.	可乐	kělè	名	cola	一瓶可乐
29.	女朋友	nǚpéngyou	名	girlfriend	她是我女朋友

听说词语

10-2

听录音，把拼音写完整 Listen and complete the following *Pinyin*

1. 写声调

    mai（买）　　　　mai（卖）　　　　qian（钱）
    kuai（块）　　　　mao（毛）　　　　fen（分）
    pingguo（苹果）　xiangjiao（香蕉）　mianbao（面包）
    niunai（牛奶）　　fu（付）　　　　　xianjin（现金）
    shua ka（刷卡）　 sao weixin（扫微信）

第10课　西瓜怎么卖

2. 写声母

　　__ài（再）　　　　__íng（瓶）　　　　__ī__u（师傅）

　　__í__iǔ（啤酒）　　__ī__uā（西瓜）　　__ǎi __iāng__iāo（买香蕉）

　　__ā__ēi（咖啡）　　__uō__ao（多少）　　__iǎng __uài__iái（两块钱）

3. 写韵母和声调

　　z___（再）　　　　j___（斤）　　　　y___x___（一些）

　　b___（杯）　　　　k___l___（可乐）　　n___p___y___（女朋友）

> **注意：**
> 　　在中国买东西时常用的单位是"斤"（jīn）和"两"（liǎng），如"苹果多少钱一斤"。1斤＝0.5公斤（kg）＝10两＝500克（g）
> 　　When shopping in China, the most commonly used units are "斤（jīn）"and"两（liǎng）". For example, 苹果多少钱一斤？

 二　**听录音，把听到的词语写在相应的图片下面，并大声朗读** Listen to the recording. Write down the words that you heard under the corresponding pictures and read them aloud

10-3

（1）_____

（2）_____

（3）_____

（4）_____

（5）_____

（6）_____

71

（7）_____　　（8）_____　　（9）_____

（10）_____　　（11）_____　　（12）_____

 三　听录音，写价钱　Listen to the recording and write down the prices

10-4

面包：_____　　西瓜：_____

牛奶：_____　　水：_____

香蕉：_____　　苹果：_____

一共：_____

四　朗读词语　Read the following words

1. 一个人（yí ge rén）　　两个朋友（liǎng ge péngyou）
   这个（zhège）　　那个（nàge）
   哪个（nǎge）

2. 一些人（yìxiē rén）　　一些朋友（yìxiē péngyou）
   一些苹果（yìxiē píngguǒ）　　这些（zhèxiē）
   那些（nàxiē）　　哪些（nǎxiē）

3. 怎么卖（zěnme mài）　　多少钱（duōshao qián）
   几块钱（jǐ kuài qián）　　多少人（duōshao rén）
   几个人（jǐ ge rén）

第 10 课　西瓜怎么卖

4. 两块钱（liǎng kuài qián）　　两杯咖啡（liǎng bēi kāfēi）
   两个苹果（liǎng ge píngguǒ）　两瓶啤酒（liǎng píng píjiǔ）
   两个人（liǎng ge rén）

5. 十二块钱（shí'èrkuài qián）
   二十块钱（èrshí kuài qián）
   二十二个学生（èrshí'èr ge xuésheng）
   一百二十块钱（yìbǎi èrshí kuài qián）
   102号房间（yāo líng èr hào fángjiān）

> **注意：**
>
> "几"一般用来问十以下的数量，十以上的数量常用"多少"来问。如"你家有几口人""学校有多少学生"。
>
> "几" is generally used to ask about numbers smaller than 10, while 多少, is generally used to ask about numbers bigger than 10. For example, "你家有几口人""学校有多少学生".

五　听录音，选择图片并连线　Listen to the recording and match the pictures with words

10-5

一杯啤酒　　　　一瓶啤酒　　　　一块钱　　　　两个苹果

半个西瓜　　　　半杯牛奶　　　　五瓶牛奶

73

六 两个人一组，说出下面这些物品的价钱 Work in pairs, say the price of the following things

例 苹果三块六毛八一斤／一斤苹果三块六毛八。

3.68 元／斤

6.50 元／斤

12 元／个

2.50 元／瓶

28.50 元／瓶

6898 元／个

50.80 元／支

32.00 元／杯

8.90 元／瓶

12.60 元／斤

听说句子

10-6

一 听录音，填空（可以写拼音） Listen and fill in the blanks（you can write in Pinyin）

1. 我_____一瓶水。

2. 苹果_____卖？

第10课　西瓜怎么卖

3. 牛奶_____面包一共_____。

4. 师傅，香蕉多少钱一_____？

5. 买_____啤酒，_____买一瓶可乐。

6. _____苹果一共多少钱？

7. 咖啡多少钱_____？

8. 我没有现金，_____吧。

二 听录音，如果句子完全一样，就在后面画√，如果不一样，把不一样的地方写在句子后面　Listen to the recording, if the sentence is exactly the same, draw a tick. If it is not the same, write down the differences
10-7

1. 服务员，请给我一杯啤酒。　　　　　　　　　　（　　）
2. 西瓜五块一斤。　　　　　　　　　　　　　　　（　　）
3. 这两个人都是我的同屋。　　　　　　　　　　　（　　）
4. 我要买三斤苹果，再买这些香蕉。　　　　　　　（　　）
5. 我扫微信吧，一共多少钱？　　　　　　　　　　（　　）

三 听录音中的问题，选择合适的回答，把相关问题的序号填在括号里
10-8
Listen to the questions, choose the proper answers and fill in the serial numbers of corresponding questions

（　　）给我五瓶吧。Gěi wǒ wǔ píng ba.
（　　）右边那个大的。Yòubian nàge dà de.
（　　）有香蕉吗？Yǒu xiāngjiāo ma?
（　　）是小王的女朋友。Shì Xiǎo Wáng de nǚpéngyou.
（　　）五块钱三斤。Wǔ kuài qián sān jīn.
（　　）我刷卡吧。Wǒ shuā kǎ ba.
（　　）一共二十六块钱。Yígòng èrshíliù kuài qián.

四 跟着录音重复句子　Listen to the recording and repeat the sentences
10-9

五 两个人一组，互相问答 Ask and answer each other in pairs

1. A：我要一杯咖啡，你呢？Wǒ yào yì bēi kāfēi, nǐ ne?
   B：_____

2. A：你的书包多少钱？Nǐ de shūbāo duōshao qián?
   B：_____

3. A：一个西瓜十块钱，两个多少钱？Yí ge xīguā shí kuài qián, liǎng ge duōshao qián?
   B：_____

4. A：你们学校一共有多少学生？Nǐmen xuéxiào yígòng yǒu duōshao xuésheng?
   B：_____

5. A：你的汉语书多少钱？Nǐ de Hànyǔshū duōshao qián?
   B：_____

6. A：啤酒多少钱一瓶？Píjiǔ duōshao qián yì píng?
   B：_____

7. A：在学校食堂吃饭怎么付钱？Zài xuéxiào shítáng chī fàn zěnme fù qián?
   B：_____

8. A：你的同屋有男／女朋友吗？Nǐ de tóngwū yǒu nán / nǚpéngyou ma?
   B：_____

六 下课后到不同的商店看看下面这些东西的价钱，上课的时候互相问答

After class, check out the prices of the following items at different stores. Ask each other during class

参考词语

苹果　香蕉　西瓜　牛奶　啤酒　可乐　咖啡　面包

参考句式

……多少钱？　……怎么卖？　在……卖多少钱？

第 10 课　西瓜怎么卖

听说一段话

一　听录音，选择正确答案　Listen to the recording and choose the right answer

[第一段录音]　买西瓜

1. 西瓜怎么卖？Xīguā zěnme mài?（　　）
   A. 两块五一斤 liǎng kuài wǔ yì jīn
   B. 四块钱一个 sì kuài qián yí gè
   C. 五块钱三斤 wǔ kuài qián sān jīn

2. 半个西瓜多少钱？Bàn ge xīguā duōshao qián?（　　）
   A. 两块五 liǎng kuài wǔ
   B. 二十块 èrshí kuài
   C. 八块钱 bā kuài qián

3. 女的要买多少西瓜？Nǚ de yào mǎi duōshao xīguā?（　　）
   A. 两个 liǎng ge
   B. 八公斤 bā gōngjīn
   C. 半个 bàn ge

[第二段录音]　我也要一杯咖啡

1. 他们要几杯咖啡？Tāmen yào jǐ bēi kāfēi?（　　）
   A. 一杯 yì bēi
   B. 两杯 liǎng bēi
   C. 不要咖啡 bú yào kāfēi

2. 一杯咖啡多少钱？Yì bēi kāfēi duōshao qián?（　　）
   A. 二十块 èrshí kuài
   B. 二十五块 èrshíwǔ kuài
   C. 五十块 wǔshí kuài

3. 男的怎么付钱？Nán de zěnme fù qián?（　　）
   A. 扫微信 sǎo wēixìn
   B. 付现金 fù xiànjīn
   C. 刷卡 shuā kǎ

10-12

[第三段录音] 再买两大瓶可乐

1. 明天晚上谁来他们家玩儿？Míngtiān wǎnshang shéi lái tāmen jiā wánr?（　　）
    A. 小王的朋友们 Xiǎo Wáng de péngyoumen
    B. 小王和他的女朋友 Xiǎo Wáng hé tā de nǚpéngyou
    C. 小王和他的同学 Xiǎo Wáng hé tā de tóngxué

2. 家里有啤酒吗？Jiā li yǒu píjiǔ ma?（　　）
    A. 有一瓶 yǒu yì píng
    B. 没有啤酒 méiyǒu píjiǔ
    C. 有五瓶 yǒu wǔ píng

3. 他们要买些什么？Tāmen yào mǎixiē shénme?（　　）
    A. 啤酒、可乐、苹果、香蕉 píjiǔ、kělè、píngguǒ、xiāngjiāo
    B. 五瓶可乐、苹果、香蕉 wǔ píng kělè、píngguǒ、xiāngjiāo
    C. 五瓶啤酒和两瓶可乐 wǔ píng píjiǔ hé liǎng píng kělè

二 看图对话 Look at the pictures and talk

例 A：你要买什么？
　　B：我要买……

第 10 课　西瓜怎么卖

三 角色扮演　Cosplay

三个人一组，去商店买东西。假设A是商店售货员，B和C是买东西的人。

In a group of three, go to the store to buy things. Suppose A is a sales clerk; B and C are people who buy things.

参考句式

你要买什么？　　　有……吗？　　　……多少钱？　　　……怎么卖？
你要几个/多少？　怎么付钱？

四 交际练习　Communicative practice

小小拍卖会　Auctions

老师和同学们一起提供一些物品或物品的图片，如"笔、本子、书、苹果、水、书包"等。同学们给这些物品定一个底价，并且制作简单的价格标签贴在物品上。同学们轮流做拍卖师，其他同学举牌竞买。

The teacher and the classmates prepare some items or pictures of them, such as pens, notebooks, books, apples, water, schoolbags, and so on. The students set a reserve price for these items and make a simple price tag attached to the item. The students take turns to be auctioneers, and other students make bids at an auction。

参考句式

这个/些苹果多少钱？　　　谁要……？

重点句子

1. 西瓜怎么卖？Xīguā zěnme mài?
2. 一共多少钱？Yígòng duōshao qián?
3. 二十五块钱一杯，一共五十。Èrshíwǔ kuài qián yì bēi, yígòng wǔshí.
4. 你要买些什么？Nǐ yào mǎixiē shénme?
5. 你要买几瓶啤酒？Nǐ yào mǎi jǐ píng píjiǔ?
6. 买五瓶啤酒，再买两大瓶可乐。Mǎi wǔ píng píjiǔ, zài mǎi liǎng dà píng kělè.
7. 我要一杯咖啡。Wǒ yào yì bēi kāfēi.
8. 我扫微信付钱。Wǒ sǎo wēixìn fù qián.

第 11 课 明天天气怎么样

听力录音

词语

11-1

1.	天气*	tiānqì	名	weather	天气很好
2.	怎么样*	zěnmeyàng	代	how	天气怎么样
3.	风*	fēng	名	windy	大风丨风很大
4.	雨*	yǔ	名	rain	有雨丨下雨
5.	阴	yīn	形	cloudy	天阴了
6.	晴天*	qíngtiān	名	sunny day; clear day	今天晴天
7.	冷*	lěng	形	cold	很冷丨太冷了
8.	热*	rè	形	hot	很热丨不太热
9.	季节*	jìjié	名	season	哪个季节
10.	逛街	guàng jiē		to go shopping	一起逛街
11.	度*	dù	量	degree	多少度丨20度
12.	最*	zuì	副	most	最好丨最大
13.	说*	shuō	动	it is said	天气预报说有雨
14.	高	gāo	形	high	很高丨最高
15.	夏天*	xiàtiān	名	summer	夏天很热
16.	喜欢*	xǐhuan	动	to like	不喜欢逛街
17.	现在*	xiànzài	名	now	现在几点
18.	雨季	yǔjì	名	rainy season	现在是雨季

第11课　明天天气怎么样

19.	常（常）*	cháng (cháng)	副	often; usually	常下雨｜不常去
20.	下（雨）*	xià (yǔ)	动	to fall	下雨｜下雪
21.	冬天*	dōngtiān	名	winter	冬天很冷｜冬天常刮大风
22.	天气预报	tiānqì yùbào		weather forecast	
23.	阴天	yīntiān	名	cloudy day	今天阴天
24.	太*	tài	副	too; much too	太好了｜太高了
25.	雪*	xuě	名	snow	下雪｜大雪
26.	春天*	chūntiān	名	spring	春天到了
27.	秋天*	qiūtiān	名	autumn	秋天到了
28.	刮风	guā fēng		to wind blowing	今天刮风了
29.	零下*	língxià	名	below zero	昨天零下八度

专有名词

1.	圣诞节*	Shèngdàn Jié		Christmas	今天是圣诞节
2.	泰国	Tàiguó		Thailand	去泰国旅行
3.	澳大利亚	Àodàlìyà		Australia	从澳大利亚来
4.	长城	Chángchéng		the Great wall	爬长城

听说词语

一　听录音，把拼音写完整　Listen and complete the following *Pinyin*

1. 写声调

feng（风）　　　　yu（雨）　　　　yin（阴）
qingtian（晴天）　　leng（冷）　　　re（热）
tianqi（天气）　　　jijie（季节）　　guang jie（逛街）
Changcheng（长城）

81

2. 写声母

__ù（度）　　　　　__uì（最）　　　　　__uō（说）

__āo（高）　　　　__ài__úo（泰国）　　__ià__iān（夏天）

__ǐ__uan（喜欢）　　__iàn__ài（现在）　　__ià __uě（下雪）

3. 写韵母和声调

ch____（常）　　　　　　　　d____f____（大风）

x____ y____（下雨）　　　　　z____m____y____（怎么样）

d____tiān（冬天）　　　　　　Sh____d__ J____（圣诞节）

t__q__ y__b__（天气预报）

二　听录音，把听到的词语写在相应的图片下面，并大声朗读　Listen to the recording. Write down the words that you heard under the corresponding pictures and read them aloud

11-3

（1）_____　　（2）_____　　（3）_____

（4）_____　　（5）_____　　（6）_____

三　听录音，把每组中声调不同的词语挑出来　Listen to the recording and pick out the words with different tones in each group

11-4

1. 春天　　夏天　　秋天　　冬天　　阴天　　刮风

2. 下雨　　下雪　　汉语　　号码　　预报　　地铁

3. 天气　　温度　　零下　　生日　　吃饭　　专业

4. 房间　　时间　　晴天　　南边　　同屋　　喜欢

第 11 课　明天天气怎么样

四　朗读词语　Read the following words

1. 季节（jìjié）　　　　　　　春天（chūntiān）
   夏天（xiàtiān）　　　　　　秋天（qiūtiān）
   冬天（dōngtiān）　　　　　　四季（sìjì）
   春夏秋冬（chūn xià qiū dōng）　雨季（yǔjì）

2. 晴天（qíngtiān）　　　　　　阴天（yīntiān）
   雨天（yǔtiān）　　　　　　　大风天（dàfēngtiān）
   下雪天（xiàxuětiān）

3. 多少度（duōshao dù）　　　　最高32度（zuì gāo sānshí'èr dù）
   最低零下5度（zuì dī língxià wǔ dù）

4. 太大了（tài dà le）　　　　　太冷了（tài lěng le）
   太热了（tài rè le）　　　　　太高了（tài gāo le）
   太喜欢了（tài xǐhuan le）

5. 不高不低（bù gāo bù dī）　　　不大不小（bú dà bù xiǎo）
   不多不少（bù duō bù shǎo）　　不早不晚（bù zǎo bù wǎn）
   不冷不热（bù lěng bú rè）

五　说出下列词语的反义词　Write down the antonyms of the following words

1. 夏天 —— _____　　2. 冷 —— _____　　3. 晴天 —— _____

4. 里边 —— _____　　5. 来 —— _____　　6. 男的 —— _____

7. 上午 —— _____　　8. 买 —— _____　　9. 左边 —— _____

六　把下面的词语按照程度的不同填写在相应的位置上　Fill in the words below in the corresponding positions according to the different degree

好　　很好　→　太好了　　　不太好　→　不好　→　太不好了

喜欢	___	→	___	___	→	___	→	___
热	___	→	___	___	→	___	→	___
冷	___	→	___	___	→	___	→	___
高兴	___	→	___	___	→	___	→	___

听说句子

一 听录音，填空（可以写拼音） Listen and fill in the blanks (you can write in *Pinyin*)

11-5

1. 今天天气很好，不_____不_____。
2. 天气预报说，今天下午有_____。
3. 今天_____16度。
4. 北京_____不常下雨。
5. 明天我们去_____吧。
6. 我不喜欢_____，太热了。
7. 天气预报说明天_____。
8. 外边_____很大。

 二 听录音，在图中填空 Listen to the recording and fill in the blanks in the picture

11-6

天气预报	今天 _____	明天 _____
	最高气温：_____℃	最高气温：_____℃
	最低气温：_____℃	最低气温：_____℃

第 11 课　明天天气怎么样

🎧 三　听录音中的问题，选择合适的回答，把相关问题的序号填在括号里
11-7
Listen to the questions, choose the proper answers and fill in the serial numbers of corresponding questions

（　　）最高40度呢。Zuì gāo sìshí dù ne.

（　　）很好，是个大晴天。Hěn hǎo, shì ge dàqíngtiān.

（　　）太喜欢了，有时间我常去。Tài xǐhuan le, yǒu shíjiān wǒ cháng qù.

（　　）我不太喜欢下雨。Wǒ bú tài xǐhuan xià yǔ.

（　　）有春、夏、秋、冬四个季节。Yǒu chūn、xià、qiū、dōng sì ge jìjié.

（　　）秋天最好，不冷不热，很舒服。Qiūtiān zuì hǎo, bù lěng bú rè, hěn shūfu.

🎧 四　跟着录音重复句子　Listen to the recording and repeat the sentences
11-8

五　两个人一组，互相问答　Ask and answer each other in pairs

1. A：今天天气怎么样？Jīntiān tiānqì zěnmeyàng?

   B：_____

2. A：你最喜欢哪个季节？Nǐ zuì xǐhuan nǎge jìjié?

   B：_____

3. A：你喜欢逛街吗？Nǐ xǐhuan guàng jiē ma?

   B：_____

4. A：你常去哪儿逛街？Nǐ cháng qù nǎr guàng jiē?

   B：_____

5. A：现在是什么季节？Xiànzài shì shénme jìjié?

   B：_____

6. A：今天有多少度？Jīntiān yǒu duōshao dù?

   B：_____

7. A：明天有雨吗？Míngtiān yǒu yǔ ma?

   B：_____

8. A：你们的学校怎么样？Nǐmen de xuéxiào zěnmeyàng?

   B：_____

六 两个人一组，进行对话练习 Work in a group of two, make conversation practice

参考词语

1. 老师　同学　同屋　坐地铁　教室　留学生宿舍　夏天　今天天气
2. 很　不太　太……了　最
3. 好　大　小　高　远　高兴　热　冷　喜欢

参考句式

……怎么样？

例 A：你的同屋怎么样？
　　B：我的同屋很好，我很喜欢他。

听说一段话

一 听录音，选择正确答案 Listen to the recording and choose the right answer

[第一段录音] 明天是晴天

1. 明天天气怎么样？Míngtiān tiānqì zěnmeyàng?（　　）
   A. 有雨 yǒu yǔ　　　　B. 晴天 qíngtiān　　　　C. 不热 bú rè

2. 明天多少度？Míngtiān duōshao dù?（　　）
   A. 20度　　　　　　　B. 30度　　　　　　　　C. 32度

[第二段录音] 北京的冬天太冷了

1. 男的圣诞节去哪儿玩儿？Nán de Shèngdàn Jié qù nǎr wánr?（　　）
   A. 泰国 Tàiguó　　　　B. 澳大利亚 Àodàlìyà　　C. 北京 Běijīng

2. 澳大利亚现在是什么季节？Àodàlìyà xiànzài shì shénme jìjié?（　　）
   A. 冬天 dōngtiān　　　B. 夏天 xiàtiān　　　　　C. 雨季 yǔjì

3. 女的喜欢什么天气？Nǚ de xǐhuan shénme tiānqì?（　　）
   A. 冷天 lěngtiān　　　B. 热天 rètiān　　　　　 C. 下雨天 xiàyǔtiān

第 11 课　明天天气怎么样

11-11

[第三段录音] 明天风很大

1. 星期几有雨？Xīngqī jǐ yǒu yǔ？（　　）
　A. 星期一 xīngqīyī　　B. 星期二 xīngqī'èr　　C. 星期三 xīngqīsān

2. 哪天有大风？Nǎ tiān yǒu dà fēng？（　　）
　A. 今天 jīntiān　　B. 明天 míngtiān　　C. 星期三 xīngqīsān

3. 他们哪天去长城？Tāmen nǎ tiān qù Chángchéng？（　　）
　A. 星期二 xīngqī'èr　　B. 星期三 xīngqīsān　　C. 星期四 xīngqīsì

二　**两三个人一组，互相询问下面的问题，然后每组选一个人报告** In a group of two or three, ask each other the following questions, and then each group selects one person to report

1. 你最喜欢哪个季节？
2. 在你们国家，哪个季节天气最好？
3. 你喜欢什么天气？不喜欢什么天气？

三　**交际练习** Communicative practice

　　两三个人一组，查看下面一个星期的天气预报，安排哪一天去哪儿玩儿。
　　In a group of two or three people, watch the weather forecast for the following week, and then make a plan about which day to hang out and where to go.

周五（4日）		阴转雨	30℃/22℃	南风转西北风	微风
周六（5日）		雨	32℃/20℃	东风转东北风	微风
周日（6日）		雨	33℃/22℃	东风	微风
周一（7日）		晴转雨	36℃/23℃	东南风转北风	微风
周二（8日）		雨	36℃/20℃	东北风	微风
周三（9日）		雨	32℃/20℃	东北风	微风
周四（10日）		晴	33℃/20℃	东风转东北风	微风

四 通过上网、听天气预报或询问其他人，了解北京、上海、南京、西安这四个城市最近一个星期的天气情况，然后在班里向老师和同学汇报 Try to learn about the weather situation in Beijing, Shanghai, Nanjing and Xi'an in the past week by surfing the Internet, listening to weather forecast or asking others. Then make a report to the teacher and classmates in the class

重点句子

1. 明天天气怎么样？Míngtiān tiānqì zěnmeyàng?
2. 明天天气很好。Míngtiān tiānqì hěn hǎo.
3. 明天多少度？Míngtiān duōshao dù?
4. 天气太热了。Tiānqì tài rè le.
5. 我不喜欢下雨天。Wǒ bù xǐhuan xiàyǔtiān.
6. 现在是最好的季节。Xiànzài shì zuì hǎo de jìjié.
7. 天气预报说明天风很大。Tiānqì yùbào shuō míngtiān fēng hěn dà.
8. 这个季节不太热，也不常下雨。Zhège jìjié bú tài rè, yě bù cháng xià yǔ.

第 12 课　我正在等公共汽车呢

听力录音

词语

12-1

1.	正在*	zhèngzài	副	in the course of	他正在学习呢
2.	等*	děng	动	to wait	等你｜等公共汽车
3.	从……到……*	cóng……dào……		from... to	从8点到9点
4.	做*	zuò	动	to do	做什么
5.	到*	dào	动	to arrive	到学校
6.	晚*	wǎn	形	late	太晚了
7.	每*	měi	代	every	每天｜每个人
8.	车站	chēzhàn	名	station	离车站很近
9.	告诉	gàosu	动	to tell	告诉他
10.	上网*	shàng wǎng		to surf the Internet	正在上网呢
11.	一会儿*	yíhuìr	数量	after a while; a little while	等一会儿
12.	干*	gàn	动	to do	干什么
13.	看*	kàn	动	to look; to watch	看电视
14.	漂亮*	piàoliang	形	beautiful	很漂亮
15.	电影*	diànyǐng	名	movie	看电影
16.	下*	xià	名	next	下个星期
17.	都*	dōu	副	all; both	每个人都喜欢

89

博雅汉语听说·初级起步篇 I

18.	时候*	shíhou	名	time	做作业的时候
19.	开始*	kāishǐ	动	to begin; to start	几点开始
20.	爬山	pá shān		to clime the mountain	去爬山
21.	作业*	zuòyè	名	homework	做作业
22.	打（电话）*	dǎ (diànhuà)	动	to call	给他打电话
23.	喂*	wèi	叹	hello (used to answer phone)	喂，你好

听说词语

一 听录音，把拼音写完整 Listen and complete the following *Pinyin*

1. 写声调

cong（从）　　　zuo（做）　　　dao（到）
deng（等）　　　wan（晚）　　　mei tian（每天）
chezhan（车站）　gaosu（告诉）　shang wang（上网）
yihuir（一会儿）

2. 写声母

___àn（干）　　　___àn（看）　　　___ěi（每）
___ài（在）　　　___iào___iang（漂亮）　___īng___ī（星期）
___í___ou（时候）　___ōng___òng ___ì___ē（公共汽车）

3. 写韵母和声调

x___（下）　　　w___（网）　　　w___（晚）
c___（从）　　　d___（到）　　　d___（都）
d___y___（电影）　k___sh___（开始）　zh___z___（正在）
p___sh___（爬山）

第 12 课　我正在等公共汽车呢

 12-3 **二** 听录音，把听到的词语写在相应的图片下面，并大声朗读　Listen to the recording. Write down the words that you heard under the corresponding pictures and read them aloud

（1）_____　　（2）_____　　（3）_____　　（4）_____

（5）_____　　　　（6）_____　　　　（7）_____

 12-4 **三** 听录音，把每组中声调不同的词语挑出来　Listen to the recording and pick out the words with different tones in each group

1. 电影　　上网　　电脑　　中午　　汉语　　地铁
2. 告诉　　漂亮　　时候　　外边　　右边　　是的
3. 车站　　作业　　宿舍　　正在　　下课　　教室
4. 每天　　老师　　时候　　雨天　　两杯　　手机

 12-5 **四** 听录音，判断对错。符合图片内容的打√，不符合的打×　Listen to the recording and judge whether the statement is true or false. Mark √ if it consists with the picture, mark × if it doesn't

1.  （　　）　　2.  （　　）

91

3.  （　　）　　　4.  （　　）

5.  （　　）

五　朗读词语　Read the following words

1. 干什么（gàn shénme）　　　做什么（zuò shénme）
   吃什么（chī shénme）　　　买什么（mǎi shénme）
   看什么（kàn shénme）　　　知道什么（zhīdào shénme）
   介绍什么（jièshào shénme）

2. 每天（měi tiān）　　　每个星期（měi ge xīngqī）
   每个人（měi ge rén）　　　每个车站（měi ge chēzhàn）
   每个国家（měi ge guójiā）　　　每瓶水（měi píng shuǐ）

3. 从8点到10点（cóng bā diǎn dào shí diǎn）
   从星期一到星期三（cóng xīngqīyī dào xīngqīsān）
   从家到学校（cóng jiā dào xuéxiào）
   从北京到上海（cóng Běijīng dào Shànghǎi）

4. 什么时候（shénme shíhou）　　　上课的时候（shàng kè de shíhou）
   吃饭的时候（chī fàn de shíhou）　　　爬山的时候（pá shān de shíhou）
   逛街的时候（guàng jiē de shíhou）

5. 等一会儿（děng yíhuìr）　　　晚一会儿（wǎn yíhuìr）
   看一会儿（kàn yíhuìr）　　　玩儿一会儿（wánr yíhuìr）
   休息一会儿（xiūxi yíhuìr）

第 12 课　我正在等公共汽车呢

6. 下个星期（xià ge xīngqī）　　　下个星期三（xià ge xīngqīsān）
   下一站（xià yí zhàn）　　　　　下一课（xià yí kè）
   下一个同学（xià yí ge tóngxué）

六　连线并朗读短语　Match and read the following phrases

在宿舍　　　做　　　啤酒
在教室　　　吃　　　西瓜
在车站　　　打　　　作业
在办公室　　看　　　电话
在电影院　　等　　　电影
在食堂　　　上　　　公共汽车
在商店　　　买　　　网

七　词语联想，尽量说出用下面的字组成的词语　Words association: try to list words with the following characters

例　车　自行车　　公共汽车　　出租车　　火车

1. 国 _____
2. 语 _____
3. 课 _____
4. 学 _____
5. 天 _____

听说句子

一　听录音，填空（可以写拼音）　Listen and fill in the blanks (you can write in *Pinyin*)

1. 我们_____上课呢。
2. 他每个星期天_____去爬山。

3. 我和朋友正在_____等公共汽车呢。

4. 请你告诉老师我晚到_____。

5. 星期天他从早上到_____都在家。

6. 从明天_____每天都有汉语课。

7. 这个星期他每天都给我_____。

8. 老师说今天没有_____。

二　听录音，在图中分别填上"大卫、安娜、玛丽、迈克和中村"的名字

Listen to the recording and fill in the names of "大卫，安娜，玛丽，迈克和中村" in the picture

三　听录音中的问题，选择合适的回答，把相关问题的序号填在括号里

Listen to the questions, choose the proper answers and fill in the serial numbers of corresponding questions

（　）对，每天都有汉语课。Duì, měi tiān dōu yǒu Hànyǔkè.

（　）我和朋友在食堂吃饭呢。Wǒ hé péngyou zài shítáng chī fàn ne.

（　）他说来，我们再等一会儿。Tā shuō lái, wǒmen zài děng yíhuìr.

（　）明天从8点到10点有课。Míngtiān cóng bā diǎn dào shí diǎn yǒu kè.

（　　）老师说从下个星期开始。Lǎoshī shuō cóng xià ge xīngqī kāishǐ.

（　　）我们的课都在108教室。Wǒmen de kè dōu zài yāo líng bā jiàoshì.

四 跟着录音重复句子　Listen to the recording and repeat the sentences

12-9

五 两个人一组，互相问答　Ask and answer each other in pairs

1. A：你每天都有汉语课吗？Nǐ měi tiān dōu yǒu Hànyǔkè ma?

   B：_____

2. A：你每天都有作业吗？Nǐ měi tiān dōu yǒu zuòyè ma?

   B：_____

3. A：你喜欢上网买东西吗？Nǐ xǐhuan shàng wǎng mǎi dōngxi ma?

   B：_____

4. A：你每天怎么来学校？Nǐ měi tiān zěnme lái xuéxiào?

   B：_____

5. A：早上从7点到8点你在干什么？Zǎoshang cóng qī diǎn dào bā diǎn nǐ zài gàn shénme?

   B：_____

6. A：你常常和朋友一起去看电影吗？Nǐ chángcháng hé péngyou yìqǐ qù kàn diànyǐng ma?

   B：_____

7. A：吃饭的时候你常常看手机吗？Chī fàn de shíhou nǐ chángcháng kàn shǒujī ma?

   B：_____

8. A：下午的课从几点开始？Xiàwǔ de kè cóng jǐ diǎn kāishǐ?

   B：_____

六 两个人一组，看图说话 In a group of two, look at the pictures and talk with each other

参考句式

……在哪儿？ ……干什么？ ……什么时候……？

听说一段话

一 听录音，选择正确答案 Listen to the recording and choose the right answer

12-10

[第一段录音] 我在教室呢

1. 大卫在哪儿给安娜打电话呢？Dàwèi zài nǎr gěi Ānnà dǎ diànhuà ne?（   ）
   A. 教室 jiàoshì
   B. 车站 chēzhàn
   C. 公共汽车上 gōnggòng qìchē shang

2. 大卫打电话要干什么？Dàwèi dǎ diànhuà yào gàn shénme?（   ）
   A. 告诉老师自己晚到一会儿 gàosu lǎoshī zìjǐ wǎn dào yíhuìr
   B. 告诉安娜在哪儿上汉语课 gàosu Ānnà zài nǎr shàng Hànyǔkè
   C. 告诉安娜在公共汽车站等 gàosu Ānnà zài gōnggòng qìchē zhàn děng

12-11

[第二段录音] 我在上网

1. 大卫在干什么呢？Dàwèi zài gàn shénme ne?（   ）
   A. 看哪天没有课 kàn nǎ tiān méiyǒu kè
   B. 上网看天气预报 shàng wǎng kàn tiānqì yùbào
   C. 上网看西山的介绍 shàng wǎng kàn Xī Shān de jièshào

2. 他们哪天去西山玩儿？Tāmen nǎ tiān qù Xī Shān wánr？（　　）

　　A. 星期五　xīngqīwǔ

　　B. 星期六　xīngqīliù

　　C. 星期天　xīngqītiān

[第三段录音] 今天没有课

1. 安娜今天干什么？Ānnà jīntiān gàn shénme？（　　）

　　A. 去学校上课　qù xuéxiào shàng kè

　　B. 在宿舍做作业　zài sùshè zuò zuòyè

　　C. 下午上电影课　xiàwǔ shàng diànyǐngkè

2. 安娜什么时候开始上电影课？Ānnà shénme shíhou kāishǐ shàng diànyǐngkè？
（　　）

　　A. 下个星期二开始　xià ge xīngqī'èr kāishǐ

　　B. 从今天下午开始　cóng jīntiān xiàwǔ kāishǐ

　　C. 从这个星期二开始　cóng zhège xīngqī'èr kāishǐ

二 **两三个人一组，互相询问下面的问题，然后每组选一个人报告** In a group of two or three, ask each other the following questions, and then each group selects one person to report

1. 没课的时候你最喜欢做什么？
2. 我们什么时候一起去玩儿？去哪儿？做什么？

三 **看图说话** Look at the pictures and talk

问题提示 Question prompt

大明现在在中国学汉语，他每天干什么？他的生活怎么样？你呢？

四 课堂游戏 Class game

全班分A、B两个组，每个组先分别在不同的纸条上写上"人物、时间、地点、做什么"这四项内容，写得越多越好，写好后分别放在四个不同的盒子里。然后每组由一位同学从四个盒子中随机抽四张纸条，根据纸条上的内容悄悄告诉本组第二个同学一句话，第二个同学再把这句话悄悄告诉第三个同学，直到最后一位同学大声说出这句话，看和纸条上的内容是不是一样。比赛看哪个组说得又快又准确。

The whole class is divided into two groups—group A and group B. Each group first write down persons, time, places and what to do on four different papers. The more you write, the better. After that, put them in four different boxes. One student from each group randomly draws 4 pieces of paper from four boxes, and quietly tells the second student a sentence according to the content on the paper. Then the second student quietly tells the third one this sentence… Until the last student speak out this sentence loudly. We will see if that sentence consists with the content on the note. The group which is both quick and accurate will win the game.

重点句子

1. 我正在车站等公共汽车呢。Wǒ zhèngzài chēzhàn děng gōnggòng qìchē ne.
2. 你告诉老师我晚到一会儿。Nǐ gàosu lǎoshī wǒ wǎn dào yíhuìr.
3. 你（正）在干什么呢？ Nǐ (zhèng) zài gàn shénme ne?
4. 我从星期一到星期五每天都有课。Wǒ cóng xīngqīyī dào xīngqīwǔ měi tiān dōu yǒu kè.
5. 什么时候开始上电影课？Shénme shíhou kāishǐ shàng diànyǐngkè?
6. 从下个星期开始上电影课。Cóng xià ge xīngqī kāishǐ shàng diànyǐngkè.

第 13 课 你打算买什么样子的

听力录音

词语

13-1

1.	打算*	dǎsuàn	动	to plan to	打算买什么
2.	样子	yàngzi	名	appearance; shape	样子好看
3.	白*	bái	形	white	白的
4.	红	hóng	形	red	红的
5.	黑*	hēi	形	black	黑的
6.	蓝*	lán	形	blue	蓝的
7.	颜色*	yánsè	名	color	什么颜色
8.	便宜*	piányi	形	cheap	便宜一点儿
9.	贵*	guì	形	expensive	有点儿贵
10.	挺*	tǐng	副	very	挺好（的）
11.	新*	xīn	形	new	新的
12.	质量*	zhìliàng	名	quality	质量很好
13.	衣服*	yīfu	名	clothes	买衣服
14.	狗*	gǒu	名	dog	一只小狗
15.	要是	yàoshi	连	if	要是你来就太好了
16.	种*	zhǒng	量	kind	一种颜色
17.	不过*	búguò	连	but; however	
18.	件*	jiàn	量	measure word (for pieces of clothing...)	一件衣服

19.	只	zhī	量	measure word	两只狗
20.	屏幕	píngmù	名	screen	手机屏幕
21.	找*	zhǎo	动	to look for	有人找你
22.	有点儿*	yǒudiǎnr	副	a litte; a bit	有点儿大
23.	一点儿*	yìdiǎnr	数量	a litte bit	小一点儿
24.	还可以*	hái kěyǐ		so-so; okay; passable	这件衣服还可以
25.	近	jìn	形	near	很近
26.	难*	nán	形	difficult	不太难

听说词语

一 听录音，把拼音写完整 Listen and complete the following *Pinyin*

13-2

1. **写声调**

   bai（白）　　　　hong（红）　　　　hei（黑）
   lan（蓝）　　　　yanse（颜色）　　　pianyi（便宜）
   gui（贵）　　　　tíng（挺）

2. **写声母**

   __īn（新）　　　__ì__iàng（质量）　　__ī____u（衣服）
   __ǒu（狗）　　　__ào__i（要是）　　　__àng__i（样子）
   __ǒng（种）　　　__ú__uò（不过）　　　__ǎ__uàn（打算）

3. **写韵母和声调**

   j____（件）　　　zh____（只）　　　　p____m____（屏幕）
   zh___（找）　　　y___d____（有点儿）　y___d____（一点儿）
   h___k___y___（还可以）

第 13 课　你打算买什么样子的

  二　听录音，选择图片并连线　Listen to the recording, and match the pictures with words

13-3

红笔　　　　　　一只小白狗　　　　黑自行车　　　　一件衣服

白色的手机　　　　手机屏幕　　　　红色的本子　　　　衣服有点儿小

  三　听录音，重复短语　Listen and read the following phrases

13-4

1. 有点儿贵　　　　　　便宜一点儿
2. 有点儿大　　　　　　小一点儿
3. 有点儿冷　　　　　　凉快一点儿
4. 有点儿不舒服　　　　好一点儿
5. 有点儿难　　　　　　容易一点儿
6. 有点儿远　　　　　　近一点儿
7. 有点儿不高兴　　　　高兴一点儿
8. 上课有点儿早　　　　晚一点儿

注意：

1. "有（一）点儿+adj."，表示稍微，一般是不如意的事情，如"有（一）点儿脏、有（一）点儿贵"。

"有（一）点儿+adj." is used to indicate "a little" "a bit" "kind of". It often carries a negative tone. For example, 有（一）点儿脏，有（一）点儿贵.

> 2. "adj. + 一点儿"，一般表示经过比较，有轻微的变化，如"昨天有点儿热，今天凉快一点儿"。
>
> "adj. + 一点儿" is often used to indicate that there is a slight change after comparison. For example, 昨天有点儿热，今天凉快一点儿.

四 朗读词语 Read the following words aloud

1. 挺好的（tǐng hǎo de）　　　　　挺漂亮的（tǐng piàoliang de）
   挺大的（tǐng dà de）　　　　　　挺便宜的（tǐng piányi de）
   挺热的（tǐng rè de）　　　　　　挺喜欢的（tǐng xǐhuan de）
   挺对不起他的（tǐng duìbuqǐ tā de）

2. 颜色（yánsè）　　　　　　　　红色（hóngsè）
   黑色（hēisè）　　　　　　　　　白色（báisè）
   蓝色（lánsè）

3. 红的（hóng de）　　　　　　　黑的（hēi de）
   白的（bái de）　　　　　　　　蓝的（lán de）
   新的（xīn de）　　　　　　　　大的（dà de）
   男的（nán de）　　　　　　　　女的（nǚ de）
   吃的（chī de）　　　　　　　　喝的（hē de）
   你的（nǐ de）　　　　　　　　　我的（wǒ de）

4. 样子（yàngzi）
   衣服的样子（yīfu de yàngzi）
   样子挺漂亮的（yàngzi tǐng piàoliang de）
   什么样子的手机（shénme yàngzi de shǒujī）

5. 一件衣服（yí jiàn yīfu）　　　　一只小狗（yì zhī xiǎo gǒu）
   一种颜色（yì zhǒng yánsè）　　　这件衣服（zhè jiàn yīfu）
   那只小狗（nà zhī xiǎo gǒu）　　 这种颜色（zhè zhǒng yánsè）

第 13 课　你打算买什么样子的

五　选词说短语　Choose the following words and say phrases

| 好 | 冷 | 热 | 高兴 | 早 | 晚 | 大 | 小 |
| 快 | 多 | 少 | 高 | 漂亮 | 贵 | 远 | 便宜 |

挺……的　　天气挺好的　今天挺冷的　衣服挺贵的

有点儿……　_____

……一点儿　_____

六　看图说短语　Look at the pictures and say phrases

例　一个红苹果和一个绿苹果

参考词语

红色（hóngsè, red）　　　　蓝色（lánsè, blue）　　　绿色（lǜsè, green）

黄色（huángsè, yellow）　　粉色（fěnsè, pink）　　　灰色（huīsè, gray）

棕色（zōngsè, brown）　　　紫色（zǐsè, purple）

听说句子

 一　**听录音，填空（可以写拼音）**　Listen and fill in the blanks (you can write in *Pinyin*)

1. 那件衣服挺_____的。

2. 这个手机的屏幕挺_____的。

3. 我喜欢这件衣服的_____。

4. 您要买什么_____的?

5. 这件衣服_____,有没有_____的?

6. 星期六你_____干什么?

7. _____天气好,我们就去爬山。

8. 这种手机的质量_____。

二 听录音,把听到的句子的序号填到相应的图片下面　Listen to the recording. Fill in the serial numbers of the sentences that you heard under the corresponding pictures

(1) _____　　(2) _____　　(3) _____　　(4) _____

三 听录音中的问题,选择合适的回答,把相关问题的序号填在括号里　Listen to the questions, choose the proper answers and fill in the serial numbers of corresponding questions

(　) 挺漂亮的。Tǐng piàoliang de.
(　) 有点儿贵。Yǒudiǎnr guì.
(　) 是白色的。Shì báisè de.
(　) 我要买屏幕大一点儿的。Wǒ yào mǎi píngmù dà yìdiǎnr de.
(　) 有点儿远。Yǒudiǎnr yuǎn.
(　) 我最喜欢红色。Wǒ zuì xǐhuan hóngsè.

四 跟着录音重复句子　Listen to the recording and repeat the sentences

第 13 课　你打算买什么样子的

五 两个人一组，互相问答　Ask and answer each other in pairs

1. A：你最喜欢什么颜色？Nǐ zuì xǐhuan shénme yánsè?

   B：_____

2. A：你最不喜欢什么颜色？Nǐ zuì bù xǐhuan shénme yánsè?

   B：_____

3. A：要是买手机，你喜欢什么颜色的？Yàoshi mǎi shǒujī, nǐ xǐhuan shénme yánsè de?

   B：_____

4. A：你喜欢屏幕大的手机吗？Nǐ xǐhuan píngmù dà de shǒujī ma?

   B：_____

5. A：一个手机六百块钱，你觉得贵不贵？Yí ge shǒujī liùbǎi kuài qián, nǐ juéde guì bu guì?

   B：_____

6. A：香蕉是什么颜色的？Xiāngjiāo shì shénme yánsè de?

   B：_____

7. A：你家里有小狗吗？ Nǐ jiā li yǒu xiǎo gǒu ma?

   B：_____

8. A：你喜欢什么样子的小狗？Nǐ xǐhuan shénme yàngzi de xiǎo gǒu?

   B：_____

六 两个人一组，根据例句互相问答　Work in pairs, use the given sentences and ask each other questions

例　A：你的电脑是什么颜色的？　　　A：你的电脑贵不贵？
　　B：我的电脑是黑的。　　　　　　B：不贵，挺便宜的。

1. 衣服　_____

2. 自行车　_____

3. 书包　_____

4. 手机 _____

5. 笔 _____

听说一段话

一 听录音，选择正确答案 Listen to the recording and choose the right answer

[第一段录音] 这是最新的手机

13-9

1. 男的打算买什么样子的手机？Nán de dǎsuàn mǎi shénme yàngzi de shǒujī？
   (　　)
   A. 最新的 zuì xīn de
   B. 屏幕小一点儿的 píngmù xiǎo yìdiǎnr de
   C. 屏幕大一点儿的 píngmù dà yìdiǎnr de

2. 男的要买什么颜色的手机？Nán de yào mǎi shénme yánsè de shǒujī？
   (　　)
   A. 白的 bái de　　　B. 红的 hóng de　　　C. 蓝的 lán de

[第二段录音] 这件衣服多少钱

13-10

1. 男的要买什么颜色的衣服？Nán de yào mǎi shénme yánsè de yīfu？(　　)
   A. 都要白的 dōu yào bái de
   B. 两件蓝的 liǎng jiàn lán de
   C. 白的和蓝的 bái de hé lán de

2. 两件衣服一共多少钱？Liǎng jiàn yīfu yígòng duōshao qián？(　　)
   A. 350元　　　　B. 388元　　　　C. 700元

3. 男的买的衣服质量和样子怎么样？Nán de mǎi de yīfu zhìliàng hé yàngzi zěnmeyàng？(　　)
   A. 质量和样子都很好 zhìliàng hé yàngzi dōu hěn hǎo
   B. 质量还可以，样子很新 zhìliàng hái kěyǐ, yàngzi hěn xīn
   C. 样子还可以，质量很好 yàngzi hái kěyǐ, zhìliàng hěn hǎo

第13课　你打算买什么样子的

13-11

［第三段录音］ 她家有几只小狗

1. 李红是什么人？Lǐ Hóng shì shénme rén？（　　　）
   A. 卖小狗的　mài xiǎo gǒu de
   B. 丽丽的新朋友　Lìli de xīn péngyou
   C. 安娜的男朋友　Ānnà de nánpéngyou

2. 那只狗是什么样子的？Nà zhī gǒu shì shénme yàngzi de？（　　　）
   A. 白的、大的　bái de、dà de
   B. 不太漂亮　bú tài piàoliang
   C. 黑的、小的　hēi de、xiǎo de

二　**两三个人一组，互相询问下面的问题，然后每组选一个人报告**　In a group of two or three, ask each other the following questions, and then each group selects one person to report

1. 你们学校（校园、教室、图书馆、宿舍、同学……）怎么样？
2. 说说你最喜欢的一件衣服（颜色、新旧、价钱、样子……）。

三　**两个人一组，A和B分别为图A和图B涂上颜色，然后相互提问图中的物品分别是什么颜色**　Work in pairs, paint colors of Picture A and Picture B, and then ask each other questions

提示句式：……是什么颜色？

A

B

四 交际练习 Communicative practice

分组角色扮演：A是商店售货员，B和C来买东西。
Group role play: A is the store salesperson, B and C are going to buy things.

参考词语

颜色　　样子　　挺……的　　有点儿　　一点儿

参考句式

……怎么样？　　……多少钱？

重点句子

1. 你打算买什么样子的？Nǐ dǎsuàn mǎi shénme yàngzi de?
2. 你喜欢什么颜色的？Nǐ xǐhuan shénme yánsè de?
3. 这个手机屏幕有点儿小，有没有大一点儿的？Zhège shǒujī píngmù yǒudiǎnr xiǎo, yǒu méiyǒu dà yìdiǎnr de?
4. 您看这个怎么样？Nín kàn zhège zěnmeyàng?
5. 样子还可以。Yàngzi hái kěyǐ.
6. 这件衣服的质量挺好的。Zhè jiàn yīfu de zhìliàng tǐng hǎo de.
7. 要是你买两件，每件350块，怎么样？Yàoshi nǐ mǎi liǎng jiàn, měi jiàn sānbǎi wǔshí kuài, zěnmeyàng?
8. 我要两件，一件白的，一件蓝的。Wǒ yào liǎng jiàn, yí jiàn bái de, yí jiàn lán de.

第 14 课　祝你生日快乐

听力录音

词语

14-1

1.	祝*	zhù	动	to wish	祝你生日快乐
2.	快乐*	kuàilè	形	happy	周末快乐
3.	先*	xiān	副	first	先……，然后……
4.	花儿*	huār	名	flower	一束花儿
5.	礼物*	lǐwù	名	gift	一件生日礼物
6.	最近	zuìjìn	名	recently	最近有点儿忙
7.	准备*	zhǔnbèi	动	to prepare	准备礼物
8.	然后*	ránhòu	连	then; after that	
9.	饭店	fàndiàn	名	restaurant	一家饭店
10.	过*	guò	动	to spend (time); to celebrate	过生日｜过圣诞节
11.	听*	tīng	动	to obey	听你的
12.	送*	sòng	动	to give	送给她一件礼物
13.	蛋糕*	dàngāo	名	cake	生日蛋糕
14.	当然*	dāngrán	副	of course; certainly	当然要去
15.	爸爸*	bàba	名	father	他爸爸
16.	妈妈*	māma	名	mother	我的妈妈
17.	胖	pàng	形	fat	有点儿胖
18.	主意*	zhúyi	名	idea	好主意

19.	所以*	suǒyǐ	连	therefore; so	路上堵车，所以我来晚了
20.	唱*	chàng	动	to sing	唱歌
21.	咱们*	zánmen	代	we; us	咱们吃饭吧
22.	束*	shù	量	bouquet, mearure word（for flowers）	一束花儿
23.	对面*	duìmiàn	名	facing; across from	饭店对面
24.	卡拉OK*	kǎlā OK		karaoke	唱卡拉OK

听说词语

14-2

一　听录音，把拼音写完整　Listen and complete the following *Pinyin*

1. 写声调

   zhu（祝）　　　　xian（先）　　　　huar（花儿）
   liwu（礼物）　　　zuijin（最近）　　 zhunbei（准备）
   ranhou（然后）　　fandian（饭店）　　shengri（生日）
   kuaile（快乐）

2. 写声母

   __uò（过）　　　　__īng（听）　　　　__ìn（近）
   __òng（送）　　　 __àn__āo（蛋糕）　　__āng__án（当然）
   __à__a（爸爸）　　 __ā__a（妈妈）　　　__àng（胖）

3. 写韵母和声调

   zh___y___（主意）　　l___w___（礼物）　　s___y___（所以）
   ch___（唱）　　　　　z___m___（咱们）　　f___d___（饭店）
   sh___（束）　　　　　d___m___（对面）　　k___l___OK（卡拉OK）

第 14 课 祝你生日快乐

14-3
二 听录音，把听到的词语写在相应的图片下面，并大声朗读 Listen to the recording. Write down the words that you heard under the corresponding pictures and read them aloud

（1）_____ （2）_____ （3）_____

（4）_____ （5）_____

14-4
三 听录音，选择图片并连线 Listen to the recording, and match the pictures with words

过生日　　　　准备礼物　　　　有点儿胖

衣服有点儿小　　送一束花儿　　一个好主意

111

四 朗读词语　Read the following words aloud

1. 过生日（guò shēngrì）　　　　　过圣诞节（guò Shèngdàn Jié）
   过周末（guò zhōumò）　　　　　怎么过生日（zěnme guò shēngrì）

2. 一个主意（yí ge zhúyi）　　　　有一个好主意（yǒu yí ge hǎo zhúyi）
   这个主意很好（zhège zhúyi hěn hǎo）　有什么主意（yǒu shénme zhúyì）

3. 送礼物（sòng lǐwù）
   送一束花儿（sòng yí shù huār）
   送一个生日蛋糕（sòng yí ge shēngrì dàngāo）
   送给她一件衣服（sònggěi tā yí jiàn yīfu）

4. 一件礼物（yí jiàn lǐwù）
   准备礼物（zhǔnbèi lǐwù）
   送给他一件礼物（sònggěi tā yí jiàn lǐwù）
   什么礼物（shénme lǐwù）

5. 听你的（tīng nǐ de）　　　　　听他的（tīng tā de）
   听老师的（tīng lǎoshī de）　　听爸爸妈妈的（tīng bàba māma de）

> **注意：**
> "听sb.的"，在口语中表示采纳某人的意见，按照某人说的去做。
> In spoken Chinese, "听sb.的" means taking somebody's advice and doing as somebody said.

五 在横线上填入合适的词语，然后说短语　Fill in proper words on lines and say the phrases

例　送 / 买 / 生日 / 一件　礼物　　　礼物 很多 / 很漂亮

1. ＿＿＿＿＿＿＿生日　　　　　生日＿＿＿＿＿＿＿
2. ＿＿＿＿＿＿＿胖　　　　　　胖＿＿＿＿＿＿＿
3. ＿＿＿＿＿＿＿过　　　　　　过＿＿＿＿＿＿＿
4. ＿＿＿＿＿＿＿快　　　　　　快＿＿＿＿＿＿＿

5. _____唱　　　　　　唱_____

6. _____主意　　　　　主意_____

六　看图说短语　Look at the pictures and say phrases

例　一大束红色的花儿

听说句子

一　听录音，填空（可以写拼音） Listen and fill in the blanks (you can write in *Pinyin*)

14-5

1. 祝你生日_____！

2. 这是给你的生日_____。

3. 我最近有点儿_____。

4. 这束_____太漂亮了。

5. 咱们先吃饭，_____去唱卡拉OK。

6. 这是一个好_____。

7. 那个饭店就在学校南门_____。

8. 下星期六是你的生日，你打算_____？

二 听录音，把听到的句子的序号填到相应的图片下面 Listen to the recording. Fill in the serial numbers of the sentences that you heard under the corresponding pictures

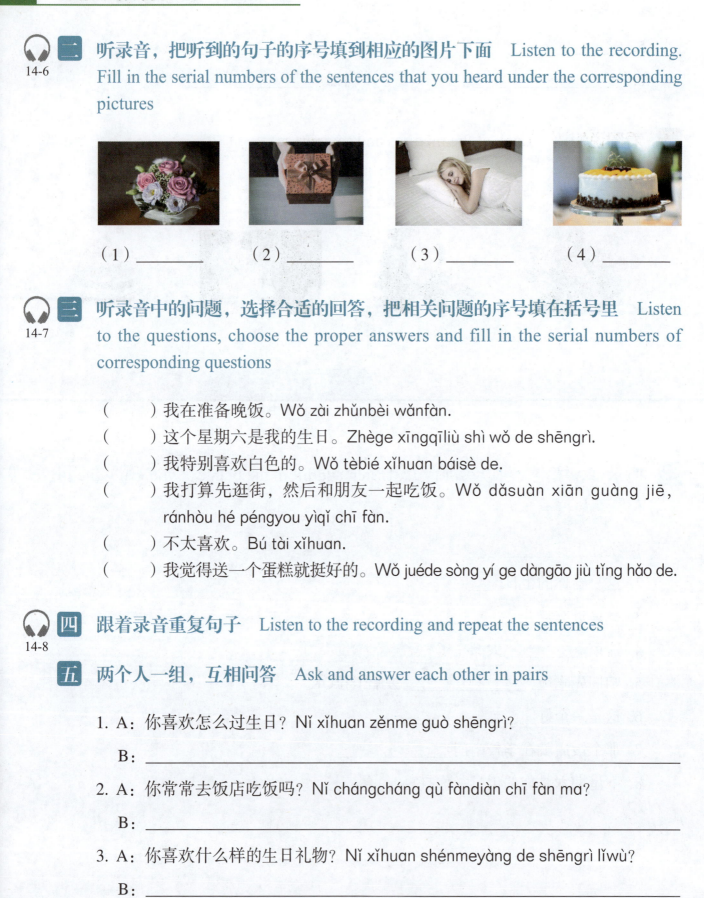

（1）_____   （2）_____   （3）_____   （4）_____

三 听录音中的问题，选择合适的回答，把相关问题的序号填在括号里 Listen to the questions, choose the proper answers and fill in the serial numbers of corresponding questions

（　）我在准备晚饭。Wǒ zài zhǔnbèi wǎnfàn.

（　）这个星期六是我的生日。Zhège xīngqīliù shì wǒ de shēngrì.

（　）我特别喜欢白色的。Wǒ tèbié xǐhuan báisè de.

（　）我打算先逛街，然后和朋友一起吃饭。Wǒ dǎsuàn xiān guàng jiē, ránhòu hé péngyou yìqǐ chī fàn.

（　）不太喜欢。Bú tài xǐhuan.

（　）我觉得送一个蛋糕就挺好的。Wǒ juéde sòng yí ge dàngāo jiù tǐng hǎo de.

四 跟着录音重复句子 Listen to the recording and repeat the sentences

五 两个人一组，互相问答 Ask and answer each other in pairs

1. A：你喜欢怎么过生日？Nǐ xǐhuan zěnme guò shēngrì?

   B：_____

2. A：你常常去饭店吃饭吗？Nǐ chángcháng qù fàndiàn chī fàn ma?

   B：_____

3. A：你喜欢什么样的生日礼物？Nǐ xǐhuan shénmeyàng de shēngrì lǐwù?

   B：_____

第14课　祝你生日快乐

4. A：你知道学校旁边有什么好的饭店吗？Nǐ zhīdào xuéxiào pángbiān yǒu shénme hǎo de fàndiàn ma?

   B：_____

5. A：你喜欢吃蛋糕吗？Nǐ xǐhuan chī dàngāo ma?

   B：_____

6. A：最近汉语课的作业多不多？Zuìjìn Hànyǔkè de zuòyè duō bu duō?

   B：_____

7. A：这个星期天咱们去唱卡拉OK怎么样？Zhège xīngqītiān zánmen qù chàng kǎlā OK zěnmeyàng?

   B：_____

8. A：下个周末不知道去哪儿玩儿好，你有没有什么好主意？Xià ge zhōumò bù zhīdào qù nǎr wánr hǎo, nǐ yǒu méiyǒu shénme hǎo zhúyi?

   B：_____

六　两个人一组，用所给的词语互相问答　Work in pairs, use the given words and ask each other questions

先　　然后

1. 明天你打算干什么？
2. 你打算怎么过生日？
3. 老师说明天上课干什么？

听说一段话

一　听录音，选择正确答案　Listen to the recording and choose the right answer

［第一段录音］怎么过生日

1. 丽丽打算怎么过生日？Lìli dǎsuàn zěnme guò shēngrì?（　　）

   A. 先给爸爸妈妈打电话，然后和朋友吃饭　xiān gěi bàba māma dǎ diànhuà, ránhòu hé péngyou chī fàn

B. 先给朋友打电话，然后和爸爸妈妈吃饭 xiān gěi péngyou dǎ diànhuà, ránhòu hé bàba māma chī fàn

C. 先和朋友去逛街，然后一起去吃晚饭 xiān hé péngyou qù guàng jiē, ránhòu yìqǐ qù chī wǎnfàn

2. 他们在哪儿吃饭？Tāmen zài nǎr chī fàn?（   ）

A. 离学校挺远的 lí xuéxiào tǐng yuǎn de

B. 在学校南门里边 zài xuéxiào nánmén lǐbian

C. 就在学校南门对面 jiù zài xuéxiào nánmén duìmiàn

14-10

［第二段录音］ 准备生日礼物

1. 男的打算干什么？Nán de dǎsuàn gàn shénme?（   ）

A. 做作业 zuò zuòyè

B. 去逛街 qù guàng jiē

C. 上网买礼物 shàng wǎng mǎi lǐwù

2. 男的打算准备什么生日礼物？Nán de dǎsuàn zhǔnbèi shénme shēngrì lǐwù?
（   ）

A. 不知道 bù zhīdào

B. 买一本书 mǎi yì běn shū

C. 买一束花儿 mǎi yí shù huār

14-11

［第三段录音］ 祝你生日快乐

1. 大卫送给丽丽什么生日礼物？Dàwèi sònggěi Lìli shénme shēngrì lǐwù?
（   ）

A. 花儿 huār　　　B. 蛋糕 dàngāo　　　C. 衣服 yīfu

2. 安娜的主意是什么？Ānnà de zhúyi shì shénme?（   ）

A. 去唱卡拉OK qù chàng kǎlā OK

B. 先吃饭，然后去唱卡拉OK xiān chī fàn, ránhòu qù chàng kǎlā OK

C. 多吃一点儿蛋糕 duō chī yìdiǎnr dàngāo

二　角色扮演　Role play

三个人一组进行对话练习，假设这个星期天是C的生日，A和B是C的好朋

第14课　祝你生日快乐

友，可以进行以下场景的对话：

In a group of three, make conversation practice: Suppose this Sunday is C's birthday, A and B are C's good friends. Please try to make conversation in the following scenarios:

1. A、B、C一起说一说怎么过生日。

   A, B and C talk about how to celebrate the birthday together.

2. A和B商量送什么礼物给C。

   A and B discuss what gift to give to C.

三　情景对话　Situational dialogue

在花店或者在蛋糕店买生日礼物。
Buy a birthday present at a flower shop or at a cake shop.

四　交际练习　Communicative practice

在生日派对（pàiduì）上，同学们给一个朋友过生日。
All classmates celebrate birthday for a friend on his/her birthday party.

参考词语

祝　快乐　礼物　准备　送

参考句式

这是送给……

祝你生日快乐！

这是为你准备的……

117

重点句子

1. 祝你生日快乐！Zhù nǐ shēngrì kuàilè!
2. 你打算怎么过生日？Nǐ dǎsuàn zěnme guò shēngrì?
3. 我打算先给爸爸妈妈打个电话，然后几个朋友一起吃饭。Wǒ dǎsuàn xiān gěi bàba māma dǎ ge diànhuà, ránhòu jǐ ge péngyou yìqǐ chī fàn.
4. 那个饭店就在学校南门对面。Nàge fàndiàn jiù zài xuéxiào nánmén duìmiàn.
5. 这是送给你的生日礼物。Zhè shì sònggěi nǐ de shēngrì lǐwù.
6. 你们多吃一点儿。Nǐmen duō chī yìdiǎnr.
7. 好，听你的。Hǎo, tīng nǐ de.
8. 这是个好主意。Zhè shì ge hǎo zhúyi.

第 15 课　我可以试试吗

听力录音

词语

15-1

1.	可以*	kěyǐ	助动	be able to; can	可以试试吗
2.	试*	shì	动	to try	试衣服
3.	问*	wèn	动	to ask	问老师一个问题
4.	只*	zhǐ	副	only	只有一种颜色
5.	查	chá	动	to check; to examine	查词典
6.	接*	jiē	动	to pick up	接朋友
7.	耳机	ěrjī	名	earphone	一副耳机｜戴耳机
8.	机场	jīchǎng	名	airport	在机场
9.	好听*	hǎotīng	形	be pleasant to hear	挺好听的
10.	请假*	qǐng jià		to ask for a leave	他请了三天假
11.	大号	dàhào	形	large size	大号的衣服
12.	还*	hái	副	also; in addition	还有什么
13.	穿	chuān	动	to wear	穿衣服
14.	先生	xiānsheng	名	sir	王先生
15.	合适	héshì	形	suitable	裤子合适｜大小合适
16.	明白	míngbai	动	to understand	不明白
17.	歌*	gē	名	song	唱歌｜唱什么歌
18.	别的*	bié de		another	别的颜色

119

19.	自己*	zìjǐ	代	oneself	我自己｜他自己
20.	算了	suànle	动	forget it	算了吧
21.	一定*	yídìng	副	certainly	一定去｜一定再来
22.	试衣间	shìyījiān	名	fitting room	
23.	问题*	wèntí	名	question	有问题｜没有问题
24.	为什么*	wèi shénme		why	为什么你没来
25.	好吃*	hǎochī	形	delicious	中国菜很好吃

专有名词

| | 中文* | Zhōngwén | 名 | Chinese | 中文歌 |

听说词语

 一 听录音，把拼音写完整 Listen and complete the following *Pinyin*

1. 写声调

   shi（试）　　　　wen（问）　　　　　zhi（只）
   cha（查）　　　　jie（接）　　　　　keyi（可以）
   erji（耳机）　　　jichang（机场）　　haoting（好听）
   qing jia（请假）　Zhongwen（中文）　dahao（大号）

2. 写声母

   ＿ái（还）　　　　　＿uān（穿）　　　　　＿iān＿eng（先生）
   ＿é＿ì（合适）　　　＿íng＿ai（明白）　　＿àng＿ē（唱歌）
   ＿＿ié de（别的）　　＿ì＿ǐ（自己）　　　＿uàn＿e（算了）

第 15 课　　我可以试试吗

3. 写韵母和声调

　　y___d___（一定）　　　　sh__y__j___（试衣间）　　w___t___（问题）

　　w___ sh__ m___（为什么）　sh__w___（上网）　　　ch___（查）

　　j___（接）　　　　　　　　y___s___（颜色）　　　zh___y___（只有）

 二　听录音，把听到的词语写在相应的图片下面，并大声朗读　Listen to the recording. Write down the words that you heard under the corresponding pictures and read them aloud

15-3

（1）_____　　　　（2）_____　　　　（3）_____

（4）_____　　　　（5）_____　　　　（6）_____

 三　听录音，在下面的词语中迅速圈出听到的词　Listen to the recording and quickly circle the words you heard in the words below

15-4

逛街	请假	可以	试试	合适
办公室	好听	问	明白	大号
为什么	爬山	唱歌	先生	问题
算了	机场	自己	中文	耳机

四　朗读词语　Read the following words aloud

1. 试衣服（shì yīfu）　　　　　　　　试试（shìshi）
　 试衣间（shìyījiān）　　　　　　　房间（fángjiān）
　 洗手间（xǐshǒujiān）

121

2. 查词典（chá cídiǎn）　　　　　　查电话号码（chá diànhuà hàomǎ）
　 查百度（chá Bǎidù）　　　　　　查上课时间（chá shàng kè shíjiān）

3. 耳机（ěrjī）　　　　　　　　　　手机（shǒujī）
　 飞机（fēijī）　　　　　　　　　　洗衣机（xǐyījī）
　 电视机（diànshìjī）

4. 好听（hǎotīng）　　　　　　　　好看（hǎokàn）
　 好吃（hǎochī）　　　　　　　　　好玩儿（hǎowánr）

5. 唱卡拉OK（chàng kǎlā OK）　　　唱歌（chàng gē）
　 唱中文歌（chàng Zhōngwéngē）　 唱英文歌（chàng Yīngwéngē）

6. 唱唱歌（chàngchang gē）　　　　吃吃饭（chīchi fàn）
　 逛逛街（guàngguang jiē）　　　　看看电视（kànkan diànshì）
　 听听歌（tīngting gē）　　　　　　问问朋友（wènwen péngyou）

五　在下面的横线上填入合适的动词，尽量多填 Fill in the appropriate verbs on line as much as possible

1. _____衣服　　2. _____朋友　　3. _____中文歌
4. _____问题　　5. _____微信　　6. _____汉语

六　连线说短语 Match the following words and say phrases

去机场　　　　　　问　　　　　　一件衣服

去试衣间　　　　　接　　　　　　一个电话号码

找老师　　　　　　试　　　　　　一个问题

上网　　　　　　　查　　　　　　一个朋友

第 15 课　我可以试试吗

听说句子

一　听录音，填空（可以写拼音）　Listen and fill in the blanks (you can write in *Pinyin*)

15-5

1. 这件衣服我可以_____吗？

2. 你穿大号的衣服不太_____，有点儿大。

3. 我下午去_____接一个朋友。

4. 他_____请假？

5. _____在那边。

6. 她唱歌挺_____的。

7. 这件衣服还有_____颜色吗？

8. 要是不知道怎么去那儿，可以_____百度。

二　听录音，把听到的句子的序号填到相应的图片下面　Listen to the recording. Fill in the serial numbers of the sentences that you heard under the corresponding pictures

15-6

（1）_____

（2）_____

（3）_____

（4）_____

（5）_____

三 听录音中的问题，选择合适的回答，把相关问题的序号填在括号里 Listen to the questions, choose the proper answers and fill in the serial numbers of corresponding questions

（　　）没有，只有这一种颜色。Méiyǒu, zhǐ yǒu zhè yì zhǒng yánsè.

（　　）逛逛街，爬爬山，和朋友一起玩儿。Guàngguang jiē, pápa shān, hé péngyou yìqǐ wánr.

（　　）他要去机场接人。Tā yào qù jīchǎng jiē rén.

（　　）算了，晚上我要做作业。Suànle, wǎnshang wǒ yào zuò zuòyè.

（　　）当然可以，试衣间在那边。Dāngrán kěyǐ, shìyījiān zài nàbian.

（　　）我也不明白，咱们去问问老师吧。Wǒ yě bù míngbai, zánmen qù wènwen lǎoshī ba.

四 跟着录音重复句子 Listen to the recording and repeat the sentences

五 两个人一组，互相问答 Ask and answer each other in pairs

1. A：你知道老师的办公室在哪儿吗？Nǐ zhīdào lǎoshī de bàngōngshì zài nǎr ma?

   B：_____

2. A：你常常问老师问题吗？Nǐ chángcháng wèn lǎoshī wèntí ma?

   B：_____

3. A：周末你一般怎么过？Zhōumò nǐ yìbān zěnme guò?

   B：_____

4. A：你喜欢听中文歌吗？Nǐ xǐhuan tīng Zhōngwén gē ma?

   B：_____

5. A：你来中国的时候，有人去机场接你吗？Nǐ lái Zhōngguó de shíhou, yǒu rén qù jīchǎng jiē nǐ ma?

   B：_____

6. A：我可以看看你的手机吗？Wǒ kěyǐ kànkan nǐ de shǒujī ma?

   B：_____

7. A：你为什么学汉语？Nǐ wèi shénme xué Hànyǔ?

   B：_____

8. A：要是你有问题，你问谁？ Yàoshi nǐ yǒu wèntí, nǐ wèn shéi?

   B：_____

六 听录音中的三个短语，然后按照正确的顺序组成一句话，并读出来 Listen to the three phrases in the recording, then compose a sentence in the correct order and read it aloud

15-9

1. _____
2. _____
3. _____
4. _____
5. _____
6. _____

七 两个人一组，用所给的词语进行对话练习 Work in pairs, use the given words and make conversation practice

介绍　　听　　看　　玩儿　　找

例　试　A：我可以试试那件衣服吗？

B：当然可以，你试试吧。

听说一段话

一 听录音，选择正确答案 Listen to the recording and choose the right answer

15-10

[第一段录音]　买衣服

1. 男的开始试的衣服合适不合适？ Nán de kāishǐ shì de yīfu héshì bù héshì?
   ( )

   A. 很合适　hěn héshì

   B. 有点儿大　yǒudiǎnr dà

   C. 有点儿小　yǒudiǎnr xiǎo

2. 那件衣服有没有别的颜色？Nà jiàn yīfu yǒu méiyǒu bié de yánsè? （   ）
    A. 有很多颜色 yǒu hěn duō yánsè
    B. 有两种颜色 yǒu liǎng zhǒng yánsè
    C. 只有一种颜色 zhǐ yǒu yì zhǒng yánsè

3. 男的为什么不买那件衣服？Nán de wèi shénme bù mǎi nà jiàn yīfu? （   ）
    A. 太贵了 tài guì le
    B. 颜色不好看 yánsè bù hǎokàn
    C. 大小不合适 dàxiǎo bù héshì

[第二段录音] 我要去机场接他

15-11

1. 男的为什么找老师？Nán de wèi shénme zhǎo lǎoshī? （   ）
    A. 请假 qǐng jià
    B. 学新课有问题 xué xīn kè yǒu wèntí
    C. 问老师看什么书 wèn lǎoshī kàn shénme shū

2. 男的明天去干什么？Nán de míngtiān qù gàn shénme? （   ）
    A. 去买新书 qù mǎi xīn shū
    B. 去机场接妈妈 qù jīchǎng jiē māma
    C. 去办公室找老师 qù bàngōngshì zhǎo lǎoshī

[第三段录音] 我在听歌呢

15-12

1. 女的在干什么呢？Nǚ de zài gàn shénme ne? （   ）
    A. 听中文歌 tīng Zhōngwéngē
    B. 做汉语作业 zuò Hànyǔ zuòyè
    C. 上网 shàng wǎng

2. 他们听的歌怎么样？Tāmen tīng de gē zěnmeyàng? （   ）
    A. 不太好听 bú tài hǎotīng
    B. 不太明白 bú tài míngbai
    C. 不知道歌的名字 bù zhīdào gē de míngzi

3. 男的打算干什么？Nán de dǎsuàn gàn shénme? （   ）
    A. 上网查查 shàng wǎng chácha

B. 问问汉语老师 wènwen Hànyǔ lǎoshī
C. 问问中国朋友 wènwen Zhōngguó péngyou

二 两三个人一组，互相询问下面的问题，然后每组选一个人报告　In a group of two or three, ask each other the following questions, and then each group selects one person to report

1. 你喜欢听什么歌？
2. 你在中国买衣服的时候有什么问题？
3. 你常常请假吗？为什么？

三 看图说一段话：我在中国的生活　Look at the pictures and say a paragraph: My life in China

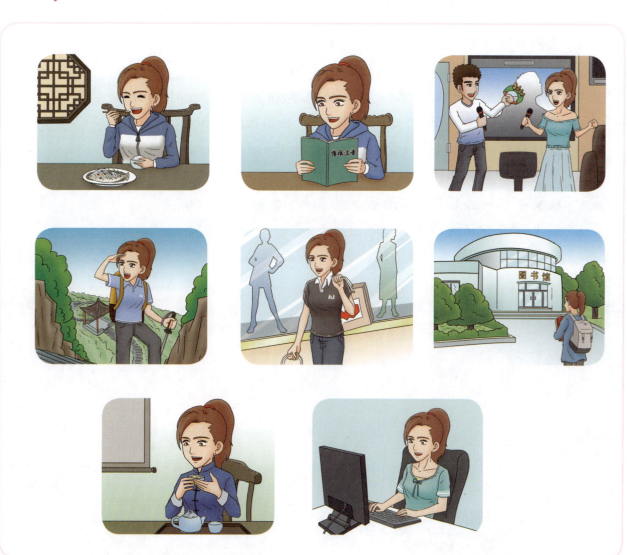

四 交际练习　Communicative practice

两三个人一组，假设A是售货员，B和C去买衣服。

Work in a group of two or three, suppose A is the salesperson, and B and C are going to buy clothes.

1. 试衣服；
2. 看看衣服合适不合适；
3. 问颜色和价钱；
4. 说一说最后你买不买衣服，为什么。

重点句子

1. 这件衣服我可以试试吗？Zhè jiàn yīfu wǒ kěyǐ shìshi ma?
2. 只有这一种颜色。Zhǐ yǒu zhè yì zhǒng yánsè.
3. 算了，我再看看别的吧。Suànle, wǒ zài kànkan bié de ba.
4. 这件衣服合适不合适？Zhè jiàn yīfu héshì bù héshì?
5. 这件您穿一定很合适。Zhè jiàn nín chuān yídìng hěn héshì.
6. 他为什么不买那件衣服？Tā wèi shénme bù mǎi nà jiàn yīfu?
7. 我要去机场接朋友。Wǒ yào qù jīchǎng jiē péngyou.
8. 我上网查查就明白了。Wǒ shàng wǎng chácha jiù míngbai le.

第 16 课 来一斤饺子

听力录音

词语

16-1

1.	饺子*	jiǎozi	名	dumplings	一盘饺子
2.	包子	bāozi	名	steamed stuffed bun	吃包子｜一个包子
3.	面条儿*	miàntiáor	名	noodle	一碗面条儿
4.	份	fèn	量	portion	一份菜
5.	两*	liǎng	量	measure word (= 50 g)	一两米饭
6.	座位	zuòwèi	名	seat	一个座位
7.	猪肉	zhūròu	名	pork	吃猪肉
8.	白菜	báicài	名	cabbage	一棵白菜
9.	光临	guānglín	动	gracious presence	欢迎光临
10.	菜单	càidān	名	menu	一份菜单｜看菜单
11.	离	lí	动	to be away from	离学校不远
12.	多*	duō	形	much; many	不多｜人多
13.	味道*	wèidao	名	taste	味道不错
14.	北方*	běifāng	名	north; the northern part	北方人
15.	米饭*	mǐfàn	名	rice	一碗米饭
16.	点	diǎn	动	to order	点菜
17.	菜*	cài	名	dish	中国菜
18.	这儿*	zhèr	代	here	书在这儿

129

19.	面食*	miànshí	名	wheat-based food	喜欢吃面食
20.	鸡肉	jīròu	名	chicken	吃鸡肉
21.	不错*	búcuò	形	not bad	他人不错
22.	位	wèi	量	measure word used for human	一位客人
23.	南方*	nánfāng	名	south; the southern part	去南方 | 南方人
24.	蘑菇	mógu	名	mushroom	喜欢吃蘑菇
25.	馅儿*	xiànr	名	filling; stuffing	包子馅儿

听说词语

一 听录音，把拼音写完整 Listen and complete the following *Pinyin*

1. 写声调

shitang（食堂）　　baozi（包子）　　miantiaor（面条儿）
jiaozi（饺子）　　　fen（份）　　　　liang（两）
zuowei（座位）　　　zhurou（猪肉）　　baicai（白菜）
guanglin（光临）　　caidan（菜单）

2. 写声母

__í（离）　　　　　　__uō（多）　　　　　　__èi__ao（味道）
__ěi__ āng（北方）　　__ǐ__ àn（米饭）　　　__iǎn__ài（点菜）
__èr（这儿）　　　　__iàn__í（面食）　　　　__ī__òu（鸡肉）
__ú__uò（不错）

3. 写韵母和声调

w___（位）　　　　　　h___ch___（好吃）　　　n___f___（南方）
m___g___（蘑菇）　　　x___（馅儿）　　　　　f___g___（饭馆儿）
h___y___（欢迎）　　　b___f___（半份）　　　f_w__y_（服务员）

第 16 课　来一斤饺子

 二　听录音，把听到的词语写在相应的图片下面，并大声朗读　Listen to the recording. Fill in the serial numbers of the sentences that you heard under the corresponding pictures and read them aloud

（1）_____　　（2）_____　　（3）_____　　（4）_____

（5）_____　　（6）_____　　（7）_____　　（8）_____

 三　听录音，在下面的词语中迅速圈出听到的词　Listen to the recording and quickly circle the words you heard in the words below

面条儿	食堂	饺子	馅儿	好吃	光临
味道	白菜	蘑菇	这儿	南方	菜单
北方	菜单	米饭	座位	不错	鸡肉

 四　听录音，填量词并与图片连线　Listen to the recording. Fill in the measure words and match them with the pictures

一_____饭菜

两_____朋友

一_____面包

一_____米饭

三_____面包

一_____面包

二_____饺子

131

五 朗读词语　Read the following words aloud

1. 点菜（diǎn cài）　　　　　　点一个菜（diǎn yí ge cài）
   点什么菜（diǎn shénme cài）　点一份面条儿（diǎn yí fèn miàntiáor）
   在饭馆儿点菜（zài fànguǎnr diǎn cài）

2. 一两米饭（yì liǎng mǐfàn）　　二两饺子（èr liǎng jiǎozi）
   西瓜三斤四两（xīguā sān jīn sì liǎng）

3. 一位老师（yí wèi lǎoshī）　　一位同学（yí wèi tóngxué）
   一位朋友（yí wèi péngyou）　一位客人（yí wèi kèren）

4. 面条儿（miàntiáor）　　　　吃面（chī miàn）
   意大利面（Yìdàlìmiàn）　　鸡肉蘑菇面（jīròu mógu miàn）
   面食（miànshí）　　　　　　面包（miànbāo）

5. 中国菜（Zhōngguócài）　　　日本菜（Rìběncài）
   韩国菜（Hánguócài）　　　　菜单（càidān）
   点菜（diǎn cài）　　　　　　一份饭菜（yí fèn fàncài）

6. 宿舍离学校很近（sùshè lí xuéxiào hěn jìn）
   饭店离这儿不太远（fàndiàn lí zhèr bú tài yuǎn）
   学校离地铁站远不远（xuéxiào lí dìtiězhàn yuǎn bu yuǎn）

六 说出下列词语的反义词　Write down the antonyms of the following words

1. 远——_____　　2. 多——_____　　3. 这儿——_____
4. 胖——_____　　5. 接——_____　　6. 北方——_____

第16课　来一斤饺子

听说句子

一 听录音，填空（可以写拼音）　Listen and fill in the blanks (you can write in *Pinyin*)

1. 这是我最喜欢的_____。
2. 中国_____过春节的时候吃饺子。
3. 南方人更喜欢吃_____。
4. 他喜欢吃猪肉白菜_____的包子。
5. 面条儿啦、包子啦、饺子啦，都挺_____的。
6. 二位现在_____吗？
7. 那个饭店_____不远。
8. 给我们来_____饺子。

二 听录音，把听到的句子的序号填到相应的图片下面　Listen to the recording. Fill in the serial numbers of the sentences that you heard under the corresponding pictures

（1）_____　　（2）_____　　（3）_____

（4）_____　　（5）_____

🎧 16-8 **听录音中的问题，选择合适的回答，把相关问题的序号填在括号里** Listen to the questions, choose the proper answers and fill in the serial numbers of corresponding questions

( ) 我想吃饺子，猪肉白菜馅儿的。Wǒ xiǎng chī jiǎozi, zhūròu báicài xiànr de.

( ) 包子啦，蛋糕啦，面包啦，都常吃。Bāozi la, dàngāo la, miànbāo la, dōu cháng chī.

( ) 我们一共五个人。Wǒmen yígòng wǔ ge rén.

( ) 等一会儿，我们先看看菜单。Děng yíhuìr, wǒmen xiān kànkan càidān.

( ) 味道不错，挺好吃的。Wèidao búcuò, tǐng hǎochī de.

( ) 来两瓶啤酒。Lái liǎng píng píjiǔ.

( ) 不远，骑自行车一会儿就到。Bù yuǎn, qí zìxíngchē yíhuìr jiù dào.

( ) 要是明天没有作业，我就去。Yàoshi míngtiān méiyǒu zuòyè, wǒ jiù qù.

🎧 16-9 **跟着录音重复句子** Listen to the recording and repeat the sentences

两个人一组，互相问答 Ask and answer each other in pairs

1. A：你每天在学校食堂吃饭吗？Nǐ měi tiān zài xuéxiào shítáng chī fàn ma?

   B：_____

2. A：你喜欢吃面食吗？Nǐ xǐhuan chī miànshí ma?

   B：_____

3. A：你喜欢吃什么馅儿的包子？Nǐ xǐhuan chī shénme xiànr de bāozi?

   B：_____

4. A：你家离学校远不远？Nǐ jiā lí xuéxiào yuǎn bu yuǎn?

   B：_____

5. A：你觉得最好吃的菜是什么？Nǐ juéde zuì hǎochī de cài shì shénme?

   B：_____

6. A：你觉得学校食堂的菜味道怎么样？Nǐ juéde xuéxiào shítáng de cài wèidao zěnmeyàng?

   B：_____

7. A：在中国饭馆儿点菜的时候你说什么？Zài Zhōngguó fànguǎnr diǎn cài de shíhou nǐ shuō shénme?

   B：_____

8. A：在饭馆儿点菜的时候你有什么问题？Zài fànguǎnr diǎn cài de shíhou nǐ yǒu shénme wèntí?

   B：_____

🎧 16-10 **六** 听录音中的三个短语，然后按照正确的顺序组成一句话，并读出来 Listen to the three phrases in the recording, then compose a sentence in the correct order and read it aloud

1. _____

2. _____

3. _____

4. _____

5. _____

6. _____

听说一段话

一 听录音，选择正确答案　Listen to the recording and choose the right answer

[第一段录音]　我们家常吃面食

1. 李军为什么常来这个食堂吃饭？Lǐ Jūn wèi shénme cháng lái zhège shítáng chī fàn？（　　）
 A. 这个食堂离教室近　zhège shítáng lí jiàoshì jìn
 B. 这个食堂环境好　zhège shítáng huánjìng hǎo
 C. 这个食堂有很多种面食　zhège shítáng yǒu hěn duō zhǒng miànshí

2. 李军的妈妈是哪儿的人？Lǐ Jūn de māma shì nǎr de rén？（　　）
 A. 南方人　nánfāngrén　　B. 北方人　běifāngrén　　C. 不知道　bù zhīdào

3. 李军最喜欢吃什么？Lǐ Jūn zuì xǐhuan chī shénme？（　　）
 A. 米饭　mǐfàn　　B. 面食　miànshí　　C. 中国菜　Zhōngguócài

[第二段录音]　点菜

1. 安娜要买多少米饭？Ānnà yào mǎi duōshao mǐfàn？（　　）
 A. 一两　yì liǎng　　B. 二两　èr liǎng　　C. 三两　sān liǎng

2. 安娜买的饭一共多少钱？Ānnà mǎi de fàn yígòng duōshao qián？（　　）
 A. 五块　wǔ kuài
 B. 十二块　shí'èr kuài
 C. 十二块五毛　shí'èr kuài wǔ máo

[第三段录音]　先看看菜单

1. 他们几个人一起去吃饭？Tāmen jǐ ge rén yìqǐ qù chī fàn？（　　）
 A. 两个人　liǎng ge rén　　B. 三个人　sān ge rén　　C. 四个人　sì ge rén

2. 他们点了什么？Tāmen diǎnle shénme？（　　）
 A. 一份鸡肉　yí fèn jīròu
 B. 一份饺子　yí fèn jiǎozi
 C. 一份面条儿和一份饺子　yí fèn miàntiáor hé yí fèn jiǎozi

3. 他们喜欢吃什么馅儿的饺子？Tāmen xǐhuan chī shénme xiànr de jiǎozi? （　　）
   A. 鸡肉蘑菇　jīròu mógu
   B. 白菜鸡蛋　báicài jīdàn
   C. 猪肉白菜　zhūròu báicài

二 两三个人一组，互相询问下面的问题，然后每组选一个人报告 In a group of two or three, ask each other the following questions, and then each group selects one person to report

1. 在中国，南方人喜欢吃米饭，北方人喜欢吃面食，在你们国家呢？
2. 你常去哪个饭店吃饭？那儿有什么好吃的？

三 交际练习 Communicative practice

四个同学一组，假设A是饭馆儿服务员，B、C、D来饭馆儿吃饭，请进行以下场景的交际练习：

In a group of four, assuming that A is the waiter of a restaurant, and B, C and D come to the restaurant for dinner. Please do the following communicative practice:

1. 服务员欢迎客人；
2. 拿菜单、点菜。

四 口头报告 Oral report

两三个人一组，了解下面的情况，在课堂上报告：

In a group of two or three people, know about the following situation and report in class:

1. 你们学校有几个食堂？在哪儿？
2. 哪个食堂的什么菜好吃？什么菜不好吃？
3. 你们觉得哪个食堂最好？为什么？

重点句子

1. 这个食堂离教室很近。Zhège shítáng lí jiàoshì hěn jìn.
2. 包子啦，面条儿啦，饺子啦，味道都不错。Bāozi la, miàntiáor la, jiǎozi la, wèidao dōu búcuò.
3. 你不是南方人吗？Nǐ bú shì nánfāngrén ma?
4. 师傅，来一份蘑菇，半份鸡肉，二两米饭。Shīfu, lái yí fèn mógu, bàn fèn jīròu, èr liǎng mǐfàn.
5. 同学，这儿有人吗？Tóngxué, zhèr yǒu rén ma?
6. 欢迎光临！您几位？Huānyíng guānglín! nín jǐ wèi?
7. 现在点菜吗？Xiànzài diǎn cài ma?
8. 要什么馅儿的？Yào shénme xiànr de?

第 17 课 喝茶还是喝咖啡

听力录音

词语

17-1

1.	喝*	hē	动	to drink	喝茶｜喝酒
2.	茶*	chá	名	tea	一杯茶｜绿茶
3.	还是*	háishi	连	or	吃米饭还是吃包子
4.	搬	bān	动	to move	搬家｜搬走
5.	往	wǎng	介	to; towards	往南走
6.	尝	cháng	动	to taste	尝一尝｜尝一下儿
7.	走*	zǒu	动	to walk; to leave	咱们走吧
8.	地方*	dìfang	名	place	这个地方｜地方不大
9.	进	jìn	动	to come in	进来｜进去
10.	以前	yǐqián	名	before	以前常来
11.	不用*	búyòng	副	need not	不用接
12.	做菜	zuò cài		to cook	做菜好吃
13.	红酒	hóngjiǔ	名	wine	一瓶红酒
14.	会*	huì	助动	can; be able to	会做饭｜不会游泳
15.	帮忙	bāng máng		to help	帮他的忙
16.	看起来*	kàn qilai		it seems that; it looks like	看起来很好吃
17.	行*	xíng	动	to be all right; OK	不行

18.	忙*	máng	动、形	busy	忙什么呢 ｜ 不太忙
19.	走路	zǒu lù		on foot	走路很慢 ｜ 走路去
20.	第一	dì-yī	数	auxiliary word for ordinal numbers	第一个
21.	随便*	suíbiàn	形	anything is okay; having no preference	随便吃 ｜ 随便说
22.	路口	lùkǒu	名	crossing; intersection	前面的路口

听说词语

一 听录音，把拼音写完整 Listen and complete the following *Pinyin*

17-2

1. 写声调

ban（搬）　　　　zhu（住）　　　　wang（往）
chang（尝）　　　cai（菜）　　　　zou（走）
difang（地方）　　qing jin（请进）　yiqian（以前）
buyong（不用）　　zuo cai（做菜）

2. 写声母

__óu（楼）　　　　__uò（坐）　　　　__ì__ ang（地方）
__ān __iā（搬家）　__óng__iǔ（红酒）　__á（茶）
__uì（会）　　　　__āng __áng（帮忙）　__ái__i（还是）
__àn __i __ai（看起来）

3. 写韵母和声调

x____（行）　　　　m____（忙）　　　　z__ l__（走路）
z__ c__（做菜）　　　d__-y__（第一）　　l__ k__（路口）
s__ b__（随便）　　　h__ ch__（喝茶）　　q__ ch__（骑车）

140

第 17 课　喝茶还是喝咖啡

17-3
二　听录音，把听到的词语写在相应的图片下面，并大声朗读　Listen to the recording. Fill in the words that you heard under the corresponding pictures and read them aloud

（1）_____　（2）_____　（3）_____　（4）_____

（5）_____　（6）_____　（7）_____　（8）_____

17-4
三　听录音，在下面的词语中迅速圈出听到的词　Listen to the recording and quickly circle the words you heard in the words below

随便	以前	搬家	地方	帮忙	红酒
坐车	鸡肉	还是	走路	请进	路口
随便	尝尝	往左	不会	喝茶	做菜
很忙	不用	大楼	不行		

四　朗读词语　Read the following words aloud

1. 搬（bān）　　　　　　　　搬家（bān jiā）
   搬东西（bān dōngxi）　　　搬椅子（bān yǐzi）
   从宿舍搬到教室（cóng sùshè bāndào jiàoshì）

2. 请进（qǐng jìn）　　　　　请坐（qǐng zuò）
   请问（qǐng wèn）　　　　　请听（qǐng tīng）

请看（qǐng kàn）　　　　　　请说汉语（qǐng shuō Hànyǔ）
请准备（qǐng zhǔnbèi）

3. 喝茶还是喝咖啡（hē chá háishi hē kāfēi）
今天还是明天（jīntiān háishi míngtiān）
走路还是骑车（zǒu lù háishi qí chē）
吃饺子还是吃包子（chī jiǎozi háishi chī bāozi）

4. 随便（suíbiàn）　　　　　　随便吃（suíbiàn chī）
随便坐（suíbiàn zuò）　　　　随便看看（suíbiàn kànkan）
随你的便（suí nǐ de biàn）

5. 不用谢（búyòng xiè）　　　　不用帮忙（búyòng bāng máng）
不用准备（búyòng zhǔnbèi）　　不用付钱（búyòng fù qián）
不用去机场接（búyòng qù jīchǎng jiē）

6. 住的地方（zhù de dìfang）　　住留学生宿舍（zhù liúxuéshēng sùshè）
住在北京（zhù zài Běijīng）　　住在学校旁边（zhù zài xuéxiào pángbiān）
和朋友一起住（hé péngyou yìqǐ zhù）

7. 往左（wǎng zuǒ）　　　　　　往右（wǎng yòu）
往南（wǎng nán）　　　　　　往北（wǎng běi）
往东（wǎng dōng）　　　　　　往西（wǎng xī）
往前走（wǎng qián zǒu）　　　往后看（wǎng hòu kàn）

8. 第三课（dì-sān kè）　　　　　第二天（dì-èr tiān）
第一个路口（dì-yī ge lùkǒu）　第五个星期（dì-wǔ ge xīngqī）
第二个房间（dì-èr ge fángjiān）

五 在下面的横线上填上合适的名词，尽量多填　Fill in the appropriate nouns on line as much as possible

1. 喝＿＿＿＿＿＿　　2. 搬＿＿＿＿＿＿　　3. 坐＿＿＿＿＿＿
4. 进＿＿＿＿＿＿　　5. 做＿＿＿＿＿＿　　6. 尝＿＿＿＿＿＿

第17课 喝茶还是喝咖啡

六　两个人一组，看图说话 Work in pairs, look at the pictures and talk

参考句式　（是）……还是……？

（红 / 白）

（做 / 买）

（飞机 / 高铁）

（茶 / 咖啡）

听说句子

一　听录音，填空（可以写拼音） Listen and fill in the blanks (you can write in *Pinyin*)

1. 最近他很_____，课很多。

2. 他最近正在忙_____呢。

3. 从学校到你们的新家_____？

4. 请进，_____坐。

5. 你到前边第二个_____往左走。

6. _____这个菜味道挺不错的。

7. 我现在_____离学校很近。

8. 我自己一个人就行，_____帮忙。

二 听录音，把听到的句子的序号填到相应的图片下面 Listen to the recording. Fill in the serial numbers of the sentences that you heard under the corresponding pictures

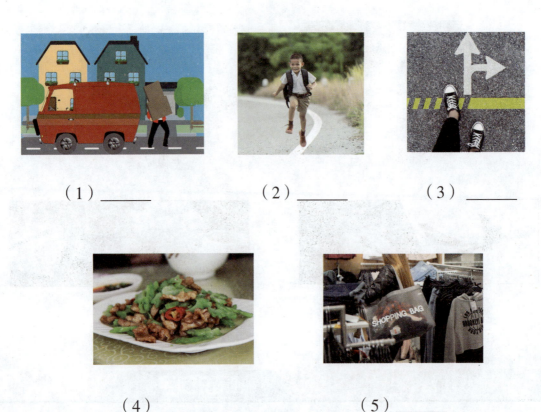

（1）_____   （2）_____   （3）_____

（4）_____   （5）_____

 三 听录音中的问题，选择合适的回答，把相关问题的序号填在括号里 Listen to the questions, choose the proper answers and fill in the serial numbers of corresponding questions

（   ）在呢，请进。Zài ne, qǐng jìn.
（   ）挺好吃的。Tǐng hǎochī de.
（   ）往前走，左边就是。Wǎng qián zǒu, zuǒbian jiù shì.
（   ）我喜欢吃面条儿。Wǒ xǐhuan chī miàntiáor.
（   ）买点儿苹果就行。Mǎi diǎnr píngguǒ jiù xíng.
（   ）不用，东西不多，我自己搬就行。Búyòng, dōngxi bù duō, wǒ zìjǐ bān jiù xíng.
（   ）就是左边那个楼，三号楼。Jiù shì zuǒbian nàge lóu, sān hào lóu.
（   ）随便，喝什么都行。Suíbiàn, hē shénme dōu xíng.

第 17 课　喝茶还是喝咖啡

四　跟着录音重复句子　Listen to the recording and repeat the sentences

17-8

五　两个人一组，互相问答　Ask and answer each other in pairs

1. A：你最近忙不忙？Nǐ zuìjìn máng bu máng?

   B：＿＿＿＿＿＿＿＿＿＿＿＿＿＿＿＿＿＿＿＿＿＿＿＿＿＿＿＿＿

2. A：你会做什么菜？Nǐ huì zuò shénme cài?

   B：＿＿＿＿＿＿＿＿＿＿＿＿＿＿＿＿＿＿＿＿＿＿＿＿＿＿＿＿＿

3. A：你喜欢喝咖啡还是喝茶？Nǐ xǐhuan hē kāfēi háishi hē chá?

   B：＿＿＿＿＿＿＿＿＿＿＿＿＿＿＿＿＿＿＿＿＿＿＿＿＿＿＿＿＿

4. A：你住的地方离学校远不远？Nǐ zhù de dìfang lí xuéxiào yuǎn bu yuǎn?

   B：＿＿＿＿＿＿＿＿＿＿＿＿＿＿＿＿＿＿＿＿＿＿＿＿＿＿＿＿＿

5. A：去最近的公共汽车站怎么走？Qù zuì jìn de gōnggòng qìchēzhàn zěnme zǒu?

   B：＿＿＿＿＿＿＿＿＿＿＿＿＿＿＿＿＿＿＿＿＿＿＿＿＿＿＿＿＿

6. A：你每天怎么来学校？Nǐ měi tiān zěnme lái xuéxiào?

   B：＿＿＿＿＿＿＿＿＿＿＿＿＿＿＿＿＿＿＿＿＿＿＿＿＿＿＿＿＿

7. A：要是你搬家，你找朋友帮忙吗？Yàoshi nǐ bān jiā, nǐ zhǎo péngyou bāng máng ma?

   B：＿＿＿＿＿＿＿＿＿＿＿＿＿＿＿＿＿＿＿＿＿＿＿＿＿＿＿＿＿

8. A：你是第几次来中国？Nǐ shì dì jǐ cì lái Zhōngguó?

   B：＿＿＿＿＿＿＿＿＿＿＿＿＿＿＿＿＿＿＿＿＿＿＿＿＿＿＿＿＿

六　听录音中的三个短语，然后按照正确的顺序组成一句话，并读出来　Listen to the three phrases in the recording, then compose a sentence in the correct order and read it aloud

17-9

1. ＿＿＿＿＿＿＿＿＿＿＿＿＿＿＿＿＿＿＿＿＿＿＿＿＿＿＿＿＿＿＿＿

2. ＿＿＿＿＿＿＿＿＿＿＿＿＿＿＿＿＿＿＿＿＿＿＿＿＿＿＿＿＿＿＿＿

145

3. _____

4. _____

5. _____

6. _____

七 两个人一组，看图对话　Work in pairs, look at the pictures and talk

参考句式

A：你会……吗？

B：会。/ 不会。

听说一段话

一 听录音，选择正确答案　Listen to the recording and choose the right answer

[第一段录音]　忙搬家

1. 安娜最近在忙什么呢？Ānnà zuìjìn zài máng shénme ne?（　　）

　　A. 搬家　bān jiā　　　　B. 上课　shàng kè　　　　C. 学做菜　xué zuò cài

2. 这个星期六他们打算干什么？Zhège xīngqīliù tāmen dǎsuàn gàn shénme？
   （   ）
   A. 搬家 bān jiā
   B. 来新家玩儿 lái xīn jiā wánr
   C. 去外边玩儿 qù wàibian wánr

3. 星期六他们每个人要干什么？Xīngqīliù tāmen měi ge rén yào gàn shénme？
   （   ）
   A. 学习怎么做菜 xuéxí zěnme zuò cài
   B. 找一个朋友来 zhǎo yí ge péngyou lái
   C. 准备一点儿吃的 zhǔnbèi yìdiǎnr chī de

[第二段录音]　去你家怎么走

1. 大卫和马克打算怎么去安娜家？Dàwèi hé Mǎkè dǎsuàn zěnme qù Ānnà jiā？
   （   ）
   A. 走路去 zǒu lù qù
   B. 骑自行车 qí zìxíngchē
   C. 坐公共汽车 zuò gōnggòng qìchē

2. 安娜的家在哪儿？Ānnà de jiā zài nǎr？（   ）
   A. 第一个路口的左边 dì-yī ge lùkǒu de zuǒbian
   B. 第一个路口的右边 dì-yī ge lùkǒu de yòubian
   C. 第二个路口的南边 dì-èr ge lùkǒu de nánbian

[第三段录音]　你们尝尝

1. 什么不是男的准备的东西？Shénme bú shì nán de zhǔnbèi de dōngxi？（   ）
   A. 蛋糕 dàngāo　　　　B. 意大利面 Yìdàlìmiàn
   C. 红酒 hóngjiǔ

2. 玛丽在干什么呢？Mǎlì zài gàn shénme ne？（   ）
   A. 喝茶 hē chá　　　　B. 喝红酒 hē hóngjiǔ
   C. 做意大利面 zuò Yìdàlìmiàn

二 三个人一组，分角色进行对话练习 In a group of three, practice the dialogue in different roles

A请B和C去自己家里玩儿，可以互相问答：
The three ones will make dialogues when A invites B and C to play in his house.
1. 什么时候去？怎么去？
2. 每个人要准备什么？

三 看图说一段话 Look at the pictures and say a paragraph

1. 他们家在哪儿？家里怎么样？大不大？
2. 他们家里有什么人？他们喜欢吃什么？会干什么？
3. 他们家里常常有朋友来玩儿吗？朋友来的时候，要准备什么东西？

四 交际练习 Communicative practice

全班分为两个组，一个组的同学扮演主人，一个组的同学扮演客人，分别进行以下交际练习：
The whole class is divided into two groups. One group of students play the hosts and the other group of students play the guests. Please do the following communicative practice.

第17课　喝茶还是喝咖啡

1. 主人请客人来做客；
2. 主人和客人分别讨论要准备什么；
3. 在主人家里做客。

重点句子

1. 你最近忙什么呢？Nǐ zuìjìn máng shénme ne?
2. 你会做菜吗？Nǐ huì zuò cài ma?
3. 去你家怎么走？Qù nǐ jiā zěnme zǒu?
4. 你们是坐车还是骑车来？Nǐmen shì zuò chē háishi qí chē lái?
5. 从学校南门往左走。Cóng xuéxiào nánmén wǎng zuǒ zǒu.
6. 看起来就好吃。Kàn qilai jiù hǎochī.
7. 随便，都可以。Suíbiàn, dōu kěyǐ.

第 18 课 今天我七点半就起床了

词语

 18-1

1.	起床*	qǐ chuáng		to get up	七点起床
2.	了*	le	助	particle	习惯了
3.	饿*	è	形	hungry	很饿｜不太饿
4.	真*	zhēn	副	really	真不习惯
5.	可是*	kěshì	连	but; however	很累，可是很开心
6.	月*	yuè	名	month	三个月
7.	身体*	shēntǐ	名	body	身体健康｜锻炼身体
8.	有的*	yǒude	代	some	有的人
9.	得*	děi	助动	need to	得早睡
10.	习惯*	xíguàn	动	to be used to	习惯中国生活
11.	冰	bīng	名	ice	加冰｜冰水
12.	改*	gǎi	动	to change	改改你的习惯
13.	睡觉*	shuì jiào		to sleep	睡了一大觉
14.	多*	duō	代	how	多长时间
15.	想*	xiǎng	动	to want	想休息
16.	才*	cái	副	not until; as late as	九点才起床
17.	比如*	bǐrú	动	for example	比如说
18.	一般*	yìbān	形	generally; commonly	他一般九点上班

第18课　今天我七点半就起床了

19.	差不多*	chàbuduō	副	almost; nearly	差不多习惯了
20.	生活*	shēnghuó	名	life	每天的生活
21.	已经*	yǐjīng	副	already	已经来了
22.	以后*	yǐhòu	名	later on; afterwards	以后再来
23.	对*	duì	介	for	对身体不好

听说词语

 一　**听录音，把拼音写完整**　Listen and complete the following *Pinyin*

1. 写声调

　　e（饿）　　　　　　zhen（真）　　　　　　keshi（可是）
　　yue（月）　　　　　shenti（身体）　　　　　youde（有的）
　　dei（得）　　　　　xiguan（习惯）　　　　　bing shui（冰水）
　　gai（改）　　　　　shui jiao（睡觉）

2. 写声母

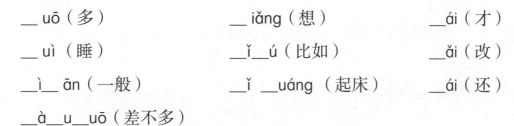

3. 写韵母和声调

　　ch＿＿（床）　　　　ch＿＿（长）　　　　x＿g＿＿（习惯）
　　sh＿h＿＿（生活）　　j＿＿（就）　　　　　y＿j＿＿（已经）
　　z＿ sh＿ z＿ q＿＿（早睡早起）
　　d＿＿ ch＿＿ sh＿ j＿＿（多长时间）

二 听录音，在下面的词语中迅速圈出听到的词 Listen to the recording and quickly circle the words you heard in the words below

比如	身体	习惯	以前	以后	生活
冰水	起床	有的	早饭	晚饭	一般
不饿	还有	真好	九月	睡觉	可是
多长	差不多	已经	改了		

三 听录音中的问题，选择合适的回答，把相关问题的序号填在括号里 Listen to the questions in the recording and choose the appropriate answers

（　）两个星期。　Liǎng ge xīngqī.
（　）一般早上七点起床。　Yìbān zǎoshang qī diǎn qǐ chuáng.
（　）二十六块五。　Èrshíliù kuài wǔ.
（　）一杯冰水。　Yì bēi bīng shuǐ.
（　）六点半。　liù diǎn bàn.

四 朗读词语 Read the following words aloud

1. 多高（duō gāo）　　　　多大（duō dà）
   多远（duō yuǎn）　　　多长（duō cháng）

2. 一个月（yí ge yuè）　　　半个月（bàn ge yuè）
   一个半月（yí ge bàn yuè）　两个半月（liǎng ge bàn yuè）
   一个星期（yí ge xīngqī）　一个半星期（yí ge bàn xīngqī）

3. 习惯了（xíguàn le）　　　不习惯（bù xíguàn）
   有什么习惯（yǒu shénme xíguàn）　好习惯（hǎo xíguàn）
   不好的习惯（bù hǎo de xíguàn）　生活习惯（shēnghuó xíguàn）

4. 对身体不好（duì shēntǐ bù hǎo）　对朋友很好（duì péngyou hěn hǎo）
   对他不好（duì tā bù hǎo）　　　对你很合适（duì nǐ hěn héshì）

5. 真好（zhēn hǎo）　　　　　真热（zhēn rè）
   真冷（zhēn lěng）　　　　　真便宜（zhēn piányi）
   真饿（zhēn è）　　　　　　真不习惯（zhēn bù xíguàn）

五 说出下列词语的反义词　Write down the antonyms of the following words

1. 以前 —— _____　　2. 起床 —— _____　　3. 上个月 —— _____
4. 往左 —— _____　　5. 热水 —— _____　　6. 早睡早起 —— _____

六 两个人一组，互相问答　Work in pairs, ask and answer each other questions

1. A：_____?
   B：下个星期三。Xià ge xīngqīsān.

2. A：_____?
   B：两个月 / 一年半 / 三个星期 / 二十天。Liǎng ge yuè / yì nián bàn / sān ge xīngqī / èrshí tiān.

3. A：_____?
   B：三个人。Sān ge rén.

4. A：_____?
   B：八月十五号。Bāyuè shíwǔ hào.

5. A：_____?
   B：二十块钱。Èrshí kuài qián.

6. A：_____?
   B：十一点半睡觉，七点四十五起床。Shíyī diǎn bàn shuì jiào, qī diǎn sìshíwǔ qǐ chuáng.

7. A：_____?
   B：大号的衣服。Dàhào de yīfu.

8. A：_____?
   B：五公里。wǔ gōnglǐ.

七 选词填空 Choose appropriate words and fill in the blanks

给　对　往　和

1. 要是有什么问题，就_____我打电话。

2. 明天我打算_____朋友一起去逛街。

3. 常常不吃早饭_____身体不太好。

4. 你_____前走一点儿就到了。

就　才

1. 以前我一般上午十点_____起床，现在七点半_____起床了。

2. 这件事我今天_____知道，小王上个星期_____知道了。

3. 那儿离学校很近，骑车一会儿_____到了。

4. 已经开始上课了，他_____来。

注意：

"就"的一种用法是说话人强调动作行为发生得很早或很快；而强调动作行为发生得很晚或很慢，一般用"才"。"就"和"才"都要放在动词的前边。

One usage of "就" is to emphasize that the action or behavior occurs very early or very quickly, while we generally use "才" to emphasize that the action or behavior occurs very late or very slow. Both "就" and "才" should be placed in front of the verbs.

听说句子

一 听录音，填空（可以写拼音） Listen and fill in the blanks (you can write in *Pinyin*)

1. 他晚上九点_____睡觉了。

2. 北方人喜欢吃的面食，_____包子啦、饺子啦都很好吃。

3. 他已经_____早睡早起。

第18课　今天我七点半就起床了

4. 明天早上八点有课，_____早一点儿起床。

5. 这儿的东西_____贵，_____便宜。

6. 不吃早饭对_____不太好。

7. 我早上_____多睡一会儿，所以没时间吃早饭。

8. 请给我一杯_____。

二 听句子，选择正确的回答　Listen to the questions and choose the proper answers

1. (　　) A. 差不多习惯了　　B. 七点就起床了　　C. 这是个好习惯
2. (　　) A. 我想早点儿起床　B. 上午有点儿饿　　C. 不行，上午得上课
3. (　　) A. 差不多热　　　　B. 我也是　　　　　C. 不喜欢喝热水
4. (　　) A. 我得改改　　　　B. 今天没课　　　　C. 有的明白，有的不明白

三 听录音中的问题，选择合适的回答，把相关问题的序号填在括号里

Listen to the questions, choose the proper answers and fill in the serial numbers of corresponding questions

(　　) 身体挺好的。Shēntǐ tǐng hǎo de.

(　　) 早上起床太晚了，没时间。Zǎoshang qǐ chuáng tài wǎn le, méi shíjiān.

(　　) 两个多月了。Liǎng ge duō yuè le.

(　　) 不是，我今天才知道。Bú shì, wǒ jīntiān cái zhīdào.

(　　) 差不多习惯了。Chàbuduō xíguàn le.

(　　) 一般晚上八点才吃。Yībān wǎnshang bā diǎn cái chī.

四 跟着录音重复句子　Listen to the recording and repeat the sentences

五 两个人一组，互相问答　Ask and answer each other in pairs

1. A：你来这儿多长时间了？Nǐ lái zhèr duō cháng shíjiān le?

   B：_____

2. A：你已经习惯这儿的生活了吗？Nǐ yǐjīng xíguàn zhèr de shēnghuó le ma?

   B：_____

3. A：这儿的生活你还有什么不习惯的？Zhèr de shēnghuó nǐ hái yǒu shénme bù xíguàn de?

   B：_____

4. A：你觉得早睡早起怎么样？Nǐ juéde zǎo shuì zǎo qǐ zěnmeyàng?

   B：_____

5. A：你习惯喝冰水还是喝热水？Nǐ xíguàn hē bīng shuǐ háishì hē rè shuǐ?

   B：_____

6. A：你每天早上都吃早饭吗？为什么？Nǐ měi tiān zǎoshang dōu chī zǎofàn ma? Wèi shénme?

   B：_____

7. A：上课的时候你饿不饿？Shàng kè de shíhou nǐ è bu è?

   B：_____

8. A：你一般几点睡觉？几点起床？今天呢？Nǐ yìbān jǐ diǎn shuì jiào? Jǐ diǎn qǐ chuáng? Jīntiān ne?

   B：_____

六 两个人一组，用所给的词语互相问答 Work in pairs, ask and answer each other questions using the given words

比如说　　……啦，……啦，……啦

例　A：你喜欢吃什么？
　　B：我喜欢吃面食，比如说包子啦，面条儿啦。

1. 周末你一般干什么？Zhōumò nǐ yìbān gàn shénme?

   _____

2. 朋友过生日的时候，送什么生日礼物好呢？Péngyou guò shēngrì de shíhou, sòng shénme shēngrì lǐwù hǎo ne?

第18课 今天我七点半就起床了

3. 你知道有什么好吃的中国菜吗？Nǐ zhīdào yǒu shénme hǎochī de Zhōngguócài ma?

_____

4. 你觉得怎么才能学好汉语？Nǐ juéde zěnme cái néng xuéhǎo Hànyǔ?

_____

听说一段话

一 **听录音，选择正确答案**   Listen to the recording and choose the right answer

[第一段录音] 你吃早饭了吗

1. 大卫为什么一般不吃早饭？Dàwèi wèi shénme yìbān bù chī zǎofàn? (   )
   A. 没时间 méi shíjiān   B. 不太饿 bú tài è
   C. 身体不好 shēntǐ bù hǎo

2. 大卫今天早上几点起床的？Dàwèi jīntiān zǎoshang jǐ diǎn qǐ chuáng de? (   )
   A. 六点半 liù diǎn bàn   B. 七点半 qī diǎn bàn
   C. 九点 jiǔ diǎn

3. 大卫的什么习惯改了？Dàwèi de shénme xíguàn gǎi le? (   )
   A. 不吃早饭 bù chī zǎofàn
   B. 早上起床时间 zǎoshang qǐ chuáng shíjiān
   C. 晚上睡觉时间 wǎnshang shuì jiào shíjiān

[第二段录音] 我已经习惯了

1. 马克在中国人家里住多长时间了？Mǎkè zài Zhōngguórén jiā li zhù duō cháng shíjiān le? (   )
   A. 两个星期 liǎng ge xīngqī   B. 两个月 liǎng ge yuè
   C. 三个星期 sān ge xīngqī

157

2. 中国人家里一般几点吃晚饭？Zhōngguórén jiā li yìbān jǐ diǎn chī wǎnfàn?
（　　）
    A. 下午六点　xiàwǔ liù diǎn　　　B. 晚上七点　wǎnshang qī diǎn
    C. 晚上八点　wǎnshang bā diǎn

3. 中国人家里的习惯是什么？Zhōngguórén jiā li de xíguàn shì shénme?
（　　）
    A. 晚睡晚起　wǎn shuì wǎn qǐ　　　B. 早睡早起　zǎo shuì zǎo qǐ
    C. 吃饭很晚　chī fàn hěn wǎn

🎧 18-11

[第三段录音]　有的不习惯

1. 玛丽来中国多长时间了？Mǎlì lái Zhōngguó duō cháng shíjiān le?（　　）
    A. 一个星期了　yí ge xīngqī le　　　B. 两个星期了　liǎng ge xīngqī le
    C. 快两个月了　kuài liǎng ge yuè le

2. 玛丽还不习惯什么？Mǎlì hái bù xíguàn shénme?（　　）
    A. 喝热水　hē rè shuǐ　　　B. 喝冰水　hē bīng shuǐ
    C. 吃中国菜　chī Zhōngguócài

二　两三个人一组，互相问答，然后每组选一个人报告　In a group of two or three, ask each other the following questions, and then each group selects one person to report

1. 你吃饭有什么习惯？
2. 你觉得中国人有什么习惯和你们国家不一样？

三　两个人一组，进行对话练习　Work in pairs and dialogue with each other

互相提问对方有什么生活习惯和学习习惯。
Ask each other what living habits and learning habits they have.

参考句式
……多长时间？　　来中国以前……，来中国以后……
开始的时候……，现在……

第18课　今天我七点半就起床了

四　交际练习　Communicative practice

两三个人一组，找中国同学了解一些中国人的生活习惯以及问一下儿为什么会有这样的习惯，然后在课堂上汇报。

In a group of two or three, look for Chinese students and know about some living habits of Chinese people, and why do they have such habits. Then give a report in class.

1. 中国人吃饭有什么习惯？
2. 起床、睡觉有什么习惯？
3. 和朋友一起吃饭时谁付钱？
4. 冬天穿什么衣服？

重点句子

1. 我一般都不吃早饭。Wǒ yìbān dōu bù chī zǎofàn.
2. 不吃早饭对身体不好。Bù chī zǎofàn duì shēntǐ bù hǎo.
3. 你这个习惯得改改。Nǐ zhège xíguàn děi gǎigai.
4. 今天七点半就起床了，以前九点才起床。Jīntiān qī diǎn bàn jiù qǐ chuáng le, yǐqián jiǔ diǎn cái qǐ chuáng.
5. 开始的时候真不习惯，比如说…… Kāishǐ de shíhou zhēn bù xíguàn, bǐrú shuō……
6. 现在我差不多已经习惯了。Xiànzài wǒ chàbuduō yǐjīng xíguàn le.
7. 你来中国多长时间了？Nǐ lái Zhōngguó duō cháng shíjiān le?
8. 有的习惯了，有的还不太习惯。Yǒude xíguàn le, yǒude hái bú tài xíguàn.

第 19 课　你又熬夜了

听力录音

词语

19-1

1.	又*	yòu	副	again	又来了
2.	熬夜*	áo yè		to stay up late	总是熬夜
3.	发	fā	动	to send	发微信｜发短信
4.	回*	huí	动	to reply	回微信
5.	久	jiǔ	形	for a long time	好久不见
6.	小时*	xiǎoshí	名	hour	几个小时
7.	分钟*	fēnzhōng	名	minute	二十分钟
8.	昨天*	zuótiān	名	yesterday	昨天夜里
9.	不好意思*	bù hǎoyìsi		excuse me	真不好意思，我来晚了
10.	困*	kùn	形	sleepy	觉得有点儿困
11.	白天	báitiān	名	daytime	今天白天
12.	夜里*	yèli	名	night	昨天夜里
13.	让*	ràng	介	to cause; to make; to ask sb. to do sth.	老师让学生做练习
14.	次*	cì	量	time; measure word (for action)	第一次｜上次
15.	安静	ānjìng	形	quiet	比较安静
16.	觉得*	juéde	动	to feel	觉得怎么样
17.	热闹*	rènao	形	abuzz; bustling with activity	人多热闹

160

第19课　你又熬夜了

18.	厉害	lìhai	形	severe; sharp; fierce; powerful	白酒很厉害
19.	路上*	lùshang	名	on the way	在去学校的路上
20.	比较*	bǐjiào	副	comparactively; relatively	比较困；比较热
21.	继续*	jìxù	动	to continue	继续唱歌
22.	好像*	hǎoxiàng	副	it seems	好像很冷
23.	堵车*	dǔ chē		traffic jam	路上堵车了
24.	迟到*	chídào	动	to be late	又迟到了
25.	办	bàn	动	to do	怎么办
26.	请客*	qǐng kè		to host (usually a meal); to entertain guests	我请客
27.	醉*	zuì	动	to be drunk	好像喝醉了

听说词语

一　听录音，把拼音写完整　Listen and complete the following *Pinyin*

1. 写声调

fa（发）　　　　　　hui（回）　　　　　　jiu（久）
you（又）　　　　　　xiaoshi（小时）　　　fenzhong（分钟）
zuotian（昨天）　　　ao ye（熬夜）　　　　bu haoyisi（不好意思）

2. 写声母

__ùn（困）　　　　　__ái__iān（白天）　　__è__i（夜里）
__àng（让）　　　　__àng __ì（上次）　　ān__ìng（安静）
__ué__e（觉得）　　　__è__ao（热闹）　　__ì__ai（厉害）
__ù__ang（路上）　　__ià __ì（下次）

3. 写韵母和声调

b___ j___（比较）　　　j___x___（继续）　　　h___x___（好像）

d___ ch___（堵车）　　　ch___d___（迟到）　　　b___（办）

q___ k___（请客）　　　h___z___（喝醉）

二　听录音，把听到的词语写在相应的图片下面，并大声朗读　Listen to the recording. Write down the words that you heard under the corresponding pictures and read them aloud

（1）_____　　　（2）_____　　　（3）_____

（4）_____　　　（5）_____　　　（6）_____

三　听录音，在下面的词语中迅速圈出听到的词　Listen to the recording and quickly circle the words you heard in the words below

昨天	路上	堵车	夜里	分钟	熬夜
请客	小时	比较	喝醉	安静	热闹
觉得	继续	迟到	白天	好像	回信
下次	厉害	久等	很困		

四　朗读词语　Read the following words aloud

1. 发微信（fā wēixìn）　　　扫微信（sǎo wēixìn）

　　回微信（huí wēixìn）　　　加一下儿微信（jiā yíxiàr wēixìn）

　　有没有微信（yǒu méiyǒu wēixìn）

第 19 课　你又熬夜了

2. 一个小时（yí ge xiǎoshí）　　　半个小时（bàn ge xiǎoshí）
   一个半小时（yí ge bàn xiǎoshí）　两个半小时（liǎng ge bàn xiǎoshí）
   一个半星期（yí ge bàn xīngqī）　一个半月（yí ge bàn yuè）

3. 比较困（bǐjiào kùn）　　　　　比较好（bǐjiào hǎo）
   比较安静（bǐjiào ānjìng）　　　比较热闹（bǐjiào rènao）
   比较厉害（bǐjiào lìhai）

4. 上次（shàng cì）　　　　　　　下次（xià cì）
   第一次（dì-yī cì）　　　　　　哪一次（nǎ yí cì）
   第二次（dì-èr cì）　　　　　　一共几次（yígòng jǐ cì）

5. 好久不见（hǎo jiǔ bú jiàn）　　不久以后（bù jiǔ yǐhòu）
   等了很久（děngle hěn jiǔ）　　让你久等了（ràng nǐ jiǔ děng le）

五　说出下列词语的反义词　Write down the antonyms of the following words

1. 发信——_____　2. 白天——_____　3. 早——_____
4. 上次——_____　5. 安静——_____

六　读词语，连线并说出短语　Read the words, match the following words and say phrases

发　　　　　　车
堵　　　　　　email
喝　　　　　　家
问　　　　　　电话
回　　　　　　酒
打　　　　　　问题

七　在横线上填写合适的形容词　Fill in the blanks with appropriate adjectives

1. 堵车很_____　　　　2. 教室里比较_____

163

3. 商店里人很多，很_____　　4. 等了他很_____

5. 起床太早，觉得很_____　　6. 迟到了，觉得很_____

听说句子

一 听录音，填空（可以写拼音） Listen and fill in the blanks (you can write in *Pinyin*)

1. 你的email我已经_____了。

2. 不好意思，_____你久等了。

3. 今天路上堵车很_____，所以来晚了。

4. 每次课只有五十_____。

5. 昨天我们去了那个饭馆儿，很好吃，今天_____去了，明天还想_____去。

6. 要是堵车了，_____呢？

7. 他喝了不少白酒，_____喝醉了。

8. 咱们坐这儿吧，这儿_____安静。

> 注意：
> "又"和"再"都可以表示重复，"又"一般用于过去已经发生的事情，"再"用于将来还没有发生的事情。比如："昨天他又来了""我不在家，他说明天他再来"。
>
> Both "又" and "再" can means repeating. "又" is generally used in things that have happened in the past, and "再" is used in things that have not happened yet but will happen in the future. For example: "昨天他又来了""我不在家，他说明天他再来".

二 听句子，选择正确的回答 Listen to the recording and choose the right answer

1. (　　) A. 好久不见　　B. 不好意思，起晚了　　C. 迟到了10分钟

2. (　　) A. 晚上9点　　B. 夜里12点　　C. 没有，10点就睡了

3. (　　) A. 堵车了　　B. 我早到了　　C. 我请客

第 19 课　你又熬夜了

4.（　　）A. 上汉语课　　　B. 起床晚了　　　C. 坐地铁来的
5.（　　）A. 有很多酒　　　B. 这就是白酒　　　C. 谢谢，我不会喝酒

三　听录音中的问题，选择合适的回答，把相关问题的序号填在括号里　Listen to the questions, choose the proper answers and fill in the serial numbers of corresponding questions

（　　）现在是下午6点，堵车太厉害了。Xiànzài shì xiàwǔ liù diǎn, dǔ chē tài lìhai le。

（　　）小王说他请。Xiǎo Wáng shuō tā qǐng.

（　　）明天有考试，我得好好儿准备。Míngtiān yǒu kǎo shì, wǒ děi hǎohāor zhǔnbèi.

（　　）不好意思，让你们久等了。Bù hǎoyìsi, ràng nǐmen jiǔ děng le.

（　　）差不多十五分钟。Chàbuduō shíwǔ fēnzhōng .

（　　）每个星期两次。Měi ge xīngqī liǎng cì.

四　跟着录音重复句子　Listen to the recording and repeat the sentences

五　两个人一组，互相问答　Ask and answer each other in pairs

1. A：你常常熬夜吗？为什么？Nǐ chángcháng áo yè ma? Wèi shénme?

   B：_____

2. A：要是朋友迟到了，你怎么办？Yàoshi péngyou chídào le, nǐ zěnme bàn?

   B：_____

3. A：你喜欢白天学习还是晚上学习？为什么？Nǐ xǐhuan báitiān xuéxí háishi wǎnshang xuéxí? Wèi shénme?

   B：_____

4. A：你上课的时候常常觉得困吗？Nǐ shàng kè de shíhou chángcháng juéde kùn ma?

   B：_____

5. A：回国以后你还继续学汉语吗？Huí guó yǐhòu nǐ hái jìxù xué Hànyǔ ma?

   B：_____

6. A：你喜欢坐地铁还是坐公共汽车？为什么？Nǐ xǐhuan zuò dìtiě háishi zuò gōnggòng qìchē? Wèi shénme?

   B：_____

7. A：你喜欢住在安静的地方还是热闹的地方？Nǐ xǐhuan zhù zài ānjìng de dìfang háishi rènao de dìfang?

   B：_____

8. A：从你住的地方到教室得多长时间？Cóng nǐ zhù de dìfang dào jiàoshì děi duō cháng shíjiān?

   B：_____

六 19-9 听录音中的三个短语，然后按照正确的顺序组成一句话，并读出来 Listen to the three phrases in the recording, then compose a sentence in the correct order and read it aloud

1. _____
2. _____
3. _____
4. _____
5. _____
6. _____

七 找出下面句子中哪些"会"的用法相同 Please find out which of the following sentences have the same usage of "会"

1. 我不会说法语。
2. 今天会下雨吗？
3. 他会唱很多中文歌。
4. 他明天会不会迟到？
5. 我不会喝酒。
6. 有问题我会告诉你的。

一 听录音，选择正确答案 Listen to the recording and choose the right answer

[第一段录音] 你又熬夜了

1. 大卫早上为什么没回微信？Dàwèi zǎoshang wèi shénme méi huí wēixìn?
   (   )
   A. 他在学习 tā zài xuéxí
   B. 他在睡觉 tā zài shuì jiào
   C. 他在学唱歌 tā zài xué chàng gē

2. 大卫为什么熬夜？Dàwèi wèi shénme áo yè? (   )
   A. 白天太忙 báitiān tài máng
   B. 白天容易困 báitiān róngyì kùn
   C. 习惯晚上学习 xíguàn wǎnshang xuéxí

3. 女的找大卫有什么事儿？Nǚ de zhǎo Dàwèi yǒu shénme shìr? (   )
   A. 问大卫生活习惯 wèn Dàwèi shēnghuó xíguàn
   B. 问大卫身体怎么样 wèn Dàwèi shēntǐ zěnmeyàng
   C. 问大卫下午是不是学歌 wèn Dàwèi xiàwǔ shì bu shì xué gē

[第二段录音] 路上堵车了

1. 安娜等了大卫多长时间？Ānnà děngle Dàwèi duō cháng shíjiān? (   )
   A. 十分钟 shí fēnzhōng
   B. 二十分钟 èrshí fēnzhōng
   C. 半个小时 bàn ge xiǎoshí

2. 大卫为什么迟到了？Dàwèi wèi shénme chídào le? (   )
   A. 去吃饭了 qù chī fàn le
   B. 起床晚了 qǐ chuáng wǎn le
   C. 路上堵车了 lùshang dǔ chē le

3. 今天大卫迟到了，他打算怎么办？Jīntiān Dàwèi chídào le, tā dǎsuàn zěnme bàn?
   (   )
   A. 下次不再迟到 xià cì bú zài chídào

B. 请朋友吃饭 qǐng péngyou chī fàn

C. 请朋友喝咖啡 qǐng péngyou hē kāfēi

[第三段录音] 喝一杯怎么样

1. 他们晚上打算干什么？Tāmen wǎnshang dǎsuàn gàn shénme？（   ）

    A. 喝酒 hē jiǔ

    B. 吃饭 chī fàn

    C. 去热闹的地方玩儿 qù rènao de dìfang wánr

2. 谁不会喝酒？Shéi bú huì hē jiǔ？（   ）

    A. 李军 Lǐ Jūn　　　　B. 安娜 Ānnà　　　　C. 大卫 Dàwèi

3. 大卫说什么好像很厉害？Dàwèi shuō shénme hǎoxiàng hěn lìhai？（   ）

    A. 李军喝酒 Lǐ Jūn hē jiǔ

    B. 中国白酒 Zhōngguó báijiǔ

    C. 大卫自己喝醉了 Dàwèi zìjǐ hēzuì le

二 **两三个人一组，互相问答，然后每组选一个人报告** In a group of two or three, ask each other the following questions, and then each group selects one person to report

1. 在你们国家，多大可以喝酒？最常喝的酒是什么？
2. 喝酒有什么好处（hǎochù; advantage）和坏处（huàichù; disadvantage）？
3. 如果你喝醉了怎么办？

三 **角色扮演** Role play

　　三个同学一组，假设A今天没来上课，B和C是A的同学，B和C去A的宿舍看他/她，可以进行以下交际练习：

　　In a group of three, A did not come to class today, B and C are classmates of A, and B and C went to A's dormitory to see him/her. Please do the following communicative practice:

1. B和C问A为什么没来上课。
2. A问今天上课的情况，有什么作业。

第 19 课　你又熬夜了

四 两三个人一组，看图编故事，然后在全班说故事，看看各组说的有什么不同 In a group of two or three, read the pictures and compose stories. Then each group tells the story in front of the class and see what are the differences

重点句子

1. 我给你发了微信，你怎么没回？Wǒ gěi nǐ fāle wēixìn, nǐ zěnme méi huí?
2. 你又熬夜了。Nǐ yòu áo yè le.
3. 我们等了你二十分钟了。Wǒmen děngle nǐ èrshí fēnzhōng le.
4. 不好意思，让你们久等了。Bù hǎoyìsi, ràng nǐmen jiǔ děng le.
5. 路上堵车很厉害。Lùshang dǔ chē hěn lìhai.
6. 今天我请你们喝咖啡。Jīntiān wǒ qǐng nǐmen hē kāfēi.
7. 我不会喝酒。Wǒ bú huì hē jiǔ.
8. 你一定会喝醉的。Nǐ yídìng huì hēzuì de.

第 20 课　我想请一天假

听力录音

词语

1.	量	liáng	动	to measure	量体温
2.	体温	tǐwēn	名	temperature	体温很高
3.	感冒*	gǎnmào	动、名	to have a cold; cold	感冒了｜感冒很严重
4.	后天	hòutiān	名	the day after tomorrow	后天来
5.	医院*	yīyuàn	名	hospital	在医院里
6.	补考	bǔkǎo	动	to make-up examination	下周补考
7.	课间	kèjiān	名	class break	课间十分钟
8.	大夫	dàifu	名	doctor	看大夫
9.	张开	zhāng kāi		to open	张开嘴巴
10.	跟	gēn	介	to	跟老师请假
11.	嘴	zuǐ	名	mouth	一张嘴
12.	开*	kāi	动	to write (prescript; sick leave...)	开药
13.	舒服*	shūfu	形	comfortable	有点儿不舒服
14.	发烧*	fā shāo		to have a fever	发了两天烧
15.	能*	néng	助动	can; be able to	能出去
16.	打针*	dǎ zhēn		to give or have an injection	打了两针
17.	如果*	rúguǒ	连	if	如果不明白就问
18.	咳嗽*	késou	动	to cough	咳嗽很厉害

第20课 我想请一天假

19.	休息*	xiūxi	动	to rest	早点儿休息
20.	顺利*	shùnlì	形	smooth; successful	一切顺利
21.	最好*	zuìhǎo	副	had better; it would be best	最好早睡
22.	考试*	kǎo shì		to examine	明天有考试
23.	药*	yào	名	medicine	吃药
24.	头疼	tóuténg	形	headache	头疼三天了
25.	听写*	tīngxiě	动	to have a dictation	开始听写
26.	病假条	bìngjiàtiáo	名	certificate for sick leave	写病假条

听说词语

一 听录音，把拼音写完整 Listen and complete the following *Pinyin*

1. 写声调

liang（量）   tiwen（体温）   ganmao（感冒）

houtian（后天）   yiyuan（医院）   bukao（补考）

kejian（课间）   daifu（大夫）   zhang kai（张开）

qing bingjia（请病假）

2. 写声母

__ēn（跟）   __ìng（病）   __uǐ（嘴）

__āi（开）   __ū__u（舒服）   __ā__āo（发烧）

__éng（能）   __ǎ__ēn（打针）   __ǐng__ià（请假）

__ú__uǒ（如果）   __é__ou（咳嗽）

3. 写韵母和声调

x___x___（休息）   sh___l___（顺利）   z___h___（最好）

k___sh___（考试）   ch___y___（吃药）   k___b___（看病）

t___t___（头疼）   f___d___sh___（发低烧）

二 听录音，把听到的词语写在相应的图片下面，并大声朗读 Listen to the recording. Write down the words that you heard under the corresponding pictures and read them aloud

（1）_____　　（2）_____　　（3）_____　　（4）_____

（5）_____　　（6）_____　　（7）_____　　（8）_____

三 听录音，在下面的词语中迅速圈出听到的词 Listen to the recording and quickly circle the words you heard in the words below

看病	休息	补考	最好	课间
打针	医院	头疼	发烧	前天
病假	请假	感冒	体温	咳嗽
听写	舒服	吃药	顺利	大夫

四 听录音，填空 Listen to the recording and fill in blanks

1. 头很_____　　2. 一_____考试

3. 没_____烧　　4. _____休息十分钟

5. 开_____条　　6. 不_____来上课

7. _____老师请假　　8. _____休息一天

五 朗读词语 Read the following words aloud

1. 病了（bìngle）　　　　　病人（bìngrén）
　 看病（kàn bìng）　　　 什么病（shénme bìng）

第20课　我想请一天假

请一天病假（qǐng yì tiān bìngjià）　　开一张病假条（kāi yì zhāng bìngjiàtiáo）

2. 发烧（fā shāo）　　　　　　　　发高烧（fā gāoshāo）
   发低烧（fā dīshāo）　　　　　　发烧38度5（fā shāo sānshíbā dù wǔ）

3. 大前天（dàqiántiān）　　　　　前天（qiántiān）
   昨天（zuótiān）　　　　　　　今天（jīntiān）
   明天（míngtiān）　　　　　　后天（hòutiān）
   大后天（dàhòutiān）

4. 请假（qǐng jià）　　　　　　　请一天假（qǐng yì tiān jià）
   请一天病假（qǐng yì tiān bìngjià）　　请两天事假（qǐng liǎng tiān shìjià）

5. 开药（kāi yào）　　　　　　　开病假条（kāi bìngjiàtiáo）
   开了感冒药（kāile gǎnmàoyào）

6. 补考（bǔkǎo）　　　　　　　补课（bǔ kè）
   补听写（bǔ tīngxiě）　　　　补觉（bǔ jiào）
   补休（bǔxiū）　　　　　　　补票（bǔ piào）

7. 跟朋友一起（gēn péngyou yìqǐ）　　跟我读（gēn wǒ dú）
   跟老师请假（gēn lǎoshī qǐng jià）　　跟我走（gēn wǒ zǒu）

注意：

1. "请假"是离合词。离合词和其他动词不同，词中的两个字可以拆开出现，中间插入一些成分，比如"请了假，请了一天假"，并且离合词后面不能再加宾语，不能说"请假老师"，应该说"跟老师请假"。这样的词还有"逛街、上网、爬山、搬家、帮忙、走路、睡觉、请客、熬夜、堵车、考试、发烧、打针"等。

"请假" is a detachable word. Different from other verbs, the two characters in the word can be detached and insert other components into the middle. For example: "请了假，请了一天假". And you can't add an object after the detachable word. You can't say "请假老师", the right form is "跟老师请假". Such words include "逛街、上网、爬山、搬家、帮忙、走路、睡觉、请客、熬夜、堵车、考试、发烧、打针" and so on.

> 2. "跟"可以做动词，也可以做介词。做动词有"follow"的意思，比如"跟我走"。做介词时，一是表示"和（with）"，比如"跟sb.一起"；二是表示"向（to）"，比如"跟老师请假、跟老板报告"。
>
> "跟" can be used as a verb or as a preposition. As a verb, it has the meaning of "follow", such as "跟我走". when used as a preposition, the first meaning is "和(with)", such as "跟sb.一起"; the second meaning is "向(to)", such as "跟老师请假、跟老板报告".

五 读词语，连线 Read the words and match the phrases

去机场　　　　　　看病

去医院　　　　　　接朋友

去办公室　　　　　量一下儿体温

好像发高烧了　　　堵车很厉害

路上　　　　　　　找老师请假

六 在横线上填写合适的动词 Fill in the blanks with appropriate verbs

1. _____ 体温　　　　　2. _____ 嘴

3. 大夫 _____ 了药　　　4. 大夫 _____ 了病假条

5. 去机场 _____ 朋友　　6. 大夫说得 _____ 一针

7. 跟老师 _____ 一天假　8. 今天没考试，老师让我明天 _____ 考

听说句子

一 听录音，填空（可以写拼音） Listen and fill in the blanks (you can write in Pinyin)

1. 我想请_____假。

2. 老师说明天有_____考试。

3. 医生开了点儿_____药。

第20课　我想请一天假

4. 他_____了体温，有点儿低烧。

5. 7月_____我有事不能来上课。

6. 我想_____休息的时候补考。

7. 祝你明天考试_____。

8. 如果有时间的话，你_____跟他一起去医院。

二　听句子，选择正确的回答　Listen to the recording and choose the right answer

1. (　　) A. 感冒很厉害　　B. 没吃感冒药　　C. 我还不习惯这儿的天气
2. (　　) A. 大夫　　　　　B. 老师　　　　　C. 朋友
3. (　　) A. 很舒服　　　　B. 没关系　　　　C. 头疼，咳嗽
4. (　　) A. 请病假　　　　B. 请一天假　　　C. 跟老师请假
5. (　　) A. 头疼　　　　　B. 发烧了　　　　C. 最好休息

三　听录音中的问题，选择合适的回答，把相关问题的序号填在括号里　Listen to the questions, choose the proper answers and fill in the serial numbers of corresponding questions

(　　) 不用，吃点儿药就行了。Búyòng, chīdiǎnr yào jiù xíng le.
(　　) 医生说慢点儿走没问题。Yīshēng shuō màndiǎnr zǒu méi wèntí.
(　　) 有点儿头疼。Yǒudiǎnr tóuténg.
(　　) 晚上7点半开始。Wǎnshang qī diǎn bàn kāishǐ.
(　　) 他请病假了。Tā qǐng bìngjià le.
(　　) 我刚量了体温，不烧。Wǒ gāng liángle tǐwēn, bù shāo.
(　　) 你可以补考。Nǐ kěyǐ bǔkǎo.
(　　) 我想请三天假。Wǒ xiǎng qǐng sān tiān jià.

四　跟着录音重复句子　Listen to the recording and repeat the sentences

175

五 两个人一组，互相问答 Ask and answer each other in pairs

1. A：你最近感冒了吗？Nǐ zuìjìn gǎnmào le ma?

   B：_____

2. A：感冒的话，你跟老师请病假吗？Gǎnmào dehuà, nǐ gēn lǎoshī qǐng bìngjià ma?

   B：_____

3. A：每次感冒你都吃药吗？Měi cì gǎnmào nǐ dōu chī yào ma?

   B：_____

4. A：你来中国的时候，有人去机场接你吗？Nǐ lái Zhōngguó de shíhou, yǒu rén qù jīchǎng jiē nǐ ma?

   B：_____

5. A：你们课间休息多长时间？Nǐmen kèjiān xiūxi duō cháng shíjiān?

   B：_____

6. A：如果你有事儿不能考试的话，可以补考吗？Rúguǒ nǐ yǒu shìr bù néng kǎoshì dehuà, kěyǐ bǔkǎo ma?

   B：_____

7. A：人的体温一般是多少度？Rén de tǐwēn yìbān shì duōshao dù?

   B：_____

8. A：后天你打算干什么？Hòutiān nǐ dǎsuàn gàn shénme?

   B：_____

六 听录音中的三个短语，然后按照正确的顺序组成一句话，并读出来 Listen to the three phrases in the recording, then compose a sentence in the correct order and read it aloud

20-10

1. _____

2. _____

第 20 课　我想请一天假

3. _____

4. _____

5. _____

听说一段话

一 听录音，选择正确答案　Listen to the recording and choose the right answer

20-11

[第一段录音]　请假

1. 大卫为什么请假？Dàwèi wèi shénme qǐng jià?（　　）
   A. 准备考试　zhǔnbèi kǎo shì
   B. 身体不舒服　shēntǐ bù shūfu
   C. 去机场接爸妈　qù jīchǎng jiē bà mā

2. 大卫想什么时候补考听写？Dàwèi xiǎng shénme shíhou bǔkǎo tīngxiě?
   （　　）
   A. 明天上课前　míngtiān shàng kè qián
   B. 后天课间休息时　hòutiān kèjiān xiūxi shí
   C. 明天课间休息时　míngtiān kèjiān xiūxi shí

3. 大卫请了多长时间的假？Dàwèi qǐngle duō cháng shíjiān de jià?（　　）
   A. 半天　bàn tiān　　　B. 一天　yì tiān　　　C. 两节课　liǎng jié kè

20-12

[第二段录音]　我感冒了

1. 女的什么时候开始觉得不舒服的？Nǚ de shénme shíhou kāishǐ juéde bù shūfu de?（　　）
   A. 昨天早上　zuótiān zǎoshang
   B. 今天早上　jīntiān zǎoshang
   C. 昨天晚上　zuótiān wǎnshang

177

2. 女的发烧了吗？Nǚ de fā shāo le ma? （　　）
   A. 没发烧 méi fā shāo　　B. 低烧 dīshāo　　C. 高烧 gāoshāo

3. 大夫怎么说？Dàifu zěnme shuō? （　　）
   A. 先打针 xiān dǎ zhēn
   B. 先吃药 xiān chī yào
   C. 吃药、打针 chī yào、dǎ zhēn

4. 大夫给女的开了几天病假？Dàifu gěi Nǚ de kāi le jǐ tiān bìngjià? （　　）
   A. 一天 yì tiān　　B. 两天 liǎng tiān　　C. 三天 sān tiān

[第三段录音] 我感冒很厉害

1. 安娜想告诉玛丽什么？Ānnà xiǎng gàosu Mǎlì shénme? （　　）
   A. 帮自己请假 bāng zìjǐ qǐng jià
   B. 明天去上课 míngtiān qù shàng kè
   C. 不能去看电影了 bù néng qù kàn diànyǐng le

2. 安娜现在觉得怎么样？Ānnà xiànzài juéde zěnmeyàng? （　　）
   A. 很困 hěn kùn
   B. 咳嗽很厉害 késou hěn lìhai
   C. 有一点儿不舒服 yǒu yìdiǎnr bù shūfu

3. 安娜现在想干什么？Ānnà xiànzài xiǎng gàn shénme? （　　）
   A. 睡觉 shuì jiào
   B. 去医院看大夫 qù yīyuàn kàn dàifu
   C. 去学校跟老师请假 qù xuéxiào gēn lǎoshī qǐng jià

二　两三个人一组，互相询问下面的问题，然后每组选一个人报告 In a group of two or three, ask each other the following questions, and then each group selects one person to report

1. 你感冒的时候觉得哪儿不舒服？
2. 感冒了你一般怎么办？

三 角色扮演　Role play

四个人一组，进行下面的对话练习：
Work in four persons, make conversations practice:

1. A病了，去医院看医生B。
2. C帮A跟老师D请假。

四 两三个人一组，看图编故事，然后在全班说故事，看看各组说的有什么不同

In a group of two or three, read the pictures and compose stories. Then each group tells the story in front of the class and see what are the differences

重点句子

1. 明天我想请一天假，可以吗？Míngtiān wǒ xiǎng qǐng yì tiān jià, kěyǐ ma?
2. 你哪儿不舒服？Nǐ nǎr bù shūfu?
3. 我好像感冒了。Wǒ hǎoxiàng gǎnmào le.
4. 明天如果还发烧的话，再来打一针。Míngtiān rúguǒ hái fā shāo dehuà, zài lái dǎ yì zhēn.
5. 我还能去上课吗？Wǒ hái néng qù shàng kè ma?
6. 你最好在家休息休息。Nǐ zuìhǎo zài jiā xiūxi xiūxi.
7. 我不能跟你一起去看电影了。Wǒ bù néng gēn nǐ yìqǐ qù kàn diànyǐng le.
8. 我跟老师请了假，去医院看了大夫。Wǒ gēn lǎoshī qǐngle jià, qù yīyuàn kànle dàifu.

第 21 课　每个人要说多长时间

听力录音

词语

 21-1

1.	修	xiū	动	to repair	修车
2.	笔试	bǐshì	名	written examination	考笔试
3.	急事	jíshì	名	emergency	有急事
4.	段	duàn	量	section; paragraph	说一段话
5.	说话	shuō huà		to speak; to talk	说了什么话
6.	语法*	yǔfǎ	名	grammar	汉语语法
7.	口语*	kǒuyǔ	名	spoken language	汉语口语
8.	因为	yīnwèi	连	because	因为太困，所以我早睡了
9.	停	tíng	动	to stop	停车
10.	坏*	huài	形	be broken or ruined	车坏了
11.	抱歉	bàoqiàn	形	sorry	很抱歉
12.	帮*	bāng	动	to help	帮你叫一辆车
13.	部分*	bùfen	名	part; section	几个部分
14.	还是	háishi	副	still; nevertheless; all the same	还是觉得有点儿难
15.	这么*	zhème	代	this (as in "to this degree"); so	这么说 | 这么好
16.	提前	tíqián	副	in advance	提前给我打电话
17.	出门	chū mén		to go out	今天别出门了
18.	翻译*	fānyì	动	to translate	翻译成中文

第 21 课　每个人要说多长时间

19.	辆*	liàng	量	measure word (for vehicles)	一辆车
20.	着急*	zháojí	形	anxious	很着急
21.	打车*	dǎ chē		to hire or take a taxi	打一辆车
22.	用功*	yònggōng	形	diligent, hard-working in one's studies	这么用功
23.	倒霉*	dǎoméi	形	unlucky	真倒霉
24.	担心*	dān xīn		to worry	别担心｜很担心
25.	对……来说*	duì …… lái shuō		for (sb.)	对我来说很难

听说词语

21-2

一　听录音，把拼音写完整　Listen and complete the following *Pinyin*

1. 写声调

xiu（修）　　　　bishi（笔试）　　　　jishi（急事）
duan（段）　　　　shuo hua（说话）　　　yufa（语法）
kouyu（口语）　　　yinwei（因为）　　　　chuzuche（出租车）

2. 写声母

__án（难）　　　　__iū（修）　　　　__íng（停）
__uài（坏）　　　　__ào__iàn（抱歉）　　__āng（帮）
__ù__en（部分）　　　__á__i（还是）　　　__è__e（这么）
__í__ián（提前）　　　__ū__én（出门）

3. 写韵母和声调

f___y___（翻译）　　　l___（辆）　　　　zh___ j___（着急）
s___y___（所以）　　　d___ ch___（打车）　y___ g___（用功）
d___m___（倒霉）　　　d___ x___（担心）　　b___l___sh___（半路上）

二 听录音，把听到的词语写在相应的图片下面，并大声朗读　Listen to the recording. Write down the words that you heard under the corresponding pictures and read them aloud

（1）_____　　　　（2）_____　　　　（3）_____

（4）_____　　　　（5）_____　　　　（6）_____

  三 听录音，在下面的词语中迅速圈出听到的词　Listen to the recording and quickly circle the words you heard in the words below

因为	语法	迟到	部分	堵车	急事
着急	倒霉	用功	提前	段	出门
还是	翻译	修	坏	停	帮
难	口试	笔试	抱歉	担心	说话

  四 听录音，填空　Listen to the recording and fill in the blanks

1. _____ 一辆出租车　　　　2. _____ 路上堵车

3. 车 _____ 了　　　　　　　4. 说一 _____ 话

5. 有 _____ 事　　　　　　　6. _____ 出门

7. 对我 _____ 不难　　　　　8. _____ 用功

第 21 课　每个人要说多长时间

五　朗读词语　Read the following words aloud

1. 口语（kǒuyǔ）　　　　　　　　口语考试（kǒuyǔ kǎo shì）
   口试（kǒushì）　　　　　　　　笔试（bǐshì）

2. 翻译（fānyì）　　　　　　　　　口语翻译（kǒuyǔ fānyì）
   口译（kǒuyì）　　　　　　　　　笔译（bǐyì）

3. 着急（zháojí）　　　　　　　　很着急（hěn zháojí）
   别着急（bié zháojí）　　　　　　着急的事儿（zháojí de shìr）
   急事儿（jíshìr）

4. 一段路（yí duàn lù）　　　　　　一段时间（yí duàn shíjiān）
   说一段话（shuō yí duàn huà）　　第一段课文（dì-yī duàn kèwén）

5. 堵车（dǔ chē）　　　　　　　　堵车很厉害（dǔ chē hěn lìhai）
   路上堵车了（lùshang dǔ chē le）　路上太堵了（lùshang tài dǔ le）
   堵在半路上（dǔ zài bànlù shang）　堵了半个小时（dǔ le bàn ge xiǎoshí）

6. 这么好（zhème hǎo）　　　　　　这么难（zhème nán）
   这么着急（zhème zháojí）　　　　这么厉害（zhème lìhai）
   这么用功（zhème yònggōng）

六　读词语，把词语与它的意思连接起来　Read the words and match expressions that have the same meaning

提前	来晚了
迟到	早一点儿
倒霉	叫一辆出租车
抱歉	从家里出去
笔试	运气（yùnqi, luck）不好
出门	对不起
打车	用笔写的考试

183

七 在横线上填写合适的动词 Fill in the blanks with appropriate verbs

1. 车坏了，得_____
2. _____一辆出租车
3. 他很早就_____了
4. 你怎么_____车不走了
5. 我_____急事
6. 可以_____我一个忙吗
7. _____一段话
8. 这件事你说怎么_____呢

听说句子

一 听录音，填空（可以写拼音） Listen and fill in the blanks (you can write in *Pinyin*)

1. 他昨天_____了二十分钟。
2. 你别_____，再等一会儿。
3. 我用手机叫一辆_____吧。
4. 这次考试的第一_____比较容易。
5. 我说了三次，他_____不太明白。
6. 请您快一点儿，我有_____。
7. 他们_____半个小时就出门了。
8. _____堵车，所以来晚了。

二 听句子，选择正确的回答 Listen to the recording and choose the right answer

1. (　　) A. 路上堵车了　　B. 我刚到一会儿　　C. 我常常骑自行车
2. (　　) A. 去学校　　　　B. 车坏了　　　　　C. 停了五分钟
3. (　　) A. 两点半　　　　B. 这么长时间　　　C. 半个小时
4. (　　) A. 当然了　　　　B. 上个学期　　　　C. 学了一年
5. (　　) A. 不学语法　　　B. 还行　　　　　　C. 学了很长时间

184

第 21 课　每个人要说多长时间

三　听录音中的问题，选择合适的回答，把相关问题的序号填在括号里
Listen to the questions, choose the proper answers and fill in the serial numbers of corresponding questions

（　　）坏了。
（　　）我担心路上堵车。
（　　）没有，挺顺利的。
（　　）谢谢。我还得继续学习。
（　　）没事儿，我也刚到。
（　　）挺不错的。
（　　）每个人说一段话。
（　　）不难，挺容易的。

四　跟着录音重复句子　Listen to the recording and repeat the sentences

五　两个人一组，互相问答　Ask and answer each other in pairs

1. A：你学了多长时间汉语了？
   B：_____

2. A：对你来说，学习汉语什么最难？
   B：_____

3. A：你是一个很用功的学生吗？
   B：_____

4. A：你觉得自己的汉语语法怎么样？
   B：_____

5. A：最近你有没有什么倒霉的事儿？
   B：_____

6. A：要是有考试，你一般提前多长时间准备？
   B：_____

7. A：上次感冒你休息了多长时间？

   B：＿＿＿＿＿＿＿＿＿＿＿＿＿＿＿＿＿＿＿＿＿＿＿

8. A：下个学期你还在这儿学习吗？

   B：＿＿＿＿＿＿＿＿＿＿＿＿＿＿＿＿＿＿＿＿＿＿＿

六 听录音中的三个短语，然后按照正确的顺序组成一句话，并读出来 Listen to the three phrases in the recording, then compose a sentence in the correct order and read it aloud

1. ＿＿＿＿＿＿＿＿＿＿＿＿＿＿＿＿＿＿＿＿＿＿＿＿＿＿＿＿＿＿

2. ＿＿＿＿＿＿＿＿＿＿＿＿＿＿＿＿＿＿＿＿＿＿＿＿＿＿＿＿＿＿

3. ＿＿＿＿＿＿＿＿＿＿＿＿＿＿＿＿＿＿＿＿＿＿＿＿＿＿＿＿＿＿

4. ＿＿＿＿＿＿＿＿＿＿＿＿＿＿＿＿＿＿＿＿＿＿＿＿＿＿＿＿＿＿

5. ＿＿＿＿＿＿＿＿＿＿＿＿＿＿＿＿＿＿＿＿＿＿＿＿＿＿＿＿＿＿

听说一段话

一 听录音，选择正确答案 Listen to the recording and choose the right answer

[第一段录音] 明天考什么

1. 明天的考试第一部分考什么？（　　）

   A. 说一段话　　　　　B. 语法　　　　　C. 翻译

2. 每个人口试考多长时间？（　　）

   A. 四到五分钟　　　　B. 十分钟　　　　C. 半个小时

3. 笔试考多长时间？（　　）

   A. 半个小时　　　　　B. 一个小时　　　　C. 一个半小时

第 21 课　每个人要说多长时间

[第二段录音]　修车

1. 师傅为什么停车了？（　　）
   A. 车坏了　　　　　B. 堵车了　　　　　C. 有急事

2. 女的打算怎么办？（　　）
   A. 等一会儿　　　　B. 让师傅再叫一辆车　　C. 自己再叫一辆车

[第三段录音]　真倒霉

1. 他们为什么迟到了？（　　）
   A. 路上堵车　　　　B. 出门晚了　　　　C. 车坏了

2. 他们迟到了多长时间？（　　）
   A. 一个小时　　　　B. 十几分钟　　　　C. 半个小时

二　**两三个人一组，互相询问下面的问题，然后每组选一个人报告** In a group of two or three, ask each other the following questions, and then each group selects one person to report

1. 你们的汉语课一般怎么考试？考什么？难不难？
2. 你会游泳 / 做菜 / 说外语……吗？你学了多长时间？

三　**角色扮演**　Role play

　　A和B约（yuē, make an appointment）好了见面，可是A迟到了。
　　A and B made an appointment to meet each other, but A was late.

1. A 说对不起。
2. A 迟到了多长时间？为什么迟到？

四 两三个人一组，看图编故事，然后在全班说故事，看看各组说的有什么不同 In a group of two or three, read the pictures and compose stories. Then each group tells the story in front of the class and see what are the differences

重点句子

1. 每个人说一段话。Měi ge rén shuō yí duàn huà.
2. 口试每个人要说多长时间？Kǒushì měi ge rén yào shuō duō cháng shíjiān?
3. 你这么用功，对你来说一定不难。Nǐ zhème yònggōng, duì nǐ lái shuō yídìng bù nán.
4. 师傅，怎么停车了？Shīfu, zěnme tíng chē le?
5. 那怎么办呢？Nà zěnme bàn ne?
6. 我们担心路上堵车，所以提前一个小时就出门了。Wǒmen dān xīn lùshang dǔ chē, suǒyǐ tíqián yí ge xiǎoshí jiù chū mén le.
7. 还是迟到了十几分钟。Háishi chídào le shíjǐ fēnzhōng.
8. 因为半路上车坏了，所以我们迟到了。Yīnwèi bànlù shang chē huài le, suǒyǐ wǒmen chídào le.

第 22 课 明天你下了课去哪儿

听力录音

词语

1.	约	yuē	动	to ask or invite in advance	约朋友去玩儿
2.	篮球	lánqiú	名	basketball	打篮球
3.	选	xuǎn	动	to select; to choose	选课｜选书
4.	安排*	ānpái	动	to plan	怎么安排｜这样安排
5.	开学	kāi xué		term begins	开学了｜几月几号开学
6.	忘*	wàng	动	to forget	忘了｜别忘了
7.	游戏	yóuxì	名	game	玩儿游戏
8.	开玩笑	kāi wánxiào		to crack a joke; to make fun of	开了一个玩笑
9.	别*	bié	副	do not	别去｜别说话
10.	意见*	yìjiàn	名	suggestion; opinion	有什么意见｜我的意见
11.	聚会*	jùhuì	名	to have a get-together or party	一次聚会
12.	快……了	kuài……le		be about to do	快上课了｜快开学了
13.	活动	huódòng	名	activity	有什么活动
14.	下载	xiàzài	动	to download	从网上下载
15.	建议	jiànyì	动、名	to suggest; to advise; suggestion	我建议别去了｜有什么建议
16.	展览*	zhǎnlǎn	名	exhibition	看展览｜一个展览
17.	门口*	ménkǒu	名	entrance; gate	学校门口｜教室门口
18.	生气*	shēng qì		to be angry	生气了｜生谁的气

19.	刚*	gāng	副	just	刚来｜刚开学
20.	特别*	tèbié	副	especially; particularly	特别好｜特别有意思
21.	这样*	zhèyàng	代	like this; this way	这样做｜这样行吗
22.	有意思*	yǒu yìsi		interesting	很有意思｜没有意思
23.	放心*	fàng xīn		to be at ease	放心吧｜放心了
24.	聊天儿*	liáo tiānr		to chat	和朋友聊天儿
25.	……死了	…… sǐ le		"adj.＋死了" indicates a high degree	饿死了｜热死了
26.	对了*	duì le		oh yeah; by the way	对了，我们下午有课

听说词语

 一 听录音，把拼音写完整　Listen and complete the following *Pinyin*

1. 写声调

yue（约）　　　　si（死）　　　　lanqiu（篮球）

xuan（选）　　　　anpai（安排）　　　kai xue（开学）

wang（忘）　　　　youxi（游戏）　　　kai wanxiao（开玩笑）

hao jiu bu jian（好久不见）

2. 写声母

__ié（别）　　　　__ì__iàn（意见）　　　__ù__uì（聚会）

__uài（快）　　　　__uó__òng（活动）　　__ià__ài（下载）

__iàn__ì（建议）　　__ǎn__ǎn（展览）　　__én__ǒu（门口）

__ēng__ì（生气）

3. 写韵母和声调

d___（打）　　　　g___（刚）　　　　t___b___（特别）

zh___y___（这样）　　x___z___（下载）　　y___y___s___（有意思）

sh___w___（上网）　　f___x___（放心）　　l___t___（聊天儿）

第22课　明天你下了课去哪儿

二　听录音，把听到的词语写在相应的图片下面，并大声朗读　Listen to the recording. Write down the words that you heard under the corresponding pictures and read them aloud

（1）_____

（2）_____

（3）_____

（4）_____

（5）_____

（6）_____

三　听录音，在下面的词语中迅速圈出听到的词　Listen to the recording and quickly circle the words you heard in the words below

展览	放心	开玩笑	有意思	上网	活动
聚会	意见	下载	门口	开学	建议
安排	聊天儿	约朋友	特别	游戏	

四　听录音，填空　Listen to the recording and fill in the blanks

1. _____篮球
2. _____开学了
3. 饿_____了
4. _____个玩笑
5. _____到学校
6. _____了一个朋友
7. 上网_____课
8. 别_____了
9. _____安排

五　朗读词语　Read the following words aloud

1. 打球（dǎ qiú）　　　　　　打篮球（dǎ lánqiú）
   打网球（dǎ wǎngqiú）　　　打手球（dǎ shǒuqiú）
   踢足球（tī zúqiú）

2. 开玩笑（kāi wánxiào）　　　　　开个玩笑（kāi ge wánxiào）
   别开玩笑（bié kāi wánxiào）　　喜欢开玩笑（xǐhuan kāi wánxiào）
   开他的玩笑（kāi tā de wánxiào）

3. 快到了（kuài dào le）　　　　　快下雨了（kuài xià yǔ le）
   快上课了（kuài shàng kè le）　　快考试了（kuài kǎo shì le）
   电影快开始了（diànyǐng kuài kāishǐ le）

4. 饿死了（èsǐ le）　　　　　　　热死了（rèsǐ le）
   难死了（nánsǐ le）　　　　　　累死了（lèisǐ le）
   困死了（kùnsǐ le）　　　　　　急死了（jísǐ le）
   担心死了（dān xīn sǐ le）

5. 意见（yìjiàn）　　　　　　　　有意见（yǒu yìjiàn）
   没意见（méi yìjiàn）　　　　　有什么意见（yǒu shénme yìjiàn）

6. 和朋友聊天儿（hé péngyou liáo tiānr）
   聊聊天儿（liáoliao tiānr）　　　聊一会儿天儿（liáo yíhuìr tiānr）
   聊聊最近的生活（liáoliao zuìjìn de shēnghuó）

六 读词语，连线　Match the following phrases

打	生活习惯
聊	葡萄酒
喝	篮球
唱	展览
看	朋友见面
约	聚会的活动
选	卡拉OK
安排	汉语语法课

第 22 课　明天你下了课去哪儿

七　说出下列词语的反义词　Write down the antonyms of the following words

1. 因为——＿＿＿＿
2. 放心——＿＿＿＿
3. 迟到——＿＿＿＿
4. 生气——＿＿＿＿
5. 晚　——＿＿＿＿
6. 口试——＿＿＿＿
7. 出门——＿＿＿＿
8. 有意思——＿＿＿＿

听说句子

一　听录音，填空（可以写拼音）　Listen and fill in the blanks (you can write in *Pinyin*)

1. 我们明天＿＿＿＿去看展览吧。
2. 明天的聚会是＿＿＿＿安排的。
3. 六点半在宿舍＿＿＿＿见面吧。
4. 他＿＿＿＿到北京就来看你了。
5. 我是跟你开玩笑的，你＿＿＿＿。
6. 你＿＿＿＿吧，他没有意见。
7. 下午马克＿＿＿＿我去打篮球呢。
8. 天气这么热，打什么＿＿＿＿呀？

二　听句子，选择正确的回答　Listen to the recording and choose the right answer

1. (　) A. 昨天没去　　B. 常常打球　　C. 特别有意思
2. (　) A. 不认识同学　B. 早上八点出门　C. 我还约了丽丽
3. (　) A. 展览不错　　B. 没意见　　　C. 十点下课
4. (　) A. 晚饭吃饺子　B. 七点吃晚饭　C. 上网和朋友聊聊天儿
5. (　) A. 快开始了　　B. 我喜欢玩儿游戏　C. 我有事儿，就不去了

三 听录音中的问题，选择合适的回答，把相关问题的序号填在括号里 Listen to the questions, choose the proper answers and fill in the serial numbers of corresponding questions

（   ）我约了朋友去打篮球。

（   ）早上上课这么早，哪儿有时间吃饭呀？

（   ）这样安排挺好的，我没意见。

（   ）真抱歉，我忘了。

（   ）好久不见，我挺好的，你呢？

（   ）没什么特别的安排。

（   ）约了下午两点见。

（   ）不会的，放心吧。

四 跟着录音重复句子 Listen to the recording and repeat the sentences

五 两个人一组，互相问答 Ask and answer each other in pairs

1. A：你会打篮球吗？
   B：_____

2. A：你的朋友里，谁最喜欢开玩笑？
   B：_____

3. A：你喜欢玩儿电脑游戏吗？
   B：_____

4. A：你们学校下个学期几月几号开学？
   B：_____

5. A：你会忘了和朋友约的时间吗？
   B：_____

6. A：这个学期你选了什么课？
   B：_____

第 22 课　明天你下了课去哪儿

7. A：他一般什么时候出门？

    B：＿＿＿＿＿＿＿＿＿＿＿＿＿＿＿＿＿＿＿＿

8. A：你和朋友们聚会的时候一般有什么活动？

    B：＿＿＿＿＿＿＿＿＿＿＿＿＿＿＿＿＿＿＿＿

六 **听录音中的三个短语，然后按照正确的顺序组成一句话，并读出来**　Listen to the three phrases in the recording, then compose a sentence in the correct order and read it aloud

22-10

1. ＿＿＿＿＿＿＿＿＿＿＿＿＿＿＿＿＿＿＿＿＿＿＿＿＿＿＿＿＿＿

2. ＿＿＿＿＿＿＿＿＿＿＿＿＿＿＿＿＿＿＿＿＿＿＿＿＿＿＿＿＿＿

3. ＿＿＿＿＿＿＿＿＿＿＿＿＿＿＿＿＿＿＿＿＿＿＿＿＿＿＿＿＿＿

4. ＿＿＿＿＿＿＿＿＿＿＿＿＿＿＿＿＿＿＿＿＿＿＿＿＿＿＿＿＿＿

5. ＿＿＿＿＿＿＿＿＿＿＿＿＿＿＿＿＿＿＿＿＿＿＿＿＿＿＿＿＿＿

6. ＿＿＿＿＿＿＿＿＿＿＿＿＿＿＿＿＿＿＿＿＿＿＿＿＿＿＿＿＿＿

听说一段话

一 **听录音，选择正确答案**　Listen to the recording and choose the right answer

22-11

［第一段录音］　你们开学了吗

1. 安娜开学多长时间了？（　　　）

    A. 一个星期　　　　B. 两天　　　　C. 三天

2. 安娜是什么时候开始上课的？（　　　）

    A. 上个星期　　　　B. 到学校第二天　　　　C. 到学校第三天

3. 他们明天中午一起去干什么？（　　　）

    A. 去上课　　　　B. 去吃午饭　　　　C. 去学校门口上网

[第二段录音] 看展览

1. 大卫下了课要先去干什么？（　　）
 A. 看展览　　　　　　B. 吃饭　　　　　　C. 打篮球

2. 大卫今天吃早饭了吗？（　　）
 A. 吃了　　　　　　　B. 没吃　　　　　　C. 不知道

3. 大卫发微信给马克问什么？（　　）
 A. 去不去打篮球　　　B. 会不会生气　　　C. 去不去看展览

[第三段录音] 聚会

1. 聚会最后的活动是什么？（　　）
 A. 玩儿游戏　　　　　B. 看电影　　　　　C. 唱卡拉OK

2. 女的有什么建议？（　　）
 A. 吃饭以前唱歌　　　B. 吃了饭唱歌　　　C. 上网听歌

3. 大卫打算去哪儿找歌？（　　）
 A. 从网上下载　　　　B. 去买CD　　　　　C. 找女生要

二　两三个人一组，互相询问下面的问题，然后每组选一个人报告　In a group of two or three, ask each other the following questions, and then each group selects one person to report

1. 开学的第一天你干了什么？觉得怎么样？
2. 上个星期你忙不忙？周末是怎么过的？

三　角色扮演　Role play

三个同学一组，一起商量周末聚会的事情，商量的具体内容如下：
In a group of three, please discuss the weekend party together. The details that you have to discuss about are as follows:

1. 为什么聚会？
2. 聚会的时间、地点、参加（cānjiā, to attend）的人以及活动安排。
3. 打电话给一个朋友，请朋友参加聚会。

第 22 课　明天你下了课去哪儿

四　两三个人一组，看图编故事，然后在全班说故事，看看各组说的有什么不同　In a group of two or three, read the pictures and compose stories. Then each group tells the story in front of the class and see what are the differences

重点句子

1. 我们开学一个星期了。Wǒmen kāi xué yí ge xīngqī le.
2. 明天下了课你去哪儿？Míngtiān xiàle kè nǐ qù nǎr?
3. 你别忘了。nǐ bié wàng le.
4. 你开什么玩笑？Nǐ kāi shénme wánxiào?
5. 我快饿死了。Wǒ kuài èsǐ le.
6. 早上起了床就来上课了，哪儿有时间吃早饭？Zǎoshang qǐle chuáng jiù lái shàng kè le, nǎr yǒu shíjiān chī zǎofàn?
7. 天气这么热，打什么篮球呀？Tiānqì zhème rè, dǎ shénme lánqiú ya?
8. 我有个建议，吃饭以前唱卡拉OK吧。Wǒ yǒu ge jiànyì, chī fàn yǐqián chàng kǎlā OK ba.

第 23 课　假期有什么打算

听力录音

词语

23-1

1.	假期*	jiàqī	名	holiday; vacation period	假期很长
2.	一直*	yìzhí	副	always; all along	一直往前走
3.	旅行*	lǚxíng	动	to travel	去西安旅行
4.	暑假	shǔjià	名	summer vacation	放暑假
5.	好好儿*	hǎohāor	副	to one's heart content; all out	好好儿学习
6.	票*	piào	名	ticket	车票｜机票
7.	……极了*	……jí le		extremely (used after adjective indicating to a high degree)	漂亮极了｜好极了
8.	趟*	tàng	量	measure word (for trips)	去一趟上海
9.	待*	dāi	动	to stay	待在家里
10.	班*	bān	名	class	汉语班；几班
11.	节*	jié	量	measure word (for class)	一节课
12.	历史*	lìshǐ	名	history	中国历史
13.	风景*	fēngjǐng	名	scenery	看风景
14.	放	fàng	动	to go on break; to start the vacation period	放假｜放了两天假
15.	听说*	tīngshuō	动	to hear of	听说他要回国了
16.	想家	xiǎng jiā		to be homesick	很想家｜想家了
17.	报名*	bào míng		to enroll; to sign up	什么时候开始报名

198

第23课　假期有什么打算

18.	大概*	dàgài	副	approximately; roughly	大概一个星期
19.	应该*	yīnggāi	助动	should; ought to	应该学习 | 应该去
20.	决定*	juédìng	动、名	to decide; decision	还没决定 | 这个决定
21.	可能*	kěnéng	助动	maybe	可能去 | 可能会下雨
22.	考虑*	kǎolǜ	动	to consider	考虑一下儿 | 考虑考虑
23.	参加*	cānjiā	动	to join; to attend; take part in	报名参加这个活动
24.	或者	huòzhě	连	or	今天或者明天都可以
25.	老家	lǎojiā	名	hometown	回一趟老家
26.	感兴趣*	gǎn xìngqù		to be interested in	对中文歌很感兴趣

专有名词

1	西安	Xī'ān		Xi'an (capital of Shaanxi Province)	西安是一座古城
2.	云南	Yúnnán		Yunnan Province	去云南旅行
3.	华山	Huà Shān		Hua Mountain	华山是一座名山
4.	国庆节	Guóqìng Jié		National Day	国庆节快到了

听说词语

 一　听录音，把拼音写完整　Listen and complete the following *Pinyin*

23-2

1. 写声调

Xi'an（西安）　　　yizhi（一直）　　　Yunnan（云南）

lüxing（旅行）　　　shujia（暑假）　　　haohaor（好好儿）

chepiao（车票）　　　Hua Shan（华山）　　　haoji le（好极了）

2. 写声母

__àng（趟）　　　__āi（待）　　　__ān（班）

__ié（节） __ì_ǐ（历史） __ēng__ǐng（风景）

__àng __ià（放假） __īng__uō（听说） __iǎng __iā（想家）

__ào __íng（报名） ___uó__ìng __ié（国庆节）

3. 写韵母和声调

d__g__（大概） y__g__（应该） j__q__（假期）

j__d__（决定） k__n__（可能） k__l__（考虑）

c__ j__（参加） h__zh__（或者） l__j__（老家）

二 听录音，把听到的词语写在相应的图片下面，并大声朗读 Listen to the recording. Write down the words that you heard under the corresponding pictures and read them aloud

23-3

（1）_____

（2）_____

（3）_____

（4）_____

（5）_____

（6）_____

三 听录音，在下面的词语中迅速圈出听到的词 Listen to the recording and quickly circle the words you heard in the words below

23-4

放假	假期	风景	历史	暑假	可能
旅行	老家	听说	决定	考虑	应该
想家	报名	或者	大概	参加	兴趣

200

第 23 课　假期有什么打算

四　听录音，填空　Listen to the recording and fill in blanks

1. _____几天假
2. _____多长时间
3. 怎么_____着急
4. 人多_____了
5. _____没问题
6. 回一_____老家
7. _____考试了
8. _____很想去那儿
9. 挺_____的
10. 对_____感兴趣

五　朗读词语　Read the following words aloud

1. 放假（fàng jià）　　　　　放寒假（fàng hánjià）
   放暑假（fàng shǔjià）　　　放几天假（fàng jǐ tiān jià）
   假期有多长（jiàqī yǒu duō cháng）

2. 兴趣很大（xìngqù hěn dà）　　　不感兴趣（bù gǎn xìngqù）
   没有兴趣（méiyǒu xìngqù）　　　对历史感兴趣（duì lìshǐ gǎn xìngqù）
   对旅行有兴趣（duì lǚxíng yǒu xìngqù）

3. 待在家里（dāi zài jiā li）　　　待在北京（dāi zài Běijīng）
   待多长时间（dāi duō cháng shíjiān）
   再待一会儿（zài dāi yíhuìr）

4. 漂亮极了（piàoliang jí le）　　　好极了（hǎojí le）
   好吃极了（hǎochī jí le）　　　　多极了（duōjí le）
   有意思极了（yǒu yìsi jí le）

5. 车票（chēpiào）　　　　　机票（jīpiào）
   电影票（diànyǐngpiào）　　门票（ménpiào）
   一张票（yì zhāng piào）

6. 好好儿学习（hǎohāor xuéxí）　　　好好儿休息（hǎohāor xiūxi）
   好好儿准备（hǎohāor zhǔnbèi）　　好好儿找找（hǎohāor zhǎozhao）
   好好儿考虑考虑（hǎohāor kǎolù kǎolù）

六 选词填空 Choose proper words and fill in blanks

> 跟　对　让

1. 对不起，我来晚了，_____ 你久等了。
2. _____ 我来说，这次考试太难了。
3. 明天上课的时候我要 _____ 老师请个假。
4. 他一直 _____ 中国历史很感兴趣。
5. 老师 _____ 我们下课以后准备听写考试。

> 还是　或者

1. A：你决定今天去 _____ 明天去？
   B：今天 _____ 明天都可以。
2. 你可以打电话 _____ 发微信告诉他这件事。
3. 好久不见，你说话 _____ 这么有意思。
4. A：咱们吃饺子 _____ 吃包子？
   B：_____ 吃饺子吧。

七 填空说短语 Fill in the blanks and say phrases

例 风景漂亮极了

1. 冬天 _____ 极了
2. 他学习非常_____
3. 哪天开始 _____ 暑假
4. 去一 _____ 上海
5. 从八点到八点五十是第一 _____ 课
6. 回老家 _____ 新年
7. 好久没回家，挺 _____ 家的
8. 昨天没课，在家 _____ 了一天

听说句子

一 听录音，填空（可以写拼音） Listen and fill in the blanks (you can write in *Pinyin*)

1. 我和朋友打算_____一起去旅行。

第23课　假期有什么打算

2. 我在那儿_____了差不多一个星期。

3. 刚来中国的时候我很_____。

4. 那个地方的_____漂亮极了。

5. 我对_____不太感兴趣。

6. 上课时老师说了考试的安排，同学们_____都知道了。

7. 看起来今天_____会下雨。

8. _____他报名参加了一个暑期汉语班。

二　听句子，选择正确的回答　Listen to the recording and choose the right answer

1. （　　）A. 很有兴趣　　B. 我想学历史　　C. 吃了早饭就去
2. （　　）A. 我很着急　　B. 我不着急　　C. 上课快迟到了
3. （　　）A. 大概九点　　B. 应该是明天　　C. 已经决定了
4. （　　）A. 八月三号的　　B. 已经买了　　C. 买早上九点的
5. （　　）A. 我得安排时间　　B. 那儿很漂亮　　C. 大概两个星期

三　听录音中的问题，选择合适的回答，把相关问题的序号填在括号里　Listen to the questions, choose the proper answers and fill in the serial numbers of corresponding questions

（　　）应该是七月十号吧。

（　　）是啊，我打算去一个中国朋友家过春节。

（　　）可能去旅行，也可能回一趟老家。

（　　）快半年了。

（　　）快要考试了，得好好儿准备。

（　　）真不少，得早点儿去买。

（　　）真挺美的。

（　　）还没决定，再考虑考虑吧。

🎧 23-9

四 跟着录音重复句子 Listen to the recording and repeat the sentences

五 两个人一组，互相问答 Ask and answer each other in pairs

1. A：在你们国家，圣诞节放多长时间的假？
   B：_____

2. A：放暑假的时候你一般干什么？
   B：_____

3. A：下一个假期你有什么打算？
   B：_____

4. A：你喜欢一个人去旅行吗？
   B：_____

5. A：你对什么比较感兴趣？
   B：_____

6. A：你多长时间没回老家了？想家吗？
   B：_____

7. A：你觉得什么地方的风景比较漂亮？
   B：_____

8. A：你觉得去哪儿买火车票比较好？
   B：_____

🎧 23-10

六 听录音中的三个短语，然后按照正确的顺序组成一句话，并读出来 Listen to the three phrases in the tape, then compose a sentence in the correct order and read it aloud

1. _____

2. _____

3. _____

4. _____

5. _____

七 找出下面句子中哪些"就"的用法相同 Please find out which of the following sentences have the same usage of "就"

1. 他六点就出门了。
2. 要是下雨,我就不去了。
3. 上网查一下儿就知道了。
4. 如果你不喜欢,就算了。
5. 他就是你要找的人。
6. 走路五分钟就到了。
7. 他提前半个小时就来了。
8. 给他发个微信就行了。
9. 食堂就在留学生宿舍楼旁边。

听说一段话

一 听录音,选择正确答案 Listen to the recording and choose the right answer

[第一段录音] 假期你有什么打算

1. 女的暑假有什么打算?(　　)
 A. 去西安　　　　B. 回老家　　　　C. 去华山

2. 男的打算在西安待多长时间?(　　)
 A. 一年　　　　B. 两个星期　　　　C. 大概一周

3. 男的打算从西安再去哪儿玩儿?(　　)
 A. 上海　　　　B. 华山　　　　C. 风景漂亮的地方

[第二段录音] 去旅行

1. 安娜打算去哪儿旅行?(　　)
 A. 云南　　　　B. 内蒙古　　　　C. 西安

2. 安娜打算怎么去旅行?(　　)
 A. 还没决定　　　　B. 坐飞机去　　　　C. 坐火车去

3. 大卫明天要干什么？（   ）
　　A. 去旅行　　　　　　　B. 去买票　　　　　　　C. 在家休息

23-13

[第三段录音] 要放暑假了

1. 什么时候开始放暑假？（   ）
　　A. 下个星期　　　　　　B. 两个月以后　　　　　C. 这个星期

2. 她这个暑假打算干什么？（   ）
　　A. 旅行　　　　　　　　B. 学汉语　　　　　　　C. 回老家

3. 她暑假上午一般干什么？（   ）
　　A. 上汉语课　　　　　　B. 在家看书　　　　　　C. 和朋友去打球

二　两个人一组，进行对话练习　Work in pairs, make a dialogue

1. 你们什么时候考试？
2. 你觉得可能考什么？
3. 你认为应该怎么准备考试？

三　成段表达：假期的计划　Whole passage expression: The holiday plan

1. 你们什么时候放假？放多长时间的假？
2. 假期你有什么打算？

四　交际练习　Communicative practice

　　全班分组课下查资料，了解下面这几个地方的情况。每个组是一个旅行社，选择一个地方，在课堂上介绍这个地方的风景、历史等情况，重点说明去这个地方的旅行计划和安排。别的同学听了旅行社的介绍以后要提问题，然后决定去不去这个地方旅行。最后看哪个旅行社吸引到的人最多。

　　The whole class will be divided into different groups and do some research about the following places after class. Each group is a travel agency, and each group should choose a place to introduce in the class, including the scenery, history and

第 23 课　假期有什么打算

other aspects. The most important part should be travel plans and arrangements. Other students are expected to ask their own questions after listening the introductions, and then decide whether or not to travel to this place. At last, we will see which travel agency attracts the most people.

Hā'ěrbīn
哈尔滨

Xī'ān
西安

Shànghǎi
上　海

Nèiměnggǔ
内蒙古

Yúnnán
云　南

重点句子

1. 快要放暑假了，假期你有什么打算？ Kuài yào fàng shǔjià le, jiàqī nǐ yǒu shénme dǎsuàn?
2. 我得回一趟老家。Wǒ děi huí yí tàng lǎojiā.
3. 我对中国历史很感兴趣。Wǒ duì Zhōngguó lìshǐ hěn gǎn xìngqù.
4. 你打算在西安待多长时间？Nǐ dǎsuàn zài Xī'ān dāi duō cháng shíjiān?
5. 风景漂亮极了。Fēngjǐng piàoliang jí le.
6. 我还没决定，可能去内蒙古，也可能去西安。Wǒ hái méi juédìng, kěnéng qù Nèiměnggǔ, yě kěnéng qù Xī'ān.

7. 老师让我假期好好儿学学汉语语法。Lǎoshī ràng wǒ jiàqī hǎohāor xuéxue Hànyǔ yǔfǎ.

8. 天气好的话，就去爬爬山，或者找朋友去打打球。Tiānqì hǎo dehuà, jiù qù pápa shān, huòzhě zhǎo péngyou qù dǎda qiú.

第 24 课

学得怎么样

听力录音

词语

24-1

1.	短	duǎn	形	short	时间很短
2.	书法	shūfǎ	名	calligraphy	学书法｜练书法
3.	拍	pāi	动	to take (a picture); to pat	拍照片｜拍电影
4.	帅	shuài	形	handsome	他长得很帅
5.	开心	kāixīn	形	happy	玩儿得很开心
6.	删	shān	动	to delete	删了一些照片
7.	结束	jiéshù	动	to finish; to end	课结束了
8.	长	zhǎng	动	to grow	孩子长得很快
9.	清楚	qīngchu	形	clear	记得很清楚
10.	去年	qùnián	名	last year	
11.	练习	liànxí	动、名	to practice; exercise	练习口语｜做练习
12.	字	zì	名	character	写字｜汉字｜一个字
13.	回来*	huí lai		to go back	旅行回来了
14.	报告*	bàogào	名	report	做报告｜准备报告
15.	毛笔	máobǐ	名	Chinese writing brush	用毛笔练书法
16.	确实*	quèshí	副	really; indeed	确实很累
17.	照片*	zhàopiàn	名	photo	一张照片
18.	放松*	fàngsōng	动	to relax	放松一下儿｜放松放松

209

19.	记*	jì	动	to remember; to bear in mind	记生词｜记人名
20.	岁*	suì		years old	他今年20岁
21.	够*	gòu	动	to suffice; to be enough	时间不够｜钱够了
22.	手	shǒu	名	hand	一只手｜一双手
23.	解决*	jiějué	动	to solve; to resolve	解决问题｜问题解决了
24.	累*	lèi	形	tired	累死了｜累不累
25.	难看	nánkàn	形	ugly; unsightly	字写得很难看
26.	得*	de	助	structural particle	学得很好｜学得不太好

听说词语

一 听录音，把拼音写完整 Listen and complete the following *Pinyin*

1. 写声调

duan（短）　　shufa（书法）　　pai（拍）
shuai（帅）　　kaixin（开心）　　shan（删）
jieshu（结束）　　jinnian（今年）　　zhang（长）
qingchu（清楚）　　qunian（去年）

2. 写声母

__iàn __í（练习）　　__ì（字）　　__uí __ai（回来）
__ào __ào（报告）　　__ié __ù（结束）　　__áo __ǐ（毛笔）
__uè __í（确实）　　__ào __iàn（照片）　　__àng __ōng（放松）

3. 写韵母和声调

j___（记）　　s___（岁）　　g___（够）
sh___（手）　　j___ j___（解决）　　l___（累）
b___（帮）　　H___ z___（汉字）　　k___ x___（开心）
n___ k___（难看）

第 24 课　学得怎么样

24-3

二　听录音，在下面的词语中迅速圈出听到的词　Listen to the recording and quickly circle the words you heard in the words below

今年	报告	书法	清楚	毛笔	练习
开心	好看	难看	结束	解决	写字
回来	放松	确实	照片	报告	去年

24-4

三　听录音，填空　Listen to the recording and fill in blanks

1. 累 _____ 了
2. _____ 夜里两点了
3. 学 _____ 怎么样
4. 对我 _____ 很难
5. 记 _____ 很清楚
6. 问题 _____ 了
7. _____ 得很帅
8. _____ 了很多照片
9. 假期 _____ 了
10. 照片已经 _____ 了

四　朗读词语　Read the following words aloud

1. 学得怎么样（xué de zěnmeyàng）　学得很好（xué de hěn hǎo）
   长得怎么样（zhǎng de zěnmeyàng）　长得很漂亮（zhǎng de hěn piàoliang）
   长得很帅（zhǎng de hěn shuài）　长得很高（zhǎng de hěn gāo）

2. 前年（qiánnián）　去年（qùnián）
   今年（jīnnián）　明年（míngnián）
   后年（hòunián）　前天（qiántiān）
   昨天（zuótiān）　今天（jīntiān）
   明天（míngtiān）　后天（hòutiān）

3. 好看（hǎokàn）　难看（nánkàn）
   好听（hǎotīng）　难听（nántīng）
   好吃（hǎochī）　难吃（nánchī）
   好做（hǎo zuò）　难做（nán zuò）
   好走（hǎo zǒu）　难走（nán zǒu）
   好学（hǎo xué）　难学（nán xué）

五 读词语，连线 Read the words and match the phrases

记　　　　　　　　活动
参加　　　　　　　朋友
解决　　　　　　　照片
约　　　　　　　　问题
拍　　　　　　　　汉字
做　　　　　　　　暑假
放　　　　　　　　报告
删　　　　　　　　电影

六 选词填空 Choose the appropriate words and say phrases

清楚　快　帅　难看　开心　头疼　有意思　累

1. 长得 _____
2. 跑得 _____
3. 写得 _____
4. 听得 _____
5. 玩儿得 _____
6. 假期过得 _____
7. 照片拍得 _____
8. 看书看得 _____

听说句子

二 听录音，填空（可以写拼音） Listen and fill in the blanks (you can write in *Pinyin*)

1. 他昨天确实来了，我记得很_____。
2. 我用毛笔练习书法，练得_____。
3. 我写得很慢，半个小时_____。
4. 对大卫来说，写汉字_____有点儿难。
5. 拍得不好的照片我都_____了。

6. 我觉得假期_____，还有一天就结束了。

7. 老师让我们每个人做一个_____。

8. 他旅行_____了吗？

二 听句子，选择正确的回答 Listen to the recording and choose the right answer

1. （　） A. 正在学中文　　B. 唱得不太好　　C. 听得不太清楚
2. （　） A. 大概20岁　　　B. 再大一点儿吧　　C. 有点儿大
3. （　） A. 认识，他25岁　B. 他是一个好人　　C. 当然，他长得挺帅的
4. （　） A. 拍得挺漂亮的　B. 我没删　　　　　C. 我放在电脑里了
5. （　） A. 上周开始学的　B. 不怎么样　　　　C. 离得不远

三 听录音中的问题，选择合适的回答，把相关问题的序号填在括号里 Listen to the questions, choose the proper answers and fill in the serial numbers of corresponding questions

（　）假期旅行是最开心的。
（　）今天上午没有课。
（　）是啊，小孩子长得很快。
（　）确实是这样，再有十分钟就好了。
（　）挺好的，不过没去玩儿，我参加了一个书法班。
（　）没有，我记得很清楚。

四 跟着录音重复句子 Listen to the recording and repeat the sentences

五 两个人一组，互相问答 Ask and answer each other in pairs

1. A：你会写毛笔字吗？写得怎么样？

   B：_____

2. A：什么时候你会觉得很放松？

   B：_____

3. A：去年暑假你干什么了？

   B：_____

4. A：你唱歌唱得怎么样？

   B：_____

5. A：你觉得汉字难写吗？为什么？

   B：_____

6. A：我想要解决汉语听力的问题，你有什么建议？

   B：_____

7. A：三个人吃一斤饺子够不够？

   B：_____

8. A：暑假什么时候开始？什么时候结束？

   B：_____

六 听录音中的三个短语，然后按照正确的顺序组成一句话，并读出来 Listen to the three phrases in the recording, then compose a sentence in the correct order and read it aloud

1. _____

2. _____

3. _____

4. _____

5. _____

第24课　学得怎么样

听说一段话

一　听录音，选择正确答案　Listen to the recording and choose the right answer

24-10

[第一段录音]　用毛笔写字好难

1. 今天下午大卫为什么没去上书法课？（　　）
   A. 书法课改时间了　　　B. 课结束了　　　C. 身体不舒服

2. 大卫自己觉得书法学得怎么样？（　　）
   A. 还不错　　　B. 不太好　　　C. 挺好的

3. 大卫写的书法送给安娜了吗？为什么？（　　）
   A. 送了，他想让安娜帮他看看
   B. 没送，因为没有时间练习书法
   C. 没送，现在写得不好，以后再送

24-11

[第二段录音]　谈旅行

1. 玛丽的旅行怎么样？（　　）
   A. 时间很短　　　B. 累但很开心　　　C. 回来得很早

2. 旅行回来可以休息几天？（　　）
   A. 三天　　　B. 好几天　　　C. 没时间休息

3. 玛丽忘了什么？他们打算怎么办？（　　）
   A. 忘了准备礼物，大卫帮她准备
   B. 忘了准备报告，大卫帮她准备
   C. 忘了上课时间，大卫帮她请了假

24-12

[第三段录音]　暑假过得很有意思

1. 那些照片是什么时候拍的？（　　）
   A. 今年暑假　　　B. 去年暑假　　　C. 旅行回来以后

2. 那些照片拍得怎么样？（　　）
   A. 都很好　　　B. 大部分都删了　　　C. 有的好，有的不好

215

3. 谁长得很帅？（　　　）
   A. 一起旅行的朋友　　B. 拍照片的朋友　　C. 一起学英语的朋友

二　两三个人一组，互相询问下面的问题，然后每组选一个人报告　In a group of two or three, ask each other the following questions, and then each group selects one person to report

1. 互相问假期过得怎么样。
2. 互相询问考试考得怎么样。

三　成段表达　Whole passage expression

话题：1. 一次有意思的旅行
　　　2. 介绍一张照片

参考词语
1. 不太　有点儿　很　非常　特别　太……了　……极了
2. 清楚　开心　短　累　够　照片　解决

参考句式
V. + 得……

四　交际练习　Communicative practice

全班分几个小组，每个小组准备材料教另外一个小组的同学学一种语言、唱一首歌、跳一个舞或者别的技能。教完以后，在课堂上报告自己的小组教了什么，教得怎么样，学得怎么样，有什么问题，是怎么解决的。

The whole class is divided into several groups. Each group prepares materials to teach another group of students to speak a language, sing a song, dance or other skills. After the teaching is finished, please give a report in class, the report should include the following content: what did your group teach? How was the teaching going? And how was the study? What problems did you have? How were they solved?

第 24 课　学得怎么样

重点句子

1. 你学得怎么样？Nǐ xué de zěnmeyàng?
2. 你记得真清楚。Nǐ jì de zhēn qīngchu.
3. 昨天坐火车回到北京，都夜里三点了。Zuótiān zuò huǒchē huídào Běijīng, dōu yèli sān diǎn le.
4. 那确实挺累的。Nà quèshí tǐng lèi de.
5. 你不说，我都忘了。Nǐ bù shuō, wǒ dōu wàng le.
6. 拍得不好的都删了。Pāi de bù hǎo de dōu shān le.
7. 他帮我解决了很多问题。Tā bāng wǒ jiějué le hěn duō wèntí.

第 25 课

准备好了吗

听力录音

词语

25-1

1.	聚餐	jù cān		to dine together	一次聚餐
2.	输	shū	动	to lose	比赛输了
3.	外卖	wàimài	名	takeout	叫外卖｜送外卖
4.	订	dìng	动	to book	订机票｜订座位
5.	懂*	dǒng	动	to understand	听懂了｜听不懂
6.	对方	duìfāng	名	the opposite side	对方和我方谁输了
7.	赢	yíng	动	to win	比赛赢了
8.	烤鸭	kǎoyā	名	roast duck	一只烤鸭
9.	充值	chōng zhí		top up; recharge	给手机充值
10.	结果	jiéguǒ	名	result	比赛的结果
11.	纠正	jiūzhèng	动	to correct	纠正声调
12.	杯子	bēizi	名	cup	一个杯子
13.	碗*	wǎn	名	bowl	一个碗｜一碗米饭
14.	洗*	xǐ	动	to wash	洗衣服｜洗手
15.	比赛*	bǐsài	名	match; competition	篮球比赛｜参加比赛
16.	干净*	gānjìng	形	clean	洗得很干净
17.	带*	dài	动	to bring	带了两个朋友
18.	辛苦	xīnkǔ	形	hard; toilsome; laborious	练习得很辛苦

218

第25课　准备好了吗

19.	收到	shōudào	动	to receive	收到短信
20.	办法*	bànfǎ	名	method; means	简单的办法｜好办法
21.	声调*	shēngdiào	名	tone	汉语的声调
22.	更	gèng	副	more	昨天热，今天更热
23.	交	jiāo	动	to hand over	交钱｜交电话费
24.	努力*	nǔlì	形	hard; arduous	努力学习｜努力练习
25.	简单*	jiǎndān	形	simple	很简单
26.	节目*	jiémù	名	program	表演节目｜一个节目
27.	学期*	xuéqī	名	semester	这个学期｜上个学期
28.	商店*	shāngdiàn	名	shop; store	一家商店
29.	表演*	biǎoyǎn	动	to perform	表演节目
30.	晚会*	wǎnhuì	名	evening party	开一个晚会

听说词语

一　**听录音，把拼音写完整**　Listen and complete the following *Pinyin*

1. 写声调

   ju can（聚餐）　　　ka（卡）　　　　shu（输）
   waimai（外卖）　　 ding（订）　　　 dong（懂）
   duifang（对方）　　 ying（赢）　　　 kaoya（烤鸭）
   chong zhi（充值）　jieguo（结果）　jiuzheng（纠正）

2. 写声母

   __ēi__i（杯子）　　　__ǎn（碗）　　　　__ǐ（洗）
   __ǐ__ài（比赛）　　　__ān__ ìng（干净）　__ài（带）

219

__īn__ǔ（辛苦）　　　__ōu__ào（收到）　　　__àn__ǎ（办法）

__ēng__iào（声调）

3. 写韵母和声调

g___（更）　　　　　j___（交）　　　　　n___l___（努力）

j___d___（简单）　　j___m___（节目）　　x___q___（学期）

sh___d___（商店）　　b___y___（表演）　　w___h___（晚会）

二　听录音，在下面的词语中迅速圈出听到的词 Listen to the recording and quickly circle the words you heard in the words below

25-3

干净	外卖	烤鸭	晚会	聚餐	节目
结果	比赛	辛苦	对方	声调	纠正
充值	努力	收到	办法	输赢	表演

三　听录音，填空 Listen to the recording and fill in blanks

25-4

1. 洗_____了　　　　　　2. 准备_____了
3. 票_____好了　　　　　4. 听_____了
5. 看_____了　　　　　　6. 对方打得_____好
7. 比赛打_____了　　　　8. 充值卡买_____了
9. 怎么_____钱　　　　　10. _____外卖

四　朗读词语 Read the following words aloud

1. 订外卖（dìng wàimài）　　叫外卖（jiào wàimài）
   送外卖（sòng wàimài）　　一份外卖（yí fèn wàimài）

2. 聚餐（jù cān）　　　　　聚会（jùhuì）
   聚在一起（jù zài yìqǐ）　餐厅（cāntīng）
   中餐（zhōngcān）　　　　西餐（xīcān）
   早餐（zǎocān）　　　　　午餐（wǔcān）
   晚餐（wǎncān）

3. 手机SIM卡（shǒujī SIM kǎ）　　充值卡（chōngzhíkǎ）
   银行卡（yínhángkǎ）　　　　　刷卡（shuā kǎ）
   公交卡（gōngjiāokǎ）　　　　　一张卡（yì zhāng kǎ）

4. 充值（chōng zhí）　　　　　　充电（chōng diàn）
   充多少钱（chōng duōshao qián）　充一会儿电（chōng yíhuìr diàn）
   给手机充值（gěi shǒujī chōng zhí）

5. 听懂了（tīngdǒng le）　　　　　看懂了（kàndǒng le）
   读懂了（dúdǒng le）　　　　　　没听懂（méi tīngdǒng）
   没看懂（méi kàndǒng）　　　　　没读懂（méi dúdǒng）

五　说出下列词语的反义词　Write down the antonyms of the following words

1. 输——_____　　　　2. 上车——_____
3. 错——_____　　　　4. 难看——_____
5. 短——_____　　　　6. 结束——_____

六　填空说短语　Fill in the blanks and say phrases

例　已经准备 好 了

1. 长得_____　　　　　2. 跑得_____
3. 和朋友约_____了　　　4. 说得太快，没听_____
5. 比赛打_____了　　　　6. 声调说_____了
7. 车票订_____了　　　　8. 找_____一本有意思的书
9. 衣服都洗_____了　　　10. 昨天没看_____他
11. 没收_____你的短信　　12. 节目表演_____了

听说句子

一 听录音，填空（可以写拼音） Listen and fill in the blanks (you can write in *Pinyin*)

1. 聚餐用的杯子和碗_____都准备好了。
2. 我们很努力，可是_____还是输了。
3. 晚会的_____还没准备好呢。
4. 第一次上课的时候我_____教室。
5. 我们从饭店_____两只烤鸭。
6. 打电话叫个_____吧。
7. 比赛的时候_____打得更好一点儿。
8. 我请老师帮我纠正_____问题。

二 听句子，选择正确的回答 Listen to the recording and choose the right answer

1. (　　) A. 还没考　　　　B. 今天考完　　　　C. 考得不太好
2. (　　) A. 准备好了　　　B. 人挺多的　　　　C. 再多准备一点儿吧
3. (　　) A. 手机丢了　　　B. 你该充值了　　　C. 没听见电话响
4. (　　) A. 您要多少钱的　B. 已经充完值了　　C. 卖了两张卡
5. (　　) A. 我要送外卖　　B. 太贵了　　　　　C. 谢谢，给你钱

三 听录音中的问题，选择合适的回答，把相关问题的序号填在括号里 Listen to the questions, choose the proper answers and fill in the serial numbers of corresponding questions

(　　) 不会吧，昨天都约好了。

(　　) 可以啊，打这个电话就行。

(　　) 应该没问题，他的汉语好极了。

(　　) 打得不太好，输了。

（　　）输赢不重要，努力就行了。
（　　）一般都是我洗。
（　　）考得不太好，这次考试没准备好。
（　　）你先去学校书店看看吧，或者上网买。

四 跟着录音重复句子　Listen to the recordind and repeat the sentences

25-8

五 两个人一组，互相问答　Ask and answer each other in pairs

1. A：你觉得你的汉语声调说得怎么样？

   B：_____

2. A：你希望别人纠正你的声调吗？

   B：_____

3. A：上课时老师说的话你都能听懂吗？

   B：_____

4. A：你一般怎么给手机充值？

   B：_____

5. A：你一般上网订火车票还是去车站买票？为什么？

   B：_____

6. A：你喜欢吃食堂还是叫外卖？为什么？

   B：_____

7. A：你常常和同学们一起聚餐吗？聚餐的时候要准备什么？

   B：_____

8. A：什么时候可以知道考试的结果？

   B：_____

六 听录音中的三个短语，然后按照正确的顺序组成一句话，并读出来 Listen to the three phrases in the recording, then compose a sentence in the correct order and read it aloud

1. _____
2. _____
3. _____
4. _____
5. _____
6. _____

听说一段话

一 听录音，选择正确答案 Listen to the recording and choose the right answer

[第一段录音] 聚餐准备好了吗

1. 他们正在说什么？（　　）
   A. 明晚聚餐的东西　　B. 去饭店吃烤鸭　　C. 从饭店叫外卖

2. 大卫觉得安娜准备得怎么样？（　　）
   A. 非常好　　B. 有点儿少　　C. 太多了

3. 李军会带几个朋友来参加聚餐？（　　）
   A. 没说清楚　　B. 十几个　　C. 两个

4. 他们打算怎么准备烤鸭？（　　）
   A. 去饭店买　　B. 让饭店送外卖　　C. 自己做

第 25 课　准备好了吗

[第二段录音]　比赛打输了

1. 篮球比赛的结果怎么样？（　　）
   A. 打赢了　　　　　　B. 打输了　　　　　　C. 还不知道

2. 马克觉得为什么会有这样的结果？（　　）
   A. 没准备好　　　　　B. 准备的时间不够　　　C. 对方打得更好

[第三段录音]　手机该充值了

1. 女的请李军帮她干什么？（　　）
   A. 发短信　　　　　　B. 看短信　　　　　　C. 给手机充值

2. 女的打算怎么给手机充值？（　　）
   A. 去银行交钱　　　　B. 请李军帮助　　　　C. 买手机充值卡

3. 在哪儿可以买到手机充值卡？（　　）
   A. 银行　　　　　　　B. 商店　　　　　　　C. 食堂

[第四段录音] 开晚会

1. 说话人和安娜打算一起做什么？（　　）
   A. 在晚会上表演　　　B. 纠正声调　　　　　C. 跟张红吃饭

2. 她们和张红约好了干什么？（　　）
   A. 一起表演节目　　　B. 安排晚会节目　　　C. 纠正声调

3. 张红为什么没来？（　　）
   A. 她忘了　　　　　　B. 听错了地点　　　　C. 记错了时间

二　两个人一组，进行对话练习　Work in pairs, make a dialogue

1. 谈论学汉语的方法
   （1）你觉得学汉语的问题是什么？
   （2）你认为怎么学更好？

2. 谈一谈聚会的准备
   （1）你组织的聚会都准备了什么（吃的、喝的、用的、节目、活动等）？
   （2）你准备得怎么样了？

（3）你认为还要准备什么？

三 选择下面的一个话题，进行成段表达 Select one of the following topics and make a whole passage expresson

1. 我已经准备好了考试、假期旅行、节目等。
2. 这个学期我的汉语学习情况。

四 交际练习 Communicative practice

全班分为A、B两组，每组商量准备一个晚会，安排晚会的活动和节目，然后两组都要请老师参加。但老师只能参加一个组的活动，两个组要想办法说服老师参加自己组的晚会。

The whole class is divided into two groups, A and B. Each group will discuss about preparing for a night party and arrange the activities and performances for the party. Then both groups should ask the teacher to join in. But the teacher can only join in one group. So both groups should try to convince the teacher to attend the party of their own group.

重点句子

1. 明天晚上的聚餐准备好了吗？Míngtiān wǎnshang de jù cān zhǔnbèi hǎo le ma?
2. 杯子、碗什么的我都洗干净了。Bēizi、wǎn shénme de wǒ dōu xǐ gānjìng le.
3. 李军说他会带好几个朋友来呢。Lǐ Jūn shuō tā huì dài hǎo jǐ ge péngyou lái ne.
4. 他没说清楚。Tā méi shuō qīngchu.
5. 对方打得更好。Duìfāng dǎ de gèng hǎo.
6. 你的手机该充值了。Nǐ de shǒujī gāi chōng zhí le.
7. 可以用微信为手机充值。Kěyǐ yòng wēixìn wèi shǒujī chōng zhí.
8. 我们等了半天，张红也没来。Wǒmen děngle bàntiān, Zhāng Hóng yě méi lái.

词语总表

	A		
安静	ānjìng		19
安排	ānpái		22
熬夜	áo yè		19

	B		
吧	ba		8
爸爸	bàba		14
白	bái		13
白菜	báicài		16
白天	báitiān		19
班	bān		23
搬	bān		17
办	bàn		19
办法	bànfǎ		25
办公室	bàngōngshì		9
半	bàn		8
帮	bāng		21
帮忙	bāng máng		17
包子	bāozi		16
报告	bàogào		24
报名	bào míng		23
抱歉	bàoqiàn		21
杯	bēi		10

杯子	bēizi	25
北方	běifāng	16
本子	běnzi	6
比较	bǐjiào	19
比如	bǐrú	18
比赛	bǐsài	25
笔	bǐ	6
笔试	bǐshì	21
表演	biǎoyǎn	25
别	bié	22
别的	bié de	15
冰	bīng	18
病假条	bìngjiàtiáo	20
补考	bǔkǎo	20
不	bù	4
不错	búcuò	16
不过	búguò	13
不好意思	bù hǎoyìsi	19
不用	búyòng	17
部分	bùfen	21

	C	
才	cái	18
菜	cài	16

227

菜单	càidān	16
参加	cānjiā	23
茶	chá	17
查	chá	15
差	chà	8
差不多	chàbuduō	18
尝	cháng	17
常（常）	cháng (cháng)	11
唱	chàng	14
车站	chēzhàn	12
吃饭	chī fàn	8
迟到	chídào	19
充值	chōng zhí	25
出门	chū mén	21
出租车	chūzūchē	9
穿	chuān	15
春天	chūntiān	11
次	cì	19
从……到……	cóng……dào……	12

D

打（电话）	dǎ（diànhuà）	12
打车	dǎ chē	21
打算	dǎsuàn	13
打针	dǎ zhēn	20
大	dà	6
大概	dàgài	23
大号	dàhào	15
大学	dàxué	5
大夫	dàifu	20
待	dāi	23
带	dài	25
担心	dān xīn	21
蛋糕	dàngāo	14
当然	dāngrán	14
倒霉	dǎoméi	21
到	dào	12
的	de	5
得	de	24
得	děi	18
等	děng	12
地方	dìfang	17
地铁	dìtiě	9
第一	dì-yī	17
点	diǎn	8
点	diǎn	16
电话	diànhuà	9
电脑	diànnǎo	6
电影	diànyǐng	12
订	dìng	25
东边	dōngbian	7
东门	dōngmén	9
冬天	dōngtiān	11
懂	dǒng	25
动物园	dòngwùyuán	9
都	dōu	12
堵车	dǔ chē	19
度	dù	11
短	duǎn	24
段	duàn	21

对	duì	18
对方	duìfāng	25
对……来说	duì……lái shuō	21
对了	duì le	22
对面	duìmiàn	14
多	duō	16
多	duō	18
多少	duōshao	10

E

饿	è	18
耳机	ěrjī	15

F

发	fā	19
发烧	fā shāo	20
翻译	fānyì	21
饭店	fàndiàn	14
房间	fángjiān	7
放	fàng	23
放松	fàngsōng	24
放心	fàng xīn	22
飞机	fēijī	9
分	fēn	8
分	fēn	10
分钟	fēnzhōng	19
份	fèn	16
风	fēng	11
风景	fēngjǐng	23
服务员	fúwùyuán	10
辅导	fǔdǎo	8

付	fù	10

G

改	gǎi	18
干净	gānjìng	25
感冒	gǎnmào	20
感兴趣	gǎn xìngqù	23
干	gàn	12
刚	gāng	22
高	gāo	11
高兴	gāoxìng	5
告诉	gàosu	12
歌	gē	15
个	gè	5
给	gěi	9
跟	gēn	20
更	gèng	25
公共汽车	gōnggòng qìchē	9
狗	gǒu	13
够	gòu	24
刮风	guā fēng	11
光临	guānglín	16
逛街	guàng jiē	11
贵	guì	13
国	guó	5
国际关系	guójì guānxi	7
国家	guójiā	5
过	guò	14

H

还	hái	15

还可以	hái kěyǐ	13		……极了	...jí le	23
还是	háishi	17		急事	jíshì	21
好	hǎo	4		几	jǐ	8
好吃	hǎochī	15		记	jì	24
好好儿	hǎohāor	23		季节	jìjié	11
好听	hǎotīng	15		继续	jìxù	19
好像	hǎoxiàng	19		加	jiā	9
号	hào	9		家	jiā	7
号码	hàomǎ	9		假期	jiàqī	23
喝	hē	17		简单	jiǎndān	25
合适	héshì	15		见	jiàn	8
和	hé	9		件	jiàn	13
黑	hēi	13		建议	jiànyì	22
很	hěn	5		交	jiāo	25
红	hóng	13		饺子	jiǎozi	16
红酒	hóngjiǔ	17		叫	jiào	4
后天	hòutiān	20		教室	jiàoshì	6
花儿	huār	14		接	jiē	15
坏	huài	21		节	jié	23
欢迎	huānyíng	7		节目	jiémù	25
回	huí	19		结果	jiéguǒ	25
回来	huí lai	24		结束	jiéshù	24
会	huì	17		解决	jiějué	24
活动	huódòng	22		介绍	jièshào	6
火车	huǒchē	9		斤	jīn	10
或者	huòzhě	23		今天	jīntiān	8
				进	jìn	17
J				近	jìn	13
机场	jīchǎng	15		纠正	jiūzhèng	25
鸡肉	jīròu	16		久	jiǔ	19

就	jiù	7
聚餐	jù cān	25
聚会	jùhuì	22
决定	juédìng	23
觉得	juéde	19

K

咖啡	kāfēi	10
卡拉OK	kǎlā OK	14
开	kāi	20
开始	kāishǐ	12
开玩笑	kāi wánxiào	22
开心	kāixīn	24
开学	kāi xué	22
看	kàn	12
看起来	kàn qilai	17
考虑	kǎolǜ	23
考试	kǎoshì	20
烤鸭	kǎoyā	25
咳嗽	késou	20
可乐	kělè	10
可能	kěnéng	23
可是	kěshì	18
可以	kěyǐ	15
刻	kè	8
课	kè	8
课间	kèjiān	20
口语	kǒuyǔ	21
块（元）	kuài (yuán)	10
快……了	kuài … le	22
快递	kuàidì	9
快乐	kuàilè	14
困	kùn	19

L

来	lái	6
蓝	lán	13
篮球	lánqiú	22
老家	lǎojiā	23
老师	lǎoshī	4
了	le	18
累	lèi	24
冷	lěng	11
离	lí	16
礼物	lǐwù	14
里（边）	lǐ(bian)	7
历史	lìshǐ	23
厉害	lìhai	19
练习	liànxí	24
量	liáng	20
两	liǎng	8
两	liǎng	16
辆	liàng	21
聊天儿	liáo tiānr	22
零下	língxià	11
留学生	liúxuéshēng	4
六	liù	8
楼	lóu	9
路口	lùkǒu	17
路上	lùshang	19

旅行	lǚxíng	23

M

妈妈	māma	14
吗	ma	4
买	mǎi	10
卖	mài	10
忙	máng	17
毛（角）	máo (jiǎo)	10
毛笔	máobǐ	24
没（有）	méi(yǒu)	8
每	měi	12
门口	ménkǒu	22
米饭	mǐfàn	16
面包	miànbāo	10
面食	miànshí	16
面条儿	miàntiáor	16
名字	míngzi	4
明白	míngbai	15
明天	míngtiān	8
蘑菇	mógu	16

N

哪	nǎ	5
哪儿	nǎr	7
那	nà	6
男	nán	9
南方	nánfāng	16
难	nán	13
难看	nánkàn	24
呢	ne	5
能	néng	20
你	nǐ	4
你们	nǐmen	5
牛奶	niúnǎi	10
努力	nǔlì	25
女	nǚ	9
女朋友	nǚpéngyou	10

P

爬山	pá shān	12
拍	pāi	24
旁边	pángbiān	9
胖	pàng	14
朋友	péngyou	5
啤酒	píjiǔ	10
便宜	piányi	13
票	piào	23
漂亮	piàoliang	12
苹果	píngguǒ	10
屏幕	píngmù	13
瓶	píng	10

Q

骑	qí	9
起床	qǐ chuáng	18
钱	qián	10
清楚	qīngchu	24
晴天	qíngtiān	11
请假	qǐng jià	15
请客	qǐng kè	19
秋天	qiūtiān	11

去	qù	7
去年	qùnián	24
确实	quèshí	24

R

然后	ránhòu	14
让	ràng	19
热	rè	11
热闹	rènao	19
人	rén	5
认识	rènshi	5
如果	rúguǒ	20

S

扫	sǎo	10
删	shān	24
商店	shāngdiàn	25
上网	shàng wǎng	12
上午	shàngwǔ	8
身体	shēntǐ	18
生活	shēnghuó	18
生气	shēng qì	22
生日	shēngrì	8
声调	shēngdiào	25
师傅	shīfu	10
十	shí	8
十二	shí'èr	8
什么	shénme	4
时候	shíhou	12
时间	shíjiān	8
食堂	shítáng	8

事	shì	8
试	shì	15
试衣间	shìyījiān	15
是	shì	4
收到	shōudào	25
手	shǒu	24
手机	shǒujī	6
书	shū	6
书包	shūbāo	6
书法	shūfǎ	24
舒服	shūfu	20
输	shū	25
暑假	shǔjià	23
束	shù	14
刷卡	shuā kǎ	10
帅	shuài	24
谁	shuí / shéi	6
水	shuǐ	6
睡觉	shuì jiào	18
顺利	shùnlì	20
说	shuō	11
说话	shuō huà	21
……死了	… sǐ le	22
送	sòng	14
宿舍	sùshè	7
算了	suànle	15
随便	suíbiàn	17
岁	suì	24
所以	suǒyǐ	14

T

他	tā	4
他们	tāmen	5
她	tā	5
太	tài	11
趟	tàng	23
特别	tèbié	22
提前	tíqián	21
体温	tǐwēn	20
天气	tiānqì	11
天气预报	tiānqì yùbào	11
听	tīng	14
听说	tīngshuō	23
听写	tīngxiě	20
停	tíng	21
挺	tǐng	13
同屋	tóngwū	5
同学	tóngxué	5
头疼	tóuténg	20

W

外边	wàibian	7
外卖	wàimài	25
玩儿	wánr	7
晚	wǎn	12
晚会	wǎnhuì	25
晚上	wǎnshang	8
碗	wǎn	25
往	wǎng	17
忘	wàng	22
微信	wēixìn	9
为什么	wèi shénme	15
位	wèi	16
味道	wèidao	16
喂	wèi	12
问	wèn	15
问题	wèntí	15
我	wǒ	4
我们	wǒmen	5

X

西瓜	xīguā	10
习惯	xíguàn	18
洗	xǐ	25
喜欢	xǐhuan	11
下	xià	12
下（雨）	xià (yǔ)	11
下课	xià kè	8
下午	xiàwǔ	8
下载	xiàzài	22
夏天	xiàtiān	11
先	xiān	14
先生	xiānsheng	15
现金	xiànjīn	10
现在	xiànzài	11
线	xiàn	9
馅儿	xiànr	16
香蕉	xiāngjiāo	10
想	xiǎng	18
想家	xiǎng jiā	23

小时	xiǎoshí	19
辛苦	xīnkǔ	25
新	xīn	13
星期六	xīngqīliù	9
行	xíng	17
姓	xìng	4
休息	xiūxi	20
修	xiū	21
选	xuǎn	22
学	xué	4
学期	xuéqī	25
学生	xuésheng	4
学校	xuéxiào	7
雪	xuě	11

Y

研究生	yánjiūshēng	7
颜色	yánsè	13
样子	yàngzi	13
药	yào	20
要	yào	10
要是	yàoshi	13
也	yě	5
夜里	yèli	19
一般	yìbān	18
一点儿	yìdiǎnr	13
一定	yídìng	15
一共	yígòng	10
一会儿	yíhuìr	12

一起	yìqǐ	8
一下儿	yíxiàr	6
一些	yìxiē	10
一直	yìzhí	23
衣服	yīfu	13
医院	yīyuàn	20
已经	yǐjīng	18
以后	yǐhòu	18
以前	yǐqián	17
意见	yìjiàn	22
因为	yīnwèi	21
阴	yīn	11
阴天	yīntiān	11
应该	yīnggāi	23
赢	yíng	25
用功	yònggōng	21
游戏	yóuxì	22
有	yǒu	8
有的	yǒude	18
有点儿	yǒudiǎnr	13
有意思	yǒu yìsi	22
又	yòu	19
右边	yòubian	7
雨	yǔ	11
雨季	yǔjì	11
语法	yǔfǎ	21
远	yuǎn	7
约	yuē	22
月	yuè	18

Z

再	zài	10
在	zài	7
咱们	zánmen	14
怎么	zěnme	9
怎么样	zěnmeyàng	11
展览	zhǎnlǎn	22
张开	zhāng kāi	20
长	zhǎng	24
着急	zháojí	21
找	zhǎo	13
照片	zhàopiàn	24
这	zhè	5
这么	zhème	21
这儿	zhèr	16
这样	zhèyàng	22
真	zhēn	18
正在	zhèngzài	12
只	zhī	13
知道	zhīdào	9
只	zhǐ	15
质量	zhìliàng	13
中午	zhōngwǔ	8
种	zhǒng	13
猪肉	zhūròu	16
主意	zhúyi	14
住	zhù	7
祝	zhù	14
专业	zhuānyè	7
准备	zhǔnbèi	14
字	zì	24
自己	zìjǐ	15
自行车	zìxíngchē	9
走	zǒu	17
走路	zǒu lù	17
嘴	zuǐ	20
最	zuì	11
最好	zuìhǎo	20
最近	zuìjìn	14
醉	zuì	19
昨天	zuótiān	19
左边	zuǒbian	7
作业	zuòyè	12
坐	zuò	9
座位	zuòwèi	16
做	zuò	12
做菜	zuò cài	17

专有名词

	A	
澳大利亚	Àodàlìyà	11

	B	
北京大学	Běijīng Dàxué	5

	C	
长城	Chángchéng	11

	G	
国庆节	Guóqìng Jié	23

	H	
韩国	Hánguó	5
韩语	Hányǔ	6
汉语	Hànyǔ	4
华山	Huà Shān	23

	L	
李	Lǐ	4

	M	
美国	Měiguó	5

	R	
日语	Rìyǔ	6

	S	
圣诞节	Shèngdàn Jié	11

	T	
泰国	Tàiguó	11

	W	
王	wáng	4

	X	
西安	Xī'ān	23

	Y	
英国	Yīngguó	5
英语	Yīngyǔ	6
云南	Yúnnán	23

	Z	
中国	Zhōngguó	4
中文	Zhōngwén	15

博雅国际汉语精品教材
北大版长期进修汉语教材

博雅汉语听说·初级起步篇 I
听力文本及参考答案

Boya Chinese
Listening and Speaking (Elementary) I
Listening Scripts and Answer Keys

李晓琪　主编
李海燕　编著

北京大学出版社
PEKING UNIVERSITY PRESS

目录

第 1 课	拼音和日常用语（一）	1
第 2 课	拼音和日常用语（二）	4
第 3 课	拼音和日常用语（三）	7
第 4 课	你叫什么名字	11
第 5 课	认识你很高兴	14
第 6 课	这是什么	18
第 7 课	欢迎去我家玩儿	22
第 8 课	明天晚上你有时间吗	26
第 9 课	我们怎么去	30
第 10 课	西瓜怎么卖	35
第 11 课	明天天气怎么样	40
第 12 课	我正在等公共汽车呢	44
第 13 课	你打算买什么样子的	49
第 14 课	祝你生日快乐	54
第 15 课	我可以试试吗	58
第 16 课	来一斤饺子	63

第 17 课	喝茶还是喝咖啡	69
第 18 课	今天我七点半就起床了	74
第 19 课	你又熬夜了	79
第 20 课	我想请一天假	84
第 21 课	每个人要说多长时间	90
第 22 课	明天你下了课去哪儿	95
第 23 课	假期有什么打算	101
第 24 课	学得怎么样	107
第 25 课	准备好了吗	112

第1课　拼音和日常用语（一）

21个声母

b	p	m	f
d	t	n	l
g	k	h	
j	q	x	
z	c	s	
zh	ch	sh	r

一、听录音，选择你听到的声母

1. b　　2. t　　3. l　　4. k
5. z　　6. ch　　7. x　　8. sh

二、听写

1. b　　2. t　　3. p　　4. g　　5. k
6. j　　7. q　　8. x　　9. z　　10. zh
11. c　　12. ch　　13. s　　14. sh　　15. r

6个单韵母

a	o	e
i	u	ü

博雅汉语听说·初级起步篇 I
听力文本及参考答案

4个声调

一声	二声	三声	四声
ˉ	´	ˇ	`
ā	á	ǎ	à

一、跟着录音朗读

ā	á	ǎ	à
ō	ó	ǒ	ò
ē	é	ě	è
ī	í	ǐ	ì
ū	ú	ǔ	ù
ǖ	ǘ	ǚ	ǜ

二、听录音，选择你听到的音节

1. bō   2. nǐ   3. nù   4. gū   5. ná   6. cū
7. zhǔ   8. rè   9. zū   10. sè   11. dǎ   12. jì
13. kù   14. shū   15. pí   16. fó   17. mù   18. mǎ
19. hù   20. shé

三、听录音，把下面的音节填写完整，包括声调

1. bā（八）   dǎ（打）   cā（擦）   chá（茶）
   jī（鸡）   hē（喝）   zì（字）   gē（歌）

2. è（饿）   dú（读）   bǐ（笔）   cí（词）
   dà（大）   chē（车）   bǎ（把）   bù（不）
   chà（差）   chī（吃）   hé（和）   dé（得）

3. māma（妈妈）   bàba（爸爸）   jùzi（句子）
   shūfu（舒服）   kèqi（客气）   zhīshi（知识）

第 1 课　拼音和日常用语（一）

4. fùxí 　（复习）　　chūfā（出发）　　kěshì （可是）
　 kǎchē（卡车）　　lǜsè （绿色）　　shùzì （数字）
　 nǔlì 　（努力）　　bǐrú （比如）　　sùshè （宿舍）
　 zìjǐ 　（自己）　　lìshǐ （历史）　　jìxù 　（继续）
　 chūzūchē（出租车）

日常用语

一、跟着录音朗读

1-9

1. Nǐ hǎo!	你好！	How are you? / How do you do?
2. Xièxie.	谢谢。	Thanks!
3. Bú kèqi.	不客气。	You are welcome. / It's OK.
4. Duìbuqǐ.	对不起。	Sorry.
5. Méi guānxi.	没关系。	It's OK.
6. Zàijiàn!	再见！	Bye!

第2课 拼音和日常用语（二）

13个复韵母

ai	ei	ao	ou
ia	ie	ua	uo	üe
iao	iou (iu)	uai	uei (ui)

一、听录音，选择你所听到的韵母

1. ai　　2. uei (ui)　　3. ou　　4. iao　　5. uo　　6. üe　　7. ia　　8. ei

二、听写

1. ao　　2. ou　　3. ei　　4. ia　　5. ai　　6. ie
7. üe　　8. iao　　9. ua　　10. uo　　11. uei　　12. iou

三、听录音，在合适的字母上标写声调

1. bái　　hǎo　　tóu　　fēi　　duì　　duō
   guā　　zuò　　shuǐ　　jiā　　lèi　　māo
   niǎo　　niú　　què　　zhuā　　cuò　　huài
   xié　　ròu

2. xuéxí　　bǐsài　　búcuò　　huāchá　　fā shāo　　lí kāi
   guójiā　　hǎochī　　huídá　　jiǎozi　　kāfēi　　mèimei
   niúnǎi　　pǎo bù　　shǒubiǎo

第2课　拼音和日常用语（二）

16个鼻音韵母

an	ian	uan	üan
ang	iang	uang	
en	in	uen (un)	üen (ün)
eng	ing	ueng	
ong	iong		

一、朗读

a	ian	an	uan	uang	ao	ang	iang
o	uo	ou	iou	ong	iong	ao	
e	ei	en	eng	uei	uen	ueng	ie
i	ia	ian	ie	iao	iou	in	ing
ji	qi	xi					
zi	ci	si					
zhi	chi	shi	ri				

二、听录音，选择你听到的韵母

1. ang　　2. en　　3. ing　　4. iang　　5. uan

6. ong　　7. uan　　8. ueng　　9. ong　　10. in

三、听录音，把下面的音节填写完整，包括声调

1. tīng　（听）　　　　nán　（男）　　　　hóng　（红）

   lěng　（冷）　　　　zhōng（中）　　　　kùn　（困）

2. ài　　（爱）　　　　cóng　（从）　　　　chàng（唱）

   qián　（钱）　　　　qǐng　（请）　　　　shān　（山）

   shàng（上）　　　　tāng　（汤）　　　　téng　（疼）

   rén　　（人）　　　　qióng（穷）

3. ānjìng（安静）　　　chūntiān（春天）　　bāngzhù（帮助）

chéngshì（城市）	diànhuà（电话）	dāngrán（当然）
fángjiān（房间）	gāoxìng（高兴）	Shànghǎi（上海）
guānxīn（关心）	jiàn miàn（见面）	lǚxíng（旅行）
Běijīng（北京）		

日常用语

一、跟着录音朗读

1. Zǎoshang hǎo!	早上好！	Good morning!
2. Wǎnshang hǎo!	晚上好！	Good evening!
3. Míngtiān jiàn!	明天见！	See you tomorrow!
4. Qǐng jìn!	请进！	Come in, please!
5. Shénme?	什么？	What?
6. Duōshao qián?	多少钱？	How much?

第 3 课 拼音和日常用语（三）

卷舌元音

er

一、跟着录音朗读

1. èr（二）   2. érzi（儿子）   3. nǚ'ér（女儿）

4. érnǚ（儿女）   5. ěrduo（耳朵）   6. érqiě（而且）

儿化韵

huā—huār	hào—hàor
gè—gèr	xiǎohái—xiǎoháir
mén—ménr	gēn—gēnr
shuǐ—shuǐr	gài—gàir
tóu—tóur	xìn—xìnr
zì—zìr	diǎn—diǎnr
píng—píngr	qiú—qiúr

一、跟着录音朗读

1. hàomǎr   fěnmòr   zhǐhér   tǔdòur

    gàn huór   niǎor   huàr

2. pír   jīr   mǐlìr   yǒuqùr

    xiǎo qír

3. qízǐr   cìr   ròusīr   shír

    guǒzhīr

4. xiédàir guǎi wānr fānguǎnr xīménr
   yìdiǎnr bàntiānr mòshuǐr
5. xìnfēngr dànhuángr chóngr
6. jìnr diànyǐngr bīnggùnr

y和w

i—yi	in—yin	ing—ying	
u—wu			
ü—yu	üe—yue	üan—yuan	ün—yun
ia—ya	ie—ye	iao—yao	iou—you
ian—yan	iang—yang	iong—yong	
ua—wa	uo—wo	uai—wai	uei—wei
uan—wan	uen—wen	uang—wang	ueng—weng

一、跟着录音朗读

yīnyuè Yīngyǔ yóu yǒng yuányīn
yǎnyuán yīyuàn wǒmen wǔwèi
wǎnshang wèntí xīnwén lǎowēng
yǐwài yīnwèi wūyún wāyǒng
wāngyáng wèilái

三声变调

nǐ hǎo → ní hǎo

第3课　拼音和日常用语（三）

一、跟着录音朗读

3-8

shǒubiǎo	fǔdǎo	kěyǐ	xiǎojiě
lǎohǔ	yǔsǎn	biǎoyǎn	shuǐguǒ
kǒuyǔ	yěxǔ	yǔfǎ	zhǎnlǎnguǎn

wǒ xiǎng liǎojiě nǐ.　　　　Qǐng nǐ zǎo diǎnr lái.

Gěi wǒ liǎng wǎn mǐfàn.

"一、不" 变调

一、跟着录音朗读，并给其中的"bu"和"yi"标声调

3-9

bù tīng	bù xíng	bù hǎo	búcuò
bù chī	bù nán	bù dǒng	bú yào
yì tiān	yì nián	yì wǎn	yígòng
yì jīn	yìzhí	yìqǐ	yídìng
yìbān	yì máo	yìdiǎnr	yíxiàr

二、听录音，选择你听到的音节

3-10

1. gēnr　　2. huā　　3. kǒuyǔ　　4. bù dǒng　　5. yuànwàng

6. yóu yǒng　　7. yùnqi　　8. yí biàn　　9. Fǎyǔ　　10. yǔyán

三、听录音，把下面的音节填写完整，包括声调

3-11

1. nǎr（哪儿）　　　　zhèr（这儿）　　　　nàr（那儿）

　　guǎi wānr（拐弯儿）　　hǎowánr（好玩儿）　　dōngménr（东门儿）

　　tóur（头儿）　　　　qìshuǐr（汽水儿）　　xiǎoháir（小孩儿）

2. xǐ zǎo（洗澡）　　　suǒyǐ（所以）　　　　fěnbǐ（粉笔）

　　xiǎngfǎ（想法）　　　jiǎnshǎo（减少）　　　dǎoyǎn（导演）

　　lǐxiǎng（理想）　　　děng nǐ（等你）　　　lǐngdǎo（领导）

3. yì bēi shuǐ（一杯水） bú huì（不会） yíqiè（一切）
yí wèi（一位） bù shǎo（不少） bú kèqi（不客气）
búyòng xiè（不用谢） bù gāoxìng（不高兴） yíkuàir（一块儿）
bù guānxīn（不关心） bú guì（不贵） yí ge rén（一个人）

日常用语

 一、跟着录音朗读

1. Míngbai le. 明白了。 I see.
2. Wǒ tīng bu dǒng. 我听不懂。 I don't understand.
3. Qǐng zài shuō yí biàn. 请再说一遍。 Please say it again.
4. Tài guì le! 太贵了！ It's too expensive!
5. Piányi (yì) diǎnr ba! 便宜（一）点儿吧！ A little cheaper.
6. Cèsuǒ zài nǎr? 厕所在哪儿？ Where is the toilet?

第 4 课 你叫什么名字

听说词语

一、听录音，写声调

4-2

1. tā（他）　　　nǐ（你）　　　xué（学）　　　míng（名）
   xìng（姓）　　hǎo（好）　　wǒ（我）　　　lǎo（老）
   liú（留）　　　shì（是）　　bù（不）　　　jiào（叫）

2. lǎoshī（老师）　　　　　　　xuésheng（学生）
   shénme（什么）　　　　　　 míngzi（名字）
   liúxuéshēng（留学生）　　　 Zhōngguó（中国）
   Hànyǔ（汉语）

二、听录音，选择听到的词语

4-3

1. 他　　2. 是　　3. 学　　4. 生　　5. 汉语

三、听录音，选择正确的拼音

4-4

1. 老师　　2. 学生　　3. 什么　　4. 名字　　5. 不客气　　6. 留学生

答案：1. B　　2. A　　3. C　　4. B　　5. A　　6. A

听说句子

一、听录音，填空（可以写拼音）

4-5

1. 你是<u>老师</u>吗？
2. 大卫不是老师，他是<u>留学生</u>。
3. 你叫<u>大卫</u>吗？

11

4. 我不叫大卫，我叫李军。

5. 你学什么？

6. 老师姓什么？

7. 老师姓王，不姓李。

8. 他是李老师，不是王老师。

二、听录音，把听到的句子的序号填到相应的图片下面

1. 他是王老师。　　　　2. 我是中国学生。

3. 大卫是留学生。　　　4. 你好！我是李军。

答案：（1）__2__　（2）__1__　（3）__4__　（4）__3__

三、跟着录音重复句子

1. 你好！／老师好！／早上好！／晚上好！

2. 我是学生，他是老师。

3. 你是王老师吗？

4. 我不是老师，我是留学生。

5. 你是留学生吗？

6. 我不是留学生，是中国学生。

7. 你叫什么名字？

8. 老师姓什么？

9. 他叫李军吗？

10. 他不叫李军，他叫大卫。

五、看图，回答录音中的问题

1. 他是老师吗？

2. 他是留学生吗？

3. 她姓什么？

4. 他是中国学生吗？他叫什么名字？

第4课　你叫什么名字

听说一段话

一、听录音，选择正确答案

[第一段录音]　你叫什么名字

男：你好！我叫李军，你叫什么名字？

Nán: Nǐ hǎo! Wǒ jiào Lǐ Jūn, Nǐ jiào shénme míngzi?

女：你好！我叫玛丽。你是留学生吗？

Nǚ: Nǐ hǎo! Wǒ jiào Mǎlì. Nǐ shì liúxuéshēng ma?

男：不是，我是中国学生。你学什么？

Nán: Bú shì, Wǒ shì Zhōngguó xuésheng. Nǐ xué shénme?

女：我学汉语。

Nǚ: Wǒ xué Hànyǔ.

问：1. 李军是留学生吗？（B）

　　2. 玛丽学汉语吗？（A）

[第二段录音]　他是中国学生吗

男：他是中国学生吗？

Nán: Tā shì Zhōngguó xuésheng ma?

女：不是，他是老师。

Nǚ: Bú shì, Tā shì lǎoshī.

男：他姓什么？

Nán: Tā xìng shénme?

女：他姓王，是王老师。

Nǚ: Tā xìng Wáng, shì Wáng lǎoshī.

问：1. 他是中国学生吗？（B）

　　2. 老师姓什么？（B）

第 5 课　认识你很高兴

听说词语

一、听录音，写声调

5-2

1. rén（人）　　　tā（她）　　　zhè（这）
   nǎ（哪）　　　gè（个）　　　dà（大）
   guó（国）　　　hěn（很）　　　yě（也）

2. nǐmen（你们）　　wǒmen（我们）　　tāmen（他们）
   rènshi（认识）　　gāoxìng（高兴）　　péngyou（朋友）
   Běijīng（北京）　　Zhōngguó（中国）　　Měiguó（美国）
   Hánguó（韩国）　　Yīngguó（英国）　　guójiā（国家）
   dàxué（大学）　　tóngxué（同学）　　tóngwū（同屋）

二、听录音，把下面的音节填写完整，包括声调

5-3

1. tóngxué（同学）　　tāmen（她们）　　nǐmen（你们）
   gāoxìng（高兴）　　hěn hǎo（很好）　　rènshi（认识）
   Zhōngguórén（中国人）

2. dàxué（大学）　　guójiā（国家）　　tóngxuémen（同学们）
   péngyou（朋友）　　tóngwū（同屋）　　nǎ guó rén（哪国人）

三、听录音，选择听到的词语

5-4

1. 人　　2. 个　　3. 很　　4. 好　　5. 同屋　　6. 什么

第 5 课 认识你很高兴

听说句子

一、听录音，填空（可以写拼音）

1. 你是<u>哪国人</u>？
2. 我<u>叫</u>李军，是中国人，你呢？
3. 我是英国人，他们<u>也</u>是英国人。
4. 大卫是我的<u>同学</u>，玛丽<u>也</u>是我的同学。
5. 我<u>们</u>不是中国人，他们<u>也不</u>是中国人。
6. 你<u>的</u>朋友是哪国人？
7. 你是韩国人，你的<u>同屋</u>也是韩国人吗？
8. 我<u>不认识</u>他，你认识吗？

二、听录音，把听到的句子的序号填到相应的图片下面

1. 认识你很高兴。
2. 李军是中国人。
3. 同学们，早上好！
4. 我姓刘，我们的老师也姓刘。
5. 我是美国人，我的同屋也是美国人。

答案：（1） <u>2</u> （2） <u>1</u> （3） <u>5</u> （4） <u>3</u> （5） <u>4</u>

三、跟着录音重复句子

1. 老师好！
2. 同学们好！
3. 你是哪国人？
4. 你们是英国人吗？
5. 我是美国人，你呢？
6. 我叫大卫，认识你很高兴！
7. 他们是留学生，我们也是留学生。
8. 你们不是老师，她们也不是老师。

五、看图，回答录音中的问题

1. 他叫什么名字？他是哪国人？
2. 她是韩国留学生吗？
3. 你认识这个人吗？
4. 他是哪个大学的学生？

答案略。

听说一段话

一、听录音，回答问题

［第一段录音］ 认识你很高兴

玛丽： 大卫，你好！这是我的同学，叫李美。
Mǎlì: Dàwèi, Nǐ hǎo! Zhè shì wǒ de tóngxué, jiào Lǐ Měi.

大卫： 你好，李美！认识你很高兴。
Dàwèi: Nǐ hǎo, Lǐ Měi! Rènshi nǐ hěn gāoxìng.

李美： 我也很高兴。我是韩国留学生，你呢？
Lǐ Měi: Wǒ yě hěn gāoxìng. Wǒ shì Hánguó liúxuéshēng, nǐ ne?

大卫： 我是美国留学生，玛丽是我的好朋友。
Dàwèi: Wǒ shì Měiguó liúxuéshēng, Mǎlì shì wǒ de hǎo péngyou.

问：1. 李美是哪国人？大卫呢？

　　2. 玛丽是大卫的好朋友吗？李美呢？

［第二段录音］ 她是英国人

大卫： 安娜，你认识她吗？
Dàwèi: Ānnà, nǐ rènshi tā ma?

安娜： 认识，她叫丽丽，是我的同学，也是我的同屋。
Ānnà: Rènshi, tā jiào Lìli, shì wǒ de tóngxué, yě shì wǒ de tóngwū.

大卫： 她也是美国人吗？
Dàwèi: Tā yě shì Měiguórén ma?

玛丽： 不是，她是英国人。
Mǎlì: Bú shì, tā shì Yīngguórén.

问：1. 安娜认识丽丽吗？

2. 丽丽是哪国人？

5-11

[第三段录音] 我们是留学生

马克：你们好！我叫马克，是英国人。这是我的好朋友丽丽，她也是英国人。我们是北京大学的留学生，很高兴认识你们！

Mǎkè: Nǐmen hǎo! Wǒ jiào Mǎkè, shì Yīngguórén. Zhè shì wǒ de hǎo péngyou Lìli, tā yě shì Yīngguórén. Wǒmen shì Běijīng Dàxué de liúxuéshēng, hěn gāoxìng rènshi nǐmen!

问：1. 马克是哪个国家的留学生？丽丽呢？

2. 他们是哪个大学的留学生？

第 6 课 这是什么

听说词语

一、听录音，写声调

6-2

1. zhè（这）　　nà（那）　　nǎ（哪）　　shū（书）
   shuí（谁）　　bǐ（笔）　　shuǐ（水）

2. Hànyǔ（汉语）　　Rìyǔ（日语）　　Yīngyǔ（英语）　　Hányǔ（韩语）

3. běnzi（本子）　　jiàoshì（教室）　　shǒujī（手机）
   diànnǎo（电脑）　　shūbāo（书包）

二、听录音，把听到的词语写在相应的图片下面，并大声朗读

6-3

英语书　　汉语书　　本子　　笔　　水
电脑　　手机　　书包　　教室

答案：1. <u>汉语书</u>　　2. <u>书包</u>　　3. <u>英语书</u>　　4. <u>本子</u>　　5. <u>笔</u>

6. <u>水</u>　　7. <u>教室</u>　　8. <u>手机</u>　　9. <u>电脑</u>

听说句子

一、听录音，填空（可以写拼音）

6-4

1. 这是<u>什么</u>?

2. 那是<u>谁</u>?

3. 这是我的<u>好朋友</u>。

4. <u>谁</u>是大卫的<u>同屋</u>?

5. 这是谁的<u>笔</u>?

6. 那是你的<u>手机</u>吗?

第 6 课　这是什么

7. 这是谁的<u>本子</u>？

8. 这不是我的<u>书包</u>。

二、听录音，把听到的句子的序号填到相应的图片下面

6-5

1. 这是我的水。

2. 这是谁的汉语书？

3. 这是我的电脑，不是她的。

4. 他的朋友是日本留学生。

5. 我来介绍一下儿，他们是我的朋友。

答案：（1）<u>　5　</u>　（2）<u>　4　</u>　（3）<u>　2　</u>　（4）<u>　3　</u>　（5）<u>　1　</u>

三、听录音中的问题，选择合适的回答，把相关问题的序号填在括号里

6-6

1. 那是谁的书包？Nà shì shéi de shūbāo?

2. 这是什么书？Zhè shì shénme shū?

3. 你的同屋是哪国人？Nǐ de tóngwū shì nǎ guó rén?

4. 这是你的笔吗？Zhè shì nǐ de bǐ ma?

5. 你的朋友是老师吗？Nǐ de péngyou shì lǎoshī ma?

6. 那个人是谁？Nàge rén shì shéi?

7. 那是什么？Nà shì shénme?

8. 大卫是你的好朋友，玛丽呢？Dàwèi shì nǐ de hǎo péngyou, Mǎlì ne?

答案：（3）（4）（1）（5）（2）（6）（8）（7）

四、跟着录音重复句子

6-7

1. 这是什么书？

2. 那是谁的笔？

3. 那是我们老师的笔。

4. 我不认识他的同屋。

5. 我来介绍一下儿。

6. 这是我朋友的本子。

7. 这是你们的教室吗？

8. 这是他们的教室，那是我们的教室。

19

听力文本及参考答案

听说一段话

一、听录音,选择正确答案

6-8

[第一段录音] 那是什么

玛丽: 大卫,那是什么?

Mǎlì: Dàwèi, nà shì shénme?

大卫: 是书。

Dàwèi: Shì shū.

玛丽: 是什么书?谁的?你的吗?

Mǎlì: Shì shénme shū? Shéi de? Nǐ de ma?

大卫: 是汉语书,不是我的,是我同屋的。

Dàwèi: Shì Hànyǔshū, bú shì wǒ de, shì wǒ tóngwū de.

问:1. 那是什么书?(A)

2. 那是谁的书?(B)

6-9

[第二段录音] 这是谁的手机

女: 马克,这是谁的手机?

Nǚ: Mǎkè, zhè shì shéi de shǒujī?

男: 是大卫的。

Nán: Shì Dàwèi de.

女: 大卫是谁?你认识他吗?

Nǚ: Dàwèi shì shéi? Nǐ rènshi tā ma?

男: 认识,他是我的同学,也是我的好朋友。

Nán: Rènshi, tā shì wǒ de tóngxué, yě shì wǒ de hǎo péngyou.

问:1. 这是谁的手机?(B)

2. 马克认识大卫吗?(A)

[第三段录音] 我来介绍一下儿

大卫： 我叫大卫，我来介绍一下儿，他们是我的同学。这是玛丽，是加拿大人；这是中村，是日本人。我们是很好的朋友。这是我们的教室，我们的教室很大。

Dàwèi： Wǒ jiào Dàwèi, wǒ lái jièshào yíxiàr, tāmen shì wǒ de tóngxué. Zhè shì Mǎlì, shì Jiānádàrén; zhè shì Zhōngcūn, shì Rìběnrén. Wǒmen shì hěn hǎo de péngyou. Zhè shì wǒmen de jiàoshì, wǒmen de jiàoshì hěn dà.

问： 1. 玛丽是哪国人？（A）
　　2. 他们的教室大吗？（B）

第7课 欢迎去我家玩儿

听说词语

一、听录音，把下面的音节填写完整，包括声调

1. zhù（住）　　zài（在）　　nǎr（哪儿）　　jiā（家）
   lǐ（里）　　qù（去）　　wánr（玩儿）　　yuǎn（远）

2. xuéxiào（学校）　　　　　sùshè（宿舍）
   huānyíng（欢迎）　　　　fángjiān（房间）
   gāoxìng（高兴）　　　　　zuǒbian（左边）
   dōngbian（东边）　　　　wàibian（外边）

3. zhuānyè（专业）　　　　　guójì guānxi（国际关系）
   yánjiūshēng（研究生）

二、把听到的词语用拼音或汉字写在图中合适的位置

左边　　　　北边　　　　右边　　　　东边
南边　　　　西边　　　　东南边　　　西北边
西南边　　　东北边　　　里边　　　　外边

听说句子

一、听录音，填空（可以写拼音）

1. 大卫在哪儿？
2. 玛丽的<u>左边</u>是大卫吗？
3. 同学，这儿是留学生<u>宿舍</u>吗？
4. 我家<u>就在</u>学校的东边。

5. 我的朋友是北京大学的研究生。
6. 他住在学校外边。
7. 欢迎你去我家玩儿。
8. 宿舍不远,就在那儿。

二、听录音,把听到的句子的序号填到相应的图片下面

1. 我的朋友在房间里边。
2. 我的笔在电脑的右边。
3. 留学生宿舍就在那儿。
4. 她的右边是她的好朋友。

答案:(1) _2_ (2) _4_ (3) _1_ (4) _3_

三、听录音中的问题,选择合适的回答,把相关问题的序号填在括号里

1. 玛丽的右边是谁?Mǎlì de yòubian shì shéi?
2. 你的同屋也是留学生吗?Nǐ de tóngwū yě shì liúxuéshēng ma?
3. 同学,这儿是留学生宿舍吗?Tóngxué, zhèr shì liúxuéshēng sùshè ma?
4. 你的专业是什么?Nǐ de zhuānyè shì shénme?
5. 你是哪个学校的研究生?Nǐ shì nǎge xuéxiào de yánjiūshēng?
6. 你家在哪儿?远吗?Nǐ jiā zài nǎr? Yuǎn ma?

答案:(2)(5)(6)(1)(4)(3)

四、跟着录音重复句子

1. 欢迎你!
2. 大卫在玛丽的右边。
3. 我的专业是国际关系。
4. 留学生的教室在哪儿?
5. 这儿不是教室,教室在那儿。
6. 手机在教室里。
7. 我来介绍一下儿我们的大学。
8. 我的同屋不在宿舍,她在教室。

听说一段话

一、听录音，回答问题

[第一段录音] 你住在哪儿

女： 大卫，你住在哪儿？

Nǚ： Dàwèi, nǐ zhù zài nǎr?

男： 我住在学校的留学生宿舍里。你呢，玛丽？

Nán：Wǒ zhù zài xuéxiào de liúxuéshēng sùshè li. Nǐ ne, Mǎlì?

女： 我住在学校外边，中国人的家里。

Nǚ： Wǒ zhù zài xuéxiào wàibian, Zhōngguórén de jiā li.

男： 远吗？

Nán：Yuǎn ma?

女： 不远，就在学校的东边。欢迎去我家玩儿！

Nǚ： Bù yuǎn, jiù zài xuéxiào de dōngbian. Huānyíng qù wǒ jiā wánr!

问：1. 大卫住在哪儿？玛丽呢？

　　2. 玛丽的家远吗？

[第二段录音] 这是你的房间吗

女： 大卫，这是你的房间吗？

Nǚ： Dàwèi, zhè shì nǐ de fángjiān ma?

男： 不，这是我朋友的房间。我的房间在左边。

Nán：Bù, zhè shì wǒ péngyou de fángjiān. Wǒ de fángjiān zài zuǒbian.

女： 右边是谁的房间？

Nǚ： Yòubian shì shéi de fángjiān?

男： 右边是马克的房间。

Nán：Yòubian shì Mǎkè de fángjiān.

问：1. 大卫的房间在哪边？

　　2. 右边是谁的房间？

[第三段录音] 她的专业是国际关系

玛丽：我来介绍一下儿，这是张红，我的中国朋友。她是北京大学的研究生，她的专业是国际关系。她的家就在我们学校的东边，她欢迎我们去她家玩儿。我很高兴认识她。

Mǎlì: Wǒ lái jièshào yíxiàr, zhè shì Zhāng Hóng, wǒ de Zhōngguó péngyou. Tā shì Běijīng Dàxué de yánjiūshēng, tā de zhuānyè shì guójì guānxi. Tā de jiā jiù zài wǒmen xuéxiào de dōngbian, tā huānyíng wǒmen qù tā jiā wánr. Wǒ hěn gāoxìng rènshi tā.

问：1. 张红的专业是什么？
2. 张红的家在哪儿？

第 8 课　明天晚上你有时间吗

听说词语

一、听录音，把下面的音节填写完整，包括声调

8-2

1. jǐ（几）　　　　diǎn（点）　　　　fēn（分）
   kè（刻）　　　　chà（差）　　　　yǒu（有）
   shì（事）　　　　shíjiān（时间）　　yìqǐ（一起）
   zhōngwǔ（中午）　shítáng（食堂）　　méiyǒu（没有）

2. shàng（上）　　　xià（下）　　　　shàngwǔ（上午）
   xiàwǔ（下午）　　shàng kè（上课）　xià kè（下课）
   chī fàn（吃饭）　　fǔdǎo（辅导）　　shēngrì（生日）

3. liù（六）　　　　bàn（半）　　　　jiàn（见）
   jīntiān（今天）　　míngtiān（明天）　liǎng diǎn（两点）
   yǒu kè（有课）　　méi shìr（没事儿）　wǎnshang（晚上）

二、按照录音中读的顺序把数字写出来

8-3

1　0　4　3　6　9　2　5　8　7　19　17　15　12　11　13
16　14　18　21　20　28　30　26　37　40　33　45　42　54　50　59
68　77　60　66　99　88　100

三、按照录音中读的顺序在钟表上画出时间

8-4

1:00　　6:30　　9:10　　10:15　　8:45
3:05　　7:40　　5:02　　2:20　　3:25

第 8 课　明天晚上你有时间吗

听说句子

一、听录音，填空（可以写拼音）

8-5
1. 现在<u>几</u>点？
2. 今天<u>上午</u>我有课。
3. 晚上<u>七点半</u>吃饭。
4. 明天晚上我没有<u>时间</u>。
5. 你有什么<u>事儿</u>？
6. <u>下午两点</u>我去见汉语辅导老师。
7. 明天上午你没有课<u>吧</u>？
8. 今天晚上是他的<u>生日</u>，一起吃饭吧？

二、听录音中的问题，选择合适的回答，把相关问题的序号填在括号里

8-6
1. 你明天几点上课？Nǐ míngtiān jǐ diǎn shàng kè?
2. 今天下午你有事儿吗？Jīntiān xiàwǔ nǐ yǒu shìr ma?
3. 中午在哪儿吃饭？Zhōngwǔ zài nǎr chī fàn?
4. 明天晚上八点见。Míngtiān wǎnshang bā diǎn jiàn.
5. 晚上一起去吃饭吧？Wǎnshang yìqǐ qù chī fàn ba?
6. 你有汉语辅导老师吗？Nǐ yǒu Hànyǔ fǔdǎo lǎoshī ma?

答案：（2）（1）（4）（6）（3）（5）

三、跟着录音重复句子

8-7
1. 明天上午你有课吗？
2. 我房间里没有电脑。
3. 晚上没有汉语课。
4. 今天下午五点下课。
5. 家里没有人。
6. 对不起，明天下午我没有时间。
7. 我们一起去吃饭吧？
8. 中午十二点一刻食堂见。

听说一段话

一、听录音，回答问题

[第一段录音] 明天晚上你有时间吗

女： 李军，明天晚上你有时间吗？

Nǚ： Lǐ Jūn, míngtiān wǎnshang nǐ yǒu shíjiān ma?

男： 有啊，什么事儿？

Nán： Yǒu a, shénme shìr?

女： 明天是丽丽的生日，我们一起吃饭吧？

Nǚ： Míngtiān shì Lìli de shēngrì, wǒmen yìqǐ chī fàn ba?

男： 好。几点？在哪儿？

Nán： Hǎo. Jǐ diǎn? Zài nǎr?

女： 晚上六点半，在丽丽的宿舍。

Nǚ： Wǎnshang liù diǎn bàn, zài Lìli de sùshè.

问：1. 李军明天晚上有时间吗？
    2. 明天是谁的生日？
    3. 他们几点在哪儿一起吃饭？

[第二段录音] 你有汉语辅导老师吗

男： 安娜，你有汉语辅导老师吗？

Nán： Ānnà, nǐ yǒu Hànyǔ fǔdǎo lǎoshī ma?

女： 没有，你呢？

Nǚ： Méiyǒu, nǐ ne?

男： 我有一个中国朋友，也是我的汉语辅导老师。

Nán： Wǒ yǒu yí ge Zhōngguó péngyou, yě shì wǒ de Hànyǔ fǔdǎo lǎoshī.

女： 他好吗？

Nǚ： Tā hǎo ma?

男： 他很好。今天下午两点我去见他，你有时间一起去吗？

Nán： Tā hěn hǎo. Jīntiān xiàwǔ liǎng diǎn wǒ qù jiàn tā, nǐ yǒu shíjiān yìqǐ qù ma?

女： 我有时间。谢谢你!
Nǚ： Wǒ yǒu shíjiān. Xièxie nǐ!

问：1. 安娜有汉语辅导老师吗？
　　2. 他们几点去见汉语辅导老师？

8-10

[第三段录音] 明天你有课吗

男： 玛丽，明天你有课吗？
Nán： Mǎlì, míngtiān nǐ yǒu kè ma?
女： 明天上午有课，下午没有课。
Nǚ： Míngtiān shàngwǔ yǒu kè, xiàwǔ méiyǒu kè.
男： 上午几点下课？
Nán： Shàngwǔ jǐ diǎn xià kè?
女： 差十分十点下课，有事儿吗？
Nǚ： Chà shí fēn shí diǎn xià kè, yǒu shìr ma?
男： 没事儿，我十二点下课，中午一起吃饭吧？
Nán： Méi shìr, wǒ shí'èr diǎn xià kè, zhōngwǔ yìqǐ chī fàn ba?
女： 好啊。十二点一刻食堂见。
Nǚ： Hǎo a. Shí'èr diǎn yíkè shítáng jiàn.

问：1. 玛丽明天下午有课吗？
　　2. 玛丽明天几点下课？
　　3. 他们几点去哪儿吃饭？

第 9 课　我们怎么去

听说词语

一、听录音，把拼音写完整

1. 写声调

   hào（号）　　　zuò（坐）　　　qí（骑）

   xiàn（线）　　　gěi（给）　　　lóu（楼）

   diànhuà（电话）　　dōngmén（东门）　　wēixìn（微信）

   pángbiān（旁边）

2. 写声母

   hé（和）　　　　　　　　　　jiā（加）

   hàomǎ（号码）　　　　　　　kuàidì（快递）

   zhīdào（知道）　　　　　　　zěnme（怎么）

   bàngōngshì（办公室）　　　　dòngwùyuán（动物园）

   dìtiě（地铁）　　　　　　　　xīngqīliù（星期六）

   fēijī（飞机）　　　　　　　　huǒchē（火车）

   zìxíngchē（自行车）　　　　　chūzūchē（出租车）

3. 写韵母和声调

   nán（男）　　　nǚ（女）　　　gōnggòng qìchē（公共汽车）

   hé（和）　　　diànhuà（电话）　　zěnme qù（怎么去）

   qí chē（骑车）　　zuò chē（坐车）　　zhèyàng ba（这样吧）

二、听录音，写电话号码

1. 62785638　　　2. 010-82768901　　　3. 021-26869035

4. 13651023798　　5. 13120215632　　　6. 15267390347

30

第 9 课　我们怎么去

三、听录音，选择图片并连线
9-4
1. 骑自行车　　　2. 坐地铁　　　3. 坐公共汽车　　　4. 坐飞机
5. 坐出租车　　　6. 坐火车　　　7. 骑马

四、听录音，把听到的词语写到相应的图片下面，并大声朗读
9-5
306号房间　　手机号是13581069822　　地铁　　电话
坐车　　十点十分　　差五分十二点　　九号楼

答案：1. 九号楼　　　　　2. 坐车　　　　　3. 电话
　　　4. 306号房间　　　 5. 十点十分　　　6. 差五分十二点
　　　7. 手机号是13581069822　　8. 地铁

听说句子

一、听录音，填空（可以写拼音）
9-6
1. 星期六你有时间吗？
2. 你们怎么去动物园？
3. 老师的电话号码是62763168。
4. 这是老师办公室的电话。
5. 我可以加一下儿你的微信吗？
6. 我们骑自行车去吧。
7. 我朋友住在旁边的301房间。
8. 我们坐地铁几号线？

二、听录音，如果句子完全一样就在后面画√，如果不一样，把不一样的地方写在句
9-7　子后面
1. 留学生宿舍就在学校的西南边。　　　　　　（西南边）
2. 我的手机号是13436857721，你的呢？　　　（√）
3. 我们星期六上午九点半在学校东门见。　　　（九点半）
4. 我的宿舍在学校里，是9号楼305。　　　　　（305）
5. 我有他的微信号，没有他的手机号。　　　　（√）

三、听录音中的问题，选择合适的回答，把相关问题的序号填在括号里

1. 这个快递是你的吗？Zhège kuàidì shì nǐ de ma?
2. 你的手机号码是多少？Nǐ de shǒujī hàomǎ shì duōshao?
3. 我们怎么去动物园？Wǒmen zěnme qù dòngwùyuán?
4. 你明天晚上有时间吗？Nǐ míngtiān wǎnshang yǒu shíjiān ma?
5. 明天下午我们在哪儿见？Míngtiān xiàwǔ wǒmen zài nǎr jiàn?
6. 这是你家里的电话号码吗？Zhè shì nǐ jiā li de diànhuà hàomǎ ma?

答案：（2）（1）（6）（3）（4）（5）

四、跟着录音重复句子

1. 你有微信吗？
2. 老师不在办公室。
3. 这个星期六上午我没有时间。
4. 你坐四号线地铁来吧。
5. 晚上7点我们学校东门见。
6. 我不知道老师的手机号。

听说一段话

一、听录音，选择正确答案

［第一段录音］ 我们怎么去

女： 大卫，我和安娜星期六上午去动物园，你有时间一起去吗？

Nǚ： Dàwèi, wǒ hé Ānnà xīngqīliù shàngwǔ qù dòngwùyuán, nǐ yǒu shíjiān yìqǐ qù ma?

男： 有时间。我们怎么去？骑自行车吗？

Nán： Yǒu shíjiān. Wǒmen zěnme qù? Qí zìxíngchē ma?

女： 不，坐地铁吧，地铁四号线。

Nǚ： Bù, zuò dìtiě ba, dìtiě sì hào xiàn.

男： 好。我们几点在哪儿见呢？

Nán：Hǎo. Wǒmen jǐ diǎn zài nǎr jiàn ne?

女： 九点在学校东门见。

Nǚ： Jiǔ diǎn zài xuéxiào dōngmén jiàn.

问：1. 他们星期六去哪儿玩儿？（B）

　　2. 他们怎么去？（A）

　　3. 他们几点在哪儿见？（B）

[第二段录音] 问电话号码

男： 玛丽，你有李老师的电话号码吗？

Nán：Mǎlì, nǐ yǒu Lǐ lǎoshī de diànhuà hàomǎ ma?

女： 有，他办公室的电话号码是62572305。

Nǚ： Yǒu, tā bàngōngshì de diànhuà hàomǎ shì liù èr wǔ qī èr sān líng wǔ.

男： 他不在办公室。你有他的手机号吗？

Nán：Tā bú zài bàngōngshì. Nǐ yǒu tā de shǒujīhào ma?

女： 我没有老师的手机号。我有他的微信号。

Nǚ： Wǒ méiyǒu lǎoshī de shǒujīhào. Wǒ yǒu tā de wēixìnhào.

男： 那我加一下儿他的微信吧。

Nán：Nà wǒ jiā yíxiàr tā de wēixìn ba.

问：1. 62572305是李老师的什么号码？（C）

　　2. 李老师在哪儿？（C）

　　3. 玛丽有李老师的什么号码？（B）

[第三段录音] 送快递

男： 喂，您好！我是快递，您在家吗？

Nán：Wèi, nín hǎo! Wǒ shì kuàidì, nín zài jiā ma?

女： 我不在家，在外边。

Nǚ： Wǒ bú zài jiā, zài wàibian.

男： 下午您在吗？

Nán：Xiàwǔ nín zài ma?

女： 下午也不在。这样吧，我朋友住在旁边的306房间，她在呢。你给她吧。

Nǚ： Xiàwǔ yě bú zài. Zhèyàng ba, wǒ péngyou zhù zài pángbiān de sān líng liù fángjiān, tā zài ne. Nǐ gěi tā ba.

男： 好的。

Nán： Hǎo de.

问：1. 男的是谁？（B）

2. 女的在哪儿？（C）

3. 朋友住在几号房间？（A）

第 10 课　西瓜怎么卖

听说词语

一、听录音，把拼音写完整

10-2

1. 写声调

   mǎi（买）　　　　mài（卖）　　　　qián（钱）

   kuài（块）　　　　máo（毛）　　　　fēn（分）

   píngguǒ（苹果）　xiāngjiāo（香蕉）　miànbāo（面包）

   niúnǎi（牛奶）　　fù（付）　　　　　xiànjīn（现金）

   shuā kǎ（刷卡）　 sǎo wēixìn（扫微信）

2. 写声母

   zài（再）　　　　píng（瓶）　　　　shīfu（师傅）

   píjiǔ（啤酒）　　xīguā（西瓜）　　　mǎi xiāngjiāo（买香蕉）

   kāfēi（咖啡）　　duōshao（多少）　　liǎng kuài qián（两块钱）

3. 写韵母和声调

   zài（再）　　　　jīn（斤）　　　　　yìxiē（一些）

   bēi（杯）　　　　kělè（可乐）　　　nǚpéngyou（女朋友）

二、听录音，把听到的词语写在相应的图片下面，并大声朗读

10-3

香蕉　　　面包　　　苹果　　　西瓜　　　咖啡　　　啤酒

服务员　　牛奶　　　现金　　　刷卡　　　扫微信　　可乐

答案：1. 扫微信　　2. 面包　　　3. 苹果　　　4. 现金

　　　5. 香蕉　　　6. 西瓜　　　7. 咖啡　　　8. 牛奶

　　　9. 刷卡　　　10. 啤酒　　 11. 服务员　 12. 可乐

35

听力文本及参考答案

🎧 **三、听录音，写价钱**
10-4
面包：<u>三块二</u>　　　　西瓜：<u>十二块五</u>

牛奶：<u>六块三</u>　　　　水：　<u>一块五</u>

香蕉：<u>十七块零两毛</u>　苹果：<u>六块八毛钱</u>

一共：<u>四十七块五</u>

🎧 **五、听录音，选择图片并连线**
10-5
1. 一杯啤酒　　2. 一瓶啤酒　　3. 一块钱　　4. 两个苹果

5. 半个西瓜　　6. 半杯牛奶　　7. 五瓶牛奶

听说句子

🎧 **一、听录音，填空（可以写拼音）**
10-6
1. 我<u>要</u>一瓶水。

2. 苹果<u>怎么卖</u>？

3. 牛奶<u>和</u>面包一共十六块五。

4. 师傅，香蕉多少钱一<u>斤</u>？

5. 买<u>两</u>瓶啤酒，<u>再</u>买一瓶可乐。

6. <u>这些</u>苹果一共多少钱？

7. 咖啡多少钱<u>一杯</u>？

8. 我没有现金，<u>刷卡</u>吧。

🎧 **二、听录音，如果句子完全一样，就在后面画√，如果不一样，把不一样的地方写在句子后面**
10-7
1. 服务员，请给我一杯咖啡。　　　　　　　（咖啡）

2. 西瓜五块一斤。　　　　　　　　　　　　（√）

3. 这两个人都是我的<u>朋友</u>。　　　　　　　（朋友）

4. 我要买<u>两斤</u>苹果，再买这些香蕉。　　　（两斤苹果）

5. 我扫微信吧，一共多少钱？　　　　　　　（√）

第 10 课　西瓜怎么卖

三、听录音中的问题，选择合适的回答，把相关问题的序号填在括号里

10-8
1. 您要买什么？Nín yào mǎi shénme?
2. 师傅，苹果怎么卖？Shīfu, píngguǒ zěnme mài?
3. 您要几瓶水？Nín yào jǐ píng shuǐ?
4. 您要哪个西瓜？Nín yào nǎge xīguā?
5. 这些可乐多少钱？Zhèxiē kělè duōshao qián?
6. 她是谁？Tā shì shéi?
7. 你付现金吗？Nǐ fù xiànjīn ma?

答案：（3）（4）（1）（6）（2）（7）（5）

四、跟着录音重复句子

10-9
1. 苹果怎么卖？
2. 我要买两斤苹果。
3. 这些书是你的吗？
4. 我在北京有两个好朋友。
5. 你一个人去动物园吗？
6. 西瓜多少钱一斤？
7. 服务员，请给我一杯咖啡。
8. 明天我去买一瓶可乐，再买些啤酒。

听说一段话

一、听录音，选择正确答案

［第一段录音］　买西瓜

10-10

女：　师傅，西瓜怎么卖？
Nǚ：　Shīfu, xīguā zěnme mài?

男：　西瓜两块五一斤，您要多少？
Nán：　Xīguā liǎng kuài wǔ yì jīn, nín yào duōshao?

女：　我要这半个西瓜，多少钱？
Nǚ：　Wǒ yào zhè bàn ge xīguā, duōshao qián?

男： 八斤，二十块。

Nán： bā jīn, èrshí kuài.

女： 给你钱。

Nǚ： Gěi nǐ qián.

问： 1. 西瓜怎么卖？（A）

2. 半个西瓜多少钱？（B）

3. 女的要买多少西瓜？（C）

10-11

［第二段录音］ 我也要一杯咖啡

男： 你要什么？一杯啤酒？

Nán： Nǐ yào shénme? Yì bēi píjiǔ?

女： 我不要酒，要一杯咖啡吧。

Nǚ： Wǒ bú yào jiǔ, yào yì bēi kāfēi ba.

男： 我也要一杯咖啡。服务员，两杯咖啡。

Nán： Wǒ yě yào yì bēi kāfēi. Fúwùyuán, liǎng bēi kāfēi.

服务员： 好，您的两杯咖啡。

Fúwùyuán： Hǎo, nín de liǎng bēi kāfēi.

男： 多少钱？我扫微信吧。

Nán： Duōshao qián? Wǒ sǎo wēixìn ba.

服务员： 好的，二十五块钱一杯，一共五十。

Fúwùyuán： Hǎo de, èrshíwǔ kuài qián yì bēi, yí gòng wǔshí.

问： 1. 他们要几杯咖啡？（B）

2. 一杯咖啡多少钱？（B）

3. 男的怎么付钱？（A）

10-12

［第三段录音］ 再买两大瓶可乐

男： 明天晚上小王和他的女朋友来我们家玩儿。

Nán： Míngtiān wǎnshang Xiǎo Wáng hé tā de nǚpéngyou lái wǒmen jiā wánr.

女： 他们几点来？

Nǚ： Tāmen jǐ diǎn lái?

第10课　西瓜怎么卖

男： 六点。家里没有啤酒吧？

Nán： Liù diǎn. Jiā li méiyǒu píjiǔ ba?

女： 明天上午我去买，买几瓶？

Nǚ： Míngtiān shàngwǔ wǒ qù mǎi, mǎi jǐ píng?

男： 买五瓶吧。再买两大瓶可乐。

Nán： Mǎi wǔ píng ba. Zài mǎi liǎng dà píng kělè.

女： 好，我再买一些苹果和香蕉。

Nǚ： Hǎo, wǒ zài mǎi yìxiē píngguǒ hé xiāngjiāo.

问：1. 明天晚上谁来他们家玩儿？（B）

2. 家里有啤酒吗？（B）

3. 他们要买些什么？（A）

第 11 课 明天天气怎么样

听说词语

一、听录音，把拼音写完整

11-2

1. 写声调

   fēng（风）　　　　yǔ（雨）　　　　yīn（阴）

   qíngtiān（晴天）　　lěng（冷）　　　rè（热）

   tiānqì（天气）　　　jìjié（季节）　　guàng jiē（逛街）

   Chángchéng（长城）

2. 写声母

   dù（度）　　　　　zuì（最）　　　　shuō（说）

   gāo（高）　　　　　Tàiguó（泰国）　　xiàtiān（夏天）

   xǐhuan（喜欢）　　　xiànzài（现在）　　xià xuě（下雪）

3. 写韵母和声调

   cháng（常）　　　　　　　　　　　dàfēng（大风）

   xià yǔ（下雨）　　　　　　　　　　zěnmeyàng（怎么样）

   dōngtiān（冬天）　　　　　　　　　Shèngdàn Jié（圣诞节）

   tiānqì yùbào（天气预报）

二、听录音，把听到的词语写在相应的图片下面，并大声朗读

11-3

下雪　　下大雨　　晴天　　阴天　　下小雨　　有风

答案：1. <u>晴天</u>　　2. <u>下雪</u>　　3. <u>下大雨</u>　　4. <u>下小雨</u>

　　　5. <u>阴天</u>　　6. <u>有风</u>

三、听录音，把每组中声调不同的词语挑出来

11-4

1. 春天　　**夏天**　　秋天　　冬天　　阴天　　刮风

2. 下雨　　下雪　　汉语　　号码　　**预报**　　地铁

3. 天气　　温度　　**零下**　　生日　　吃饭　　专业
4. 房间　　时间　　晴天　　南边　　同屋　　**喜欢**

五、说出下列词语的反义词

1. 夏天 —— <u>冬天</u>　　　2. 冷 —— <u>热</u>　　　3. 晴天 —— <u>阴天</u>
4. 里边 —— <u>外边</u>　　　5. 来 —— <u>去</u>　　　6. 男的 —— <u>女的</u>
7. 上午 —— <u>下午</u>　　　8. 买 —— <u>卖</u>　　　9. 左边 —— <u>右边</u>

听说句子

一、听录音，填空（可以写拼音）

11-5

1. 今天天气很好，<u>不冷</u>不<u>热</u>。
2. 天气预报说，今天下午有<u>雨</u>。
3. 今天<u>最高</u>16度。
4. 北京<u>冬天</u>不常下雨。
5. 明天我们去<u>逛街</u>吧。
6. 我不喜欢<u>夏天</u>，太热了。
7. 天气预报说明天<u>晴天</u>。
8. 外边<u>风</u>很大。

二、听录音，在图中填空

11-6

今天晴天，最高15度，最低10度，不冷。天气预报说，明天有小雨，最高3度，最低零下5度，太冷了。

三、听录音中的问题，选择合适的回答，把相关问题的序号填在括号里

11-7

1. 明天天气怎么样？Míngtiān tiānqì zěnmeyàng?
2. 这里夏天最高多少度？Zhèlǐ xiàtiān zuì gāo duōshao dù?
3. 北京哪个季节最好？Běijīng nǎge jìjié zuì hǎo?
4. 你喜欢逛街吗？Nǐ xǐhuan guàng jiē ma?
5. 你喜欢下雨天吗？Nǐ xǐhuan xiàyǔtiān ma?

6. 北京有几个季节？Běijīng yǒu jǐ ge jìjié?

答案：（2）（1）（4）（5）（6）（3）

四、跟着录音重复句子

1. 外边雨不太大。
2. 我最喜欢晴天。
3. 今天24度，不冷不热。
4. 我不喜欢夏天，太热了。
5. 天气预报说明天有大风。
6. 星期六她常去逛街。
7. 现在是冬天，外边很冷。
8. 秋天是最好的季节。

听说一段话

一、听录音，选择正确答案

［第一段录音］ 明天是晴天

男： 明天天气怎么样？有雨吗？

Nán： Míngtiān tiānqì zěnmeyàng? Yǒu yǔ ma?

女： 没有雨，明天是晴天，天气很好。

Nǚ： Méiyǒu yǔ, míngtiān shì qíngtiān, tiānqì hěn hǎo.

男： 多少度？

Nán： Duōshao dù?

女： 最高32度。我们去逛街吧？

Nǚ： Zuì gāo sānshí'èr dù. Wǒmen qù guàng jiē ba?

男： 我不去，天气太热了。

Nán： Wǒ bú qù, tiānqì tài rè le.

问：1. 明天天气怎么样？（B）

2. 明天多少度？（C）

[第二段录音] 北京的冬天太冷了

女： 圣诞节你去哪儿玩儿？
Nǚ： Shèngdàn Jié nǐ qù nǎr wánr?

男： 我去泰国，你呢？
Nán： Wǒ qù Tàiguó, nǐ ne?

女： 我去澳大利亚，北京的冬天太冷了，现在澳大利亚是夏天，我喜欢。
Nǚ： Wǒ qù Àodàlìyà, Běijīng de dōngtiān tài lěng le, xiànzài Àodàlìyà shì xiàtiān, wǒ xǐhuan.

男： 我也喜欢热的天气。
Nán： Wǒ yě xǐhuan rè de tiānqì.

女： 泰国现在是雨季吗？我不喜欢下雨天。
Nǚ： Tàiguó xiànzài shì yǔjì ma? Wǒ bù xǐhuan xiàyǔtiān.

男： 不是，现在泰国是最好的季节，不太热，也不常下雨。
Nán： Bú shì, xiànzài Tàiguó shì zuì hǎo de jìjié, bú tài rè, yě bù cháng xià yǔ.

问：1. 男的圣诞节去哪儿玩儿？（A）
    2. 澳大利亚现在是什么季节？（B）
    3. 女的喜欢什么天气？（B）

[第三段录音] 明天风很大

这个星期我的好朋友来北京，今天是星期一，天气预报说明天风很大，星期三阴天有雨，星期四天气很好，是晴天，我们打算一起去长城。

Zhège xīngqī wǒ de hǎo péngyou lái Běijīng, jīntiān shì xīngqīyī, tiānqì yùbào shuō míngtiān fēng hěn dà, xīngqīsān yīntiān yǒu yǔ, xīngqīsì tiānqì hěn hǎo, shì qíngtiān, wǒmen dǎsuàn yìqǐ qù Chángchéng.

问：1. 星期几有雨？（C）
    2. 哪天有大风？（B）
    3. 他们哪天去长城？（C）

第 12 课　我正在等公共汽车呢

听说词语

🎧 一、听录音，把拼音写完整

12-2

1. 写声调

   cóng（从）　　　　zuò（做）　　　　dào（到）

   děng（等）　　　　wǎn（晚）　　　　měi tiān（每天）

   chēzhàn（车站）　　gàosu（告诉）　　shàng wǎng（上网）

   yíhuìr（一会儿）

2. 写声母

   gàn（干）　　　　kàn（看）　　　　měi（每）

   zài（在）　　　　piàoliang（漂亮）　xīngqī（星期）

   shíhou（时候）　　gōnggòng qìchē（公共汽车）

3. 写韵母和声调

   xià（下）　　　　wǎng（网）　　　wǎn（晚）

   cóng（从）　　　 dào（到）　　　　dōu（都）

   diànyǐng（电影）　kāishǐ（开始）　 zhèngzài（正在）

   pá shān（爬山）

🎧 二、听录音，把听到的词语写在相应的图片下面，并大声朗读

12-3

上课　　　　做作业　　　等公共汽车　　　看电影

吃苹果　　　爬山　　　　上网

答案：1. <u>看电影</u>　　2. <u>吃苹果</u>　　3. <u>做作业</u>　　4. <u>爬山</u>

　　　5. <u>上课</u>　　　6. <u>上网</u>　　　7. <u>等公共汽车</u>

第12课　我正在等公共汽车呢

三、听录音，把每组中声调不同的词语挑出来

12-4

1. 电影　　上网　　电脑　　**中午**　　汉语　　地铁
2. 告诉　　漂亮　　**时候**　　外边　　右边　　是的
3. **车站**　　作业　　宿舍　　正在　　下课　　教室
4. 每天　　老师　　**时候**　　雨天　　两杯　　手机

四、听录音，判断对错。符合图片内容的打√，不符合的打×

12-5

1. 她们在车站等公共汽车呢。　　（×）
2. 他在上网呢。　　（√）
3. 他们在食堂吃饭呢。　　（×）
4. 他们在爬山呢。　　（√）
5. 她在逛街呢。　　（×）

听说句子

一、听录音，填空（可以写拼音）

12-6

1. 我们<u>正在</u>上课呢。
2. 他每个星期天<u>都</u>去爬山。
3. 我和朋友正在<u>车站</u>等公共汽车呢。
4. 请你告诉老师我晚到<u>一会儿</u>。
5. 星期天他从早上到<u>晚上</u>都在家。
6. 从明天<u>开始</u>每天都有汉语课。
7. 这个星期他每天都给我<u>打电话</u>。
8. 老师说今天没有<u>作业</u>。

二、听录音，在图中分别填上"大卫、安娜、玛丽、迈克和中村"的名字

12-7

　　今天上午有汉语课，休息的时候，大卫在打电话，安娜在吃苹果，玛丽在做作业，迈克在看书，中村在玩儿电脑。他们每个人都很高兴。

三、听录音中的问题，选择合适的回答，把相关问题的序号填在括号里

1. 你在干什么呢？Nǐ zài gàn shénme ne?
2. 明天你什么时候有课？Míngtiān nǐ shénme shíhou yǒu kè?
3. 你们每天都有汉语课吗？Nǐmen měi tiān dōu yǒu Hànyǔkè ma?
4. 你们在哪个教室上课？Nǐmen zài nǎge jiàoshì shàng kè?
5. 今天小王来吗？Jīntiān Xiǎo Wáng lái ma?
6. 我们从哪天开始有电影课？Wǒmen cóng nǎ tiān kāishǐ yǒu diànyǐngkè?

答案：（3）（1）（5）（2）（6）（4）

四、跟着录音重复句子

1. 我在宿舍做作业呢。
2. 我每天都骑自行车去学校。
3. 我很喜欢看电影。
4. 明天10点我在公共汽车站等你。
5. 他每个星期都给家人打电话。
6. 朋友明天从上海坐飞机来北京。
7. 下个星期我们去爬山吧。
8. 我告诉老师今天晚到一会儿。

听说一段话

一、听录音，选择正确答案

[第一段录音] 我在教室呢

男： 喂，安娜，我是大卫。你现在在教室吗？

Nán： Wèi, Ānnà, wǒ shì Dàwèi. Nǐ xiànzài zài jiàoshì ma?

女： 我在教室呢。你在哪儿呢？

Nǚ： Wǒ zài jiàoshì ne. Nǐ zài nǎr ne?

男： 我正在等公共汽车呢。你告诉老师，我今天晚到一会儿。

Nán： Wǒ zhèngzài děng gōnggòng qìchē ne. Nǐ gàosu lǎoshī, wǒ jīntiān wǎn dào yíhuìr.

第12课　我正在等公共汽车呢

女： 好的，等一会儿我告诉老师。
Nǚ： Hǎo de, děng yíhuìr wǒ gàosu lǎoshī.

男： 谢谢你！
Nán：Xièxie nǐ!

女： 不客气。一会儿见。
Nǚ： Bú kèqi. Yíhuìr jiàn.

问：1. 大卫在哪儿给安娜打电话呢？（B）

　　2. 大卫打电话要干什么？（A）

[第二段录音]　我在上网

女： 大卫，你在干什么呢？
Nǚ： Dàwèi, nǐ zài gàn shénme ne?

男： 我在上网呢。
Nán：Wǒ zài shàng wǎng ne.

女： 上网看什么呢？
Nǚ： Shàng wǎng kàn shénme ne?

男： 我在看西山的介绍，西山很漂亮，这个星期我们去爬山吧？
Nán：Wǒ zài kàn Xī Shān de jièshào, Xī Shān hěn piàoliang, zhège xīngqī wǒmen qù pá shān ba?

女： 我从星期一到星期五每天都有课。
Nǚ： Wǒ cóng xīngqīyī dào xīngqīwǔ měi tiān dōu yǒu kè.

男： 那我们星期天去吧。天气预报说，星期六有雨，星期天是晴天。
Nán：Nà wǒmen xīngqītiān qù ba. Tiānqì yùbào shuō, xīngqīliù yǒu yǔ, Xīngqītiān shì qíngtiān.

问：1. 大卫在干什么呢？（C）

　　2. 他们哪天去西山玩儿？（C）

[第三段录音]　今天没有课

安娜：外边正在下雨呢。丽丽，今天你去学校吗？
Ānnà：Wàibian zhèngzài xià yǔ ne. Lìli, jīntiān nǐ qù xuéxiào ma?

丽丽： 去，今天是星期二，我上午有课。你呢，安娜？

Lìli： Qù, jīntiān shì xīngqī'èr, wǒ shàngwǔ yǒu kè. Nǐ ne, Ānnà?

安娜： 我今天没有课，就在宿舍做作业。

Ānnà： Wǒ jīntiān méiyǒu kè, jiù zài sùshè zuò zuòyè.

丽丽： 你每个星期二都没有课吗？

Lìli： Nǐ měi ge xīngqī'èr dōu méiyǒu kè ma?

安娜： 这两个星期没有课，从下个星期开始，每个星期二下午有电影课。

Ānnà： Zhè liǎng ge xīngqī méiyǒu kè, cóng xià ge xīngqī kāishǐ, měi ge xīngqī'èr xiàwǔ yǒu diànyǐngkè.

丽丽： 电影课？太好了。我喜欢看电影。

Lìli： Diànyǐngkè? Tài hǎo le. Wǒ xǐhuan kàn diànyǐng.

问： 1. 安娜今天干什么？（B）

　　 2. 安娜什么时候开始上电影课？（A）

第 13 课 你打算买什么样子的

听说词语

一、听录音，把拼音写完整

13-2
1. 写声调

   bái（白）　　　　hóng（红）　　　　hēi（黑）
   lán（蓝）　　　　yánsè（颜色）　　　piányi（便宜）
   guì（贵）　　　　tǐng（挺）

2. 写声母

   xīn（新）　　　　zhìliàng（质量）　　yīfu（衣服）
   gǒu（狗）　　　　yàoshi（要是）　　　yàngzi（样子）
   zhǒng（种）　　　búguò（不过）　　　dǎsuàn（打算）

3. 写韵母和声调

   jiàn（件）　　　　zhī（只）　　　　　píngmù（屏幕）
   zhǎo（找）　　　　yǒudiǎnr（有点儿）　yìdiǎnr（一点儿）
   hái kěyǐ（还可以）

二、听录音，选择图片并连线

13-3
1. 红笔　　　　　　2. 一只小白狗　　　3. 黑自行车
4. 一件衣服　　　　5. 白色的手机　　　6. 手机屏幕
7. 红色的本子　　　8. 衣服有点儿小

三、听录音，重复短语

13-4
1. 有点儿贵　　　　便宜一点儿
2. 有点儿大　　　　小一点儿
3. 有点儿冷　　　　凉快一点儿

4. 有点儿不舒服   好一点儿
5. 有点儿难   容易一点儿
6. 有点儿远   近一点儿
7. 有点儿不高兴   高兴一点儿
8. 上课有点儿早   晚一点儿

听说句子

13-5

一、听录音，填空（可以写拼音）

1. 那件衣服<u>挺漂亮</u>的。
2. 这个手机的屏幕<u>挺大</u>的。
3. 我喜欢这件衣服的<u>样子</u>。
4. 您要买什么<u>颜色</u>的？
5. 这件衣服<u>有点儿小</u>，有没有<u>大一点儿</u>的？
6. 星期六你<u>打算</u>干什么？
7. <u>要是</u>天气好，我们就去爬山。
8. 这种手机的质量<u>还可以</u>。

13-6

二、听录音，把听到的句子的序号填到相应的图片下面

1. 那件蓝色的衣服挺漂亮的。
2. 上午来找你的是个男的，挺高的。
3. 那只漂亮的小狗是丽丽的。
4. 我不喜欢这个书包的颜色，有点儿黑。

答案：（1）<u>3</u>　（2）<u>1</u>　（3）<u>2</u>　（4）<u>4</u>

13-7

三、听录音中的问题，选择合适的回答，把相关问题的序号填在括号里

1. 你最喜欢什么颜色？Nǐ zuì xǐhuan shénme yánsè?
2. 你的手机是什么颜色的？Nǐ de shǒujī shì shénme yánsè de?
3. 你觉得那件衣服样子怎么样？Nǐ juéde nà jiàn yīfu yàngzi zěnmeyàng?
4. 我新买的这件衣服九百块，怎么样？Wǒ xīn mǎi de zhè jiàn yīfu jiǔbǎi kuài,

50

zěnmeyàng?

5. 你打算买什么样子的手机？Nǐ dǎsuàn mǎi shénme yàngzi de shǒujī?

6. 从学校到地铁站远不远？Cóng xuéxiào dào dìtiězhàn yuǎn bu yuǎn?

答案：（3）（4）（2）（5）（6）（1）

四、跟着录音重复句子

1. 这个手机挺便宜的。
2. 下雨的时候天气有点儿冷。
3. 这件衣服是我新买的。
4. 他买的两件毛衣都是红的。
5. 上午有个女的来找你。
6. 这件衣服的样子是最新的。
7. 这种电脑的质量还可以。
8. 今天我要早一点儿去学校。

听说一段话

一、听录音，选择正确答案

[第一段录音] 这是最新的手机

女： 您好！您看一下儿，这是最新的手机。

Nǚ： Nín hǎo! Nín kàn yíxiàr, zhè shì zuì xīn de shǒujī.

男： 我不太喜欢这个颜色，样子也不太漂亮。

Nán： Wǒ bú tài xǐhuan zhège yánsè, yàngzi yě bú tài piàoliang.

女： 您打算买什么样子的？

Nǚ： Nín dǎsuàn mǎi shénme yàngzi de?

男： 这个手机屏幕有点儿小，有没有大一点儿的？

Nán： Zhège shǒujī píngmù yǒudiǎnr xiǎo, yǒu méiyǒu dà yìdiǎnr de?

女： 有，您看这个怎么样？屏幕很大，有白、红、蓝、黑四种颜色。

Nǚ： Yǒu, nín kàn zhège zěnmeyàng? Píngmù hěn dà, yǒu bái、hóng、lán、hēi sì zhǒng yánsè.

男： 这个挺好，给我一个白的。

Nán： Zhège tǐng hǎo, gěi wǒ yí ge bái de.

问： 1. 男的打算买什么样子的手机？（C）

　　 2. 男的要买什么颜色的手机？（A）

13-10

[第二段录音] 这件衣服多少钱

男： 这件衣服多少钱？

Nán： Zhè jiàn yīfu duōshao qián?

女： 这件388块。你喜欢吗？

Nǚ： Zhè jiàn sānbǎi bāshíbā kuài. Nǐ xǐhuan ma?

男： 样子还可以，不过388块有点儿贵，便宜一点儿吧？

Nán： Yàngzi hái kěyǐ, búguò sānbǎi bāshíbā kuài yǒudiǎnr guì, piányi yìdiǎnr ba?

女： 这衣服质量挺好的，388不贵。要是你买两件，每件350块，怎么样？

Nǚ： Zhè yīfu zhìliàng tǐng hǎo de, sānbǎi bāshíbā bú guì. Yàoshi nǐ mǎi liǎng jiàn, měi jiàn sānbǎi wǔshí kuài, zěnmeyàng?

男： 好吧，那我要两件，一件白的，一件蓝的。

Nán： Hǎo ba, nà wǒ yào liǎng jiàn, yí jiàn bái de, yí jiàn lán de.

问： 1. 男的要买什么颜色的衣服？（C）

　　 2. 两件衣服一共多少钱？（C）

　　 3. 男的买的衣服质量和样子怎么样？（C）

13-11

[第三段录音] 她家有几只小狗

安娜： 丽丽，上午有一个叫李红的找你，你不在。

Ānnà： Lìli, shàngwǔ yǒu yí ge jiào Lǐ Hóng de zhǎo nǐ, nǐ bú zài.

丽丽： 李红？我不认识呀，男的女的？

Lìli： Lǐ Hóng? Wǒ bú rènshi ya, nán de nǚ de?

第13课　你打算买什么样子的

安娜：女的。她说要给你一只小狗。
Ānnà：Nǚ de. Tā shuō yào gěi nǐ yì zhī xiǎo gǒu.

丽丽：啊！对，她是我认识的一个新朋友，她家里有几只小狗。
Lìli：Ā! Duì, tā shì wǒ rènshi de yí ge xīn péngyou, tā jiā li yǒu jǐ zhī xiǎo gǒu.

安娜：她给你的小狗是什么样子的？
Ānnà：Tā gěi nǐ de xiǎo gǒu shì shénme yàngzi de?

丽丽：我也不知道，她告诉我是黑的，挺漂亮的。
Lìli：Wǒ yě bù zhīdào, tā gàosu wǒ shì hēi de, tǐng piàoliang de.

问：1. 李红是什么人？（B）

2. 那只狗是什么样子的？（C）

第 14 课　祝你生日快乐

听说词语

一、听录音，把拼音写完整

14-2

1. 写声调

zhù（祝）　　xiān（先）　　huār（花儿）

lǐwù（礼物）　　zuìjìn（最近）　　zhǔnbèi（准备）

ránhòu（然后）　　fàndiàn（饭店）　　shēngrì（生日）

kuàilè（快乐）

2. 写声母

guò（过）　　tīng（听）　　jìn（近）

sòng（送）　　dàngāo（蛋糕）　　dāngrán（当然）

bàba（爸爸）　　māma（妈妈）　　pàng（胖）

3. 写韵母和声调

zhúyi（主意）　　lǐwù（礼物）　　suǒyǐ（所以）

chàng（唱）　　zánmen（咱们）　　fàndiàn（饭店）

shù（束）　　duìmiàn（对面）　　kǎlā OK（卡拉OK）

二、听录音，把听到的词语写在相应的图片下面，并大声朗读

14-3

1. 生日蛋糕　　2. 送礼物　　3. 一束花儿

4. 唱卡拉OK　　5. 饭店

答案：（1）<u>唱卡拉OK</u>　　（2）<u>饭店</u>　　（3）<u>生日蛋糕</u>

（4）<u>送礼物</u>　　（5）<u>一束花儿</u>

三、听录音，选择图片并连线

14-4

1. 过生日　　2. 准备礼物　　3. 有点儿胖

4. 衣服有点儿小　　5. 送一束花儿　　6. 一个好主意

54

第14课　祝你生日快乐

听说句子

一、听录音，填空（可以写拼音）

14-5
1. 祝你生日<u>快乐</u>！
2. 这是给你的生日<u>礼物</u>。
3. 我最近有点儿<u>胖</u>。
4. 这束<u>花儿</u>太漂亮了。
5. 咱们先吃饭，<u>然后</u>去唱卡拉OK。
6. 这是一个好<u>主意</u>。
7. 那个饭店就在学校南门<u>对面</u>。
8. 下星期六是你的生日，你打算<u>怎么过</u>？

二、听录音，把听到的句子的序号填到相应的图片下面

14-6
1. 这个生日蛋糕好漂亮啊！
2. 这是我送给你的生日礼物。
3. 从上午到下午她都在休息。
4. 这束花儿挺漂亮的。

答案：（1）__4__　（2）__2__　（3）__3__　（4）__1__

三、听录音中的问题，选择合适的回答，把相关问题的序号填在括号里

14-7
1. 你的生日是哪一天？Nǐ de shēngrì shì nǎ yì tiān?
2. 你在干什么呢？Nǐ zài gàn shénme ne?
3. 你说送什么生日礼物好？Nǐ shuō sòng shénme shēngrì lǐwù hǎo?
4. 你喜欢什么颜色的花儿？Nǐ xǐhuan shénme yánsè de huār?
5. 你喜欢唱卡拉OK吗？Nǐ xǐhuan chàng kǎlā OK ma?
6. 周末你打算干什么？Zhōumò nǐ dǎsuàn gàn shénme?

答案：（2）（1）（4）（6）（5）（3）

四、跟着录音重复句子

14-8
1. 明天是我同屋的生日。
2. 最近没有很多作业。

3. 祝你生日快乐!
4. 我要给爸爸妈妈打个电话。
5. 你们先去,我等一会儿就去。
6. 这是送给你的生日礼物。
7. 这个主意挺好的。
8. 朋友过生日的时候,我打算送她一束花儿。

听说一段话

一、听录音,选择正确答案

[第一段录音] 怎么过生日

男: 丽丽,这个星期六是你的生日,你打算怎么过?

Nán: Lìli, zhège xīngqīliù shì nǐ de shēngrì, nǐ dǎsuàn zěnme guò?

女: 我打算先给爸爸妈妈打个电话,然后几个朋友一起吃晚饭。你有时间吗?

Nǚ: Wǒ dǎsuàn xiān gěi bàba māma dǎ ge diànhuà, ránhòu jǐ ge péngyou yìqǐ chī wǎnfàn. Nǐ yǒu shíjiān ma?

男: 当然有时间。几点?在哪儿?

Nán: Dāngrán yǒu shíjiān. Jǐ diǎn? Zài nǎr?

女: 晚上六点半,上海饭店,你知道那儿吗?

Nǚ: Wǎnshang liù diǎn bàn, Shànghǎi Fàndiàn, nǐ zhīdào nàr ma?

男: 知道,就在学校南门对面,挺近的。

Nán: Zhīdào, jiù zài xuéxiào nánmén duìmiàn, tǐng jìn de.

问:1. 丽丽打算怎么过生日?(A)

2. 他们在哪儿吃饭?(C)

[第二段录音] 准备生日礼物

男: 这个星期六是丽丽的生日,我打算给她准备一件生日礼物,不过这个星期我每天都有课,作业也挺多的,没有时间去逛街。我知道丽丽最喜欢花儿,所以我打算从网上买一束花儿送给她。

第14课　祝你生日快乐

Nán： Zhège xīngqīliù shì Lìli de shēngrì, wǒ dǎsuàn gěi tā zhǔnbèi yí jiàn shēngrì lǐwù, búguò zhège xīngqī wǒ měi tiān dōu yǒu kè, zuòyè yě tǐng duō de, méiyǒu shíjiān qù guàng jiē. Wǒ zhīdào Lìli zuì xǐhuan huār, suǒyǐ wǒ dǎsuàn cóng wǎngshàng mǎi yí shù huār sònggěi tā.

问：1. 男的打算干什么？（C）

　　2. 男的打算准备什么生日礼物？（C）

14-11

［第三段录音］　祝你生日快乐

大卫：丽丽，祝你生日快乐！这是送给你的生日礼物。
Dàwèi： Lìli, zhù nǐ shēngrì kuàilè! Zhè shì sònggěi nǐ de shēngrì lǐwù.

丽丽：哇，这花儿太漂亮了！谢谢你，大卫！
Lìli： Wā, zhè huār tài piàoliang le! Xièxie nǐ, Dàwèi!

安娜：生日快乐！这是我们准备的生日蛋糕。
Ānnà： Shēngrì kuàilè! Zhè shì wǒmen zhǔnbèi de shēngrì dàngāo.

丽丽：谢谢你们。不过，我最近有点儿胖，蛋糕要少吃一点儿，你们多吃一点儿。
Lìli： Xièxie nǐmen. Búguò, wǒ zuìjìn yǒudiǎnr pàng, dàngāo yào shǎo chī yìdiǎnr, nǐmen duō chī yìdiǎnr.

大卫：今天是你的生日，多吃一点儿没关系。
Dàwèi： Jīntiān shì nǐ de shēngrì, duō chī yìdiǎnr méi guānxi.

安娜：好，听你的。咱们先吃饭吧，然后去唱卡拉OK，怎么样？
Ānnà： Hǎo, tīng nǐ de. Zánmen xiān chī fàn ba, ránhòu qù chàng kǎlā OK, zěnmeyàng?

丽丽：安娜，这是个好主意。
Lìli： Ānnà, zhè shì ge hǎo zhúyi.

问：1. 大卫送给丽丽什么生日礼物？（A）

　　2. 安娜的主意是什么？（B）

第 15 课 我可以试试吗

听说词语

一、听录音，把拼音写完整

15-2

1. 写声调

   shì（试）　　　　wèn（问）　　　　　zhǐ（只）

   chá（查）　　　　jiē（接）　　　　　kěyǐ（可以）

   ěrjī（耳机）　　　jīchǎng（机场）　　hǎotīng（好听）

   qǐng jià（请假）　Zhōngwén（中文）　dàhào（大号）

2. 写声母

   hái（还）　　　　chuān（穿）　　　　xiānsheng（先生）

   héshì（合适）　　míngbai（明白）　　chàng gē（唱歌）

   bié de（别的）　 zìjǐ（自己）　　　 suànle（算了）

3. 写韵母和声调

   yídìng（一定）　　　shìyījiān（试衣间）　wèntí（问题）

   wèi shénme（为什么）shàng wǎng（上网）　chá（查）

   jiē（接）　　　　　 yánsè（颜色）　　　 zhǐ yǒu（只有）

二、听录音，把听到的词语写在相应的图片下面，并大声朗读

15-3

机场　　试衣间　　耳机　　唱歌　　问问题　　穿衣服

答案：1. 耳机　　2. 试衣间　　3. 唱歌　　4. 穿衣服

　　　5. 问问题　　6. 机场

三、听录音，在下面的词语中迅速圈出听到的词

15-4

请假　　　试试　　　合适　　　好听　　　明白

为什么　　唱歌　　　先生　　　算了　　　自己

58

第15课　我可以试试吗

听说句子

一、听录音，填空（可以写拼音）

1. 这件衣服我可以<u>试试</u>吗？
2. 你穿大号的衣服不太<u>合适</u>，有点儿大。
3. 我下午去<u>机场</u>接一个朋友。
4. 他<u>为什么</u>请假？
5. <u>试衣间</u>在那边。
6. 她唱歌挺<u>好听</u>的。
7. 这件衣服还有<u>别的</u>颜色吗？
8. 要是不知道怎么去那儿，可以<u>查</u>百度。

二、听录音，把听到的句子的序号填到相应的图片下面

1. 我可以试试那件红色的衣服吗？
2. 妈妈坐的飞机十点到北京，我要去机场接她。
3. 他每个星期五下午都去学唱中文歌。
4. 这是我从网上买的耳机，很便宜。
5. 这个问题你自己先上网查查。

答案：（1）<u>4</u>　（2）<u>1</u>　（3）<u>2</u>　（4）<u>5</u>　（5）<u>3</u>

三、听录音中的问题，选择合适的回答，把相关问题的序号填在括号里

1. 我可以试试这件衣服吗？Wǒ kěyǐ shìshi zhè jiàn yīfu ma?
2. 这件衣服还有别的颜色吗？Zhè jiàn yīfu hái yǒu bié de yánsè ma?
3. 没有课的时候你干什么？Méiyǒu kè de shíhou nǐ gàn shénme?
4. 晚上你和我们一起去唱卡拉OK吧？Wǎnshang nǐ hé wǒmen yìqǐ qù chàng kǎlā OK ba?
5. 我不太明白这个问题，你呢？Wǒ bú tài míngbai zhège wèntí, nǐ ne?
6. 你知道他为什么请假吗？Nǐ zhīdào tā wèi shénme qǐng jià ma?

答案：（2）（3）（6）（4）（1）（5）

博雅汉语听说·初级起步篇 I
听力文本及参考答案

四、跟着录音重复句子

1. 你穿这件衣服一定合适。
2. 这个歌挺好听的。
3. 明天的课我可以请假吗?
4. 今天挺冷的,你多穿一些衣服。
5. 他说什么?我不太明白。
6. 明天你可以去机场接我吗?
7. 逛逛街、看看电影是她最喜欢的事儿。
8. 每天他都有很多问题问老师。

六、听录音中的三个短语,然后按照正确的顺序组成一句话,并读出来

1. 接朋友　明天上午　去机场　　（明天上午去机场接朋友。）
2. 今天晚上　看书　在家里　　　（今天晚上在家里看书。）
3. 这件衣服　大　有点儿　　　　（这件衣服有点儿大。）
4. 试试　你可以　这件衣服　　　（你可以试试这件衣服。）
5. 都去唱歌　每个星期六　他和朋友　（他和朋友每个星期六都去唱歌。）
6. 只有　这种手机　一种颜色　　（这种手机只有一种颜色。）

听说一段话

一、听录音,选择正确答案

[第一段录音]　买衣服

女售货员:　　　先生,买衣服吗?
Nǚ shòuhuòyuán: Xiānsheng, mǎi yīfu ma?

男:　　　　　　我先看看,嗯,这件衣服我可以试试吗?
Nán:　　　　　Wǒ xiān kànkan, ng, zhè jiàn yīfu wǒ kěyǐ shìshi ma?

女售货员:　　　当然可以。试衣间在那边,您试试吧。
Nǚ shòuhuòyuán: Dāngrán kěyǐ. Shìyījiān zài nèibian, nín shìshi ba.

第15课　我可以试试吗

男： 这件有点儿小，有大号的吗？
Nán： Zhè jiàn yǒudiǎnr xiǎo, yǒu dàhào de ma?

女售货员： 这件是大号的，您穿一定合适。
Nǚ shòuhuòyuán： Zhè jiàn shì dàhào de, nín chuān yídìng héshì.

男： 这件不大不小很合适，还有别的颜色吗？
Nán： Zhè jiàn bú dà bù xiǎo hěn héshì, hái yǒu bié de yánsè ma?

女售货员： 只有这一种颜色，您要吗？
Nǚ shòuhuòyuán： Zhǐ yǒu zhè yì zhǒng yánsè, nín yào ma?

男： 那就算了。我再看看别的吧。
Nán： Nà jiù suànle. Wǒ zài kànkan bié de ba.

问： 1. 男的开始试的衣服合适不合适？（C）
　　 2. 那件衣服有没有别的颜色？（C）
　　 3. 男的为什么不买那件衣服？（B）

[第二段录音] 我要去机场接他

15-11

男： 老师，明天上课我可以请假吗？
Nán： Lǎoshī, míngtiān shàng kè wǒ kěyǐ qǐng jià ma?

女： 为什么呢？
Nǚ： Wèi shénme ne?

男： 明天我妈妈来北京，我要去机场接她。
Nán： Míngtiān wǒ māma lái Běijīng, wǒ yào qù jīchǎng jiē tā.

女： 好，那你去吧。明天我们学新课，你自己先看看书，要是有问题就问我。
Nǚ： Hǎo, nà nǐ qù ba. Míngtiān wǒmen xué xīn kè, nǐ zìjǐ xiān kànkan shū, yàoshi yǒu wèntí jiù wèn wǒ.

男： 好的，谢谢老师。
Nán： Hǎo de, xièxie lǎoshī.

问：1. 男的为什么找老师？（A）
　　2. 男的明天去干什么？（B）

［第三段录音］ 我在听歌呢

男： 丽丽，你在听什么呢？我可以听听吗？

Nán： Lìli, nǐ zài tīng shénme ne? Wǒ kěyǐ tīngting ma?

女： 我在听歌呢，给你一个耳机，你听听，好听吗？

Nǚ： Wǒ zài tīng gē ne, gěi nǐ yí ge ěrjī, nǐ tīngting, hǎotīng ma?

男： 挺好听的，不过这是中文歌，我不太明白。

Nán： Tǐng hǎotīng de, búguò zhè shì Zhōngwéngē, wǒ bú tài míngbai.

女： 我也不太明白。明天我去问问中国朋友。

Nǚ： Wǒ yě bú tài míngbai. Míngtiān wǒ qù wènwen Zhōngguó péngyou.

男： 你知道歌的名字吗？我上网查查就明白了。

Nán： Nǐ zhīdào gē de míngzi ma? Wǒ shàng wǎng chácha jiù míngbai le.

女： 好主意。

Nǚ： Hǎo zhúyi.

问： 1. 女的在干什么呢？（A）

　　2. 他们听的歌怎么样？（B）

　　3. 男的打算干什么？（A）

第 16 课　来一斤饺子

听说词语

🎧 一、听录音，把拼音写完整

16-2

1. 写声调

   shítáng（食堂）　　bāozi（包子）　　miàntiáor（面条儿）
   jiǎozi（饺子）　　　fèn（份）　　　　liǎng（两）
   zuòwèi（座位）　　　zhūròu（猪肉）　　báicài（白菜）
   guānglín（光临）　　càidān（菜单）

2. 写声母

   lí（离）　　　　　duō（多）　　　　wèidao（味道）
   běifāng（北方）　　mǐfàn（米饭）　　diǎn cài（点菜）
   zhèr（这儿）　　　miànshí（面食）　jīròu（鸡肉）
   búcuò（不错）

3. 写韵母和声调

   wèi（位）　　　　hǎochī（好吃）　　nánfāng（南方）
   mógu（蘑菇）　　 xiànr（馅儿）　　 fànguǎnr（饭馆儿）
   huānyíng（欢迎）　bàn fèn（半份）　　fúwùyuán（服务员）

🎧 二、听录音，把听到的词语写在相应的图片下面，并大声朗读

16-3

包子　　面条儿　　座位　　猪肉　　白菜　　服务员　　点菜　　菜单

答案：1. <u>白菜</u>　　2. <u>包子</u>　　3. <u>菜单</u>　　4. <u>点菜</u>
　　　5. <u>座位</u>　　6. <u>面条儿</u>　7. <u>猪肉</u>　　8. <u>服务员</u>

三、听录音,在下面的词语中迅速圈出听到的词

食堂　　好吃　　味道　　蘑菇　　南方
北方　　菜单　　米饭　　座位　　鸡肉

四、听录音,填量词并与图片连线

一份饭菜　　两位朋友　　一块面包　　一碗米饭
三种面包　　一个面包　　二两饺子

六、说出下列词语的反义词

1. 远 —— 近
2. 多 —— 少
3. 这儿 —— 那儿
4. 胖 —— 瘦
5. 接 —— 送
6. 北方 —— 南方

听说句子

一、听录音,填空(可以写拼音)

1. 这是我最喜欢的味道。
2. 中国北方人过春节的时候吃饺子。
3. 南方人更喜欢吃米饭。
4. 他喜欢吃猪肉白菜馅儿的包子。
5. 面条儿啦、包子啦、饺子啦,都挺好吃的。
6. 二位现在点菜吗?
7. 那个饭店离这儿不远。
8. 给我们来二两饺子。

二、听录音,把听到的句子的序号填到相应的图片下面

1. 地铁上有很多座位。
2. 我要三个猪肉白菜馅儿的包子。
3. 中国北方人喜欢吃面食。
4. 您好!欢迎光临,里边请。
5. 这是菜单,您看看,点点儿什么?

答案:　(1) 2　　(2) 1　　(3) 5　　(4) 4　　(5) 3

第16课　来一斤饺子

三、听录音中的问题，选择合适的回答，把相关问题的序号填在括号里

16-8
1. 欢迎光临，里边请，您几位？Huānyíng guānglín, lǐbian qǐng, nín jǐ wèi?
2. 今天你想吃点儿什么？Jīntiān nǐ xiǎng chīdiǎnr shénme?
3. 这个菜的味道怎么样？Zhège cài de wèidao zěnme yàng?
4. 你早饭常吃什么？Nǐ zǎofàn cháng chī shénme?
5. 明天咱们去逛逛街吧？Míngtiān zánmen qù guàngguang jiē ba?
6. 那个饭店离这儿远不远？Nàge fàndiàn lí zhèr yuǎn bu yuǎn?
7. 你们喝点儿什么？Nǐmen hēdiǎnr shénme?
8. 你们现在点菜吗？Nǐmen xiànzài diǎn cài ma?

答案：（2）（4）（1）（8）（3）（7）（6）（5）

四、跟着录音重复句子

16-9
1. 我每天都在学校食堂吃午饭。
2. 师傅，来一份鸡肉蘑菇，二两米饭。
3. 现在食堂人很多，没有空座位。
4. 服务员，给我们来一斤饺子。
5. 请问，这儿有人吗？
6. 你不是北方人吗？为什么不吃面食？
7. 这儿的包子味道不错。
8. 我先看看菜单，等一会儿再点菜。

六、听录音中的三个短语，然后按照正确的顺序组成一句话，并读出来

16-10
1. 吃饺子　喜欢　北方人　　　（北方人喜欢吃饺子。）
2. 味道　这个菜　挺不错的　　（这个菜味道挺不错的。）
3. 离这儿　车站　有点儿远　　（车站离这儿有点儿远。）
4. 菜单　先看看　我们　　　　（我们先看看菜单。）
5. 都去食堂　他每天　吃午饭　（他每天都去食堂吃午饭。）
6. 三个　我要买　包子　　　　（我要买三个包子。）

听说一段话

一、听录音，选择正确答案

[第一段录音] 我们家常吃面食

（在食堂）

安娜： 李军，你常来这个食堂吃饭吗？
Ānnà： Lǐ Jūn, nǐ cháng lái zhège shítáng chī fàn ma?

李军： 嗯，常来，这个食堂离教室很近。
Lǐ Jūn： Ǹg, cháng lái, zhège shítáng lí jiàoshì hěn jìn.

安娜： 那你告诉我这儿什么最好吃？
Ānnà： Nà nǐ gàosu wǒ zhèr shénme zuì hǎochī?

李军： 好吃的呀，挺多的。包子啦，面条儿啦，饺子啦，味道都不错。
Lǐ Jūn： Hǎochī de ya, tǐng duō de. Bāozi la, miàntiáor la, jiǎozi la, wèidao dōu búcuò.

安娜： 你不是南方人吗？南方人不是都喜欢吃米饭吗？
Ānnà： Nǐ bú shì nánfāngrén ma? Nánfāngrén bú shì dōu xǐhuan chī mǐfàn ma?

李军： 我家在南方，不过我妈妈是北方人。我们家常吃面食。
Lǐ Jūn： Wǒ jiā zài nánfāng, búguò wǒ māma shì běifāngrén. Wǒmen jiā cháng chī miànshí.

问：1. 李军为什么常来这个食堂吃饭？（A）
　　2. 李军的妈妈是哪儿的人？（B）
　　3. 李军最喜欢吃什么？（B）

[第二段录音] 点菜

（在食堂）

安娜： 师傅，来一份蘑菇，半份鸡肉，二两米饭。
Ānnà： Shīfu, lái yí fèn mógu, bàn fèn jīròu, èr liǎng mǐfàn.

师傅： 一共十二块五。刷卡吧。
Shīfu： Yígòng shí'èr kuài wǔ. Shuā kǎ ba.

安娜： 谢谢。
Ānnà： Xièxie.

（安娜在食堂里找座位）

安娜： 同学，这儿有人吗？
Ānnà： Tóngxué, zhèr yǒu rén ma?

同学： 对不起，这儿有人。
Tóngxué： Duìbuqǐ, zhèr yǒu rén.

大卫： 哎，安娜，这儿有一个座位。
Dàwèi： Āi, Ānnà, zhèr yǒu yí ge zuòwèi.

问：1. 安娜要买多少米饭？（B）

　　2. 安娜买的饭一共多少钱？（C）

[第三段录音] 先看看菜单

（在饭馆儿）

服务员： 欢迎光临！您几位？
Fúwùyuán： Huānyíng guānglín! Nín jǐ wèi?

大卫： 两个人。
Dàwèi： Liǎng ge rén.

服务员： 请坐这儿吧。这是菜单。现在点菜吗？
Fúwùyuán： Qǐng zuò zhèr ba. Zhè shì càidān. Xiànzài diǎn cài ma?

大卫： 等一会儿，我们先看看菜单。玛丽，你吃什么？
Dàwèi： Děng yíhuìr, wǒmen xiān kànkan càidān. Mǎlì, nǐ chī shénme?

玛丽： 我要一个鸡肉蘑菇面。你呢？
Mǎlì： Wǒ yào yí ge jīròu mógu miàn. Nǐ ne?

大卫： 这儿的饺子味道很好，咱们来一份饺子吧？
Dàwèi： Zhèr de jiǎozi wèidao hěn hǎo, zánmen lái yí fèn jiǎozi ba?

玛丽： 好的，要什么馅儿的？
Mǎlì： Hǎo de, yào shénme xiànr de?

大卫： 当然是猪肉白菜馅儿的。你不是也喜欢吃这种馅儿吗？
Dàwèi： Dāngrán shì zhūròu báicài xiànr de. Nǐ bú shì yě xǐhuan chī zhè zhǒng xiànr ma?

玛丽： 服务员，点菜！来一份鸡肉蘑菇面，再来一份猪肉白菜馅儿的饺子。

Mǎlì： Fúwùyuán, diǎn cài! Lái yí fèn jīròu mógu miàn, zài lái yí fèn zhūròu báicài xiànr de jiǎozi.

问：1. 他们几个人一起去吃饭？（A）

2. 他们点了什么？（C）

3. 他们喜欢吃什么馅儿的饺子？（C）

第 17 课　喝茶还是喝咖啡

听说词语

一、听录音，把拼音写完整

17-2

1. 写声调

   bān（搬）　　　　zhù（住）　　　　wǎng（往）

   cháng（尝）　　　cài（菜）　　　　zǒu（走）

   dìfang（地方）　　qǐng jìn（请进）　yǐqián（以前）

   búyòng（不用）　　zuò cài（做菜）

2. 写声母

   lóu（楼）　　　　zuò（坐）　　　　dìfang（地方）

   bān jiā（搬家）　 hóngjiǔ（红酒）　chá（茶）

   huì（会）　　　　bāng máng（帮忙）háishi（还是）

   kàn qilai（看起来）

3. 写韵母和声调

   xíng（行）　　　　máng（忙）　　　zǒu lù（走路）

   zuò cài（做菜）　　dì-yī（第一）　　lùkǒu（路口）

   suíbiàn（随便）　　hē chá（喝茶）　qí chē（骑车）

二、听录音，把听到的词语写在相应的图片下面，并大声朗读

17-3

大楼　　搬家　　做菜　　路口　　走路　　意大利面　　喝茶　　两瓶红酒

答案：1. 搬家　　2. 两瓶红酒　　3. 路口　　4. 走路

　　　5. 喝茶　　6. 大楼　　　　7. 意大利面　8. 做菜

三、听录音，在下面的词语中迅速圈出听到的词

17-4

以前　　地方　　帮忙　　还是　　请进　　随便　　尝尝

喝茶　　不用　　大楼

听说句子

一、听录音，填空（可以写拼音）

17-5

1. 最近他很<u>忙</u>，课很多。
2. 他最近正在忙<u>搬家</u>呢。
3. 从学校到你们的新家<u>怎么走</u>？
4. 请进，<u>随便</u>坐。
5. 你到前边第二个<u>路口</u>往左走。
6. <u>看起来</u>这个菜味道挺不错的。
7. 我现在<u>住的地方</u>离学校很近。
8. 我自己一个人就行，<u>不用</u>帮忙。

二、听录音，把听到的句子的序号填到相应的图片下面

17-6

1. 明明每天走路去学校上课。
2. 往前走，再往右走就是宿舍楼。
3. 我不买衣服，随便看看。
4. 我们最近正忙着搬家呢。
5. 尝尝我做的菜，味道怎么样？

答案：（1）<u>4</u>　（2）<u>1</u>　（3）<u>2</u>　（4）<u>5</u>　（5）<u>3</u>

三、听录音中的问题，选择合适的回答，把相关问题的序号填在括号里

17-7

1. 你喝点儿什么？茶还是咖啡？Nǐ hēdiǎnr shénme? Chá háishi kāfēi?
2. 从这儿到地铁站怎么走？Cóng zhèr dào dìtiězhàn zěnme zǒu?
3. 请问安娜在家吗？Qǐngwèn Ānnà zài jiā ma?
4. 你下星期搬家要不要我帮忙？Nǐ xià xīngqī bān jiā yào bu yào wǒ bāng máng?
5. 你尝尝我做的这个菜味道怎么样？Nǐ chángchang wǒ zuò de zhège cài wèidao

zěnmeyàng?

6. 第一次去朋友家买什么礼物好呢？Dì-yī cì qù péngyou jiā mǎi shénme lǐwù hǎo ne?

7. 你吃饺子还是意大利面？Nǐ chī jiǎozi háishi Yìdàlìmiàn?

8. 你住在哪个楼？Nǐ zhù zài nǎge lóu?

答案：（3）（5）（2）（7）（6）（4）（8）（1）

四、跟着录音重复句子

1. 这是我第一次去中国人家里吃饭。
2. 今天早饭我们吃包子吧。
3. 我只会做意大利面。
4. 这是我给你准备的礼物。
5. 咱们每个人做一个菜，一起吃。
6. 等一会儿你们尝尝我做的菜。
7. 要是有问题就给我打电话。
8. 师傅，我到前面第二个路口下车。

六、听录音中的三个短语，然后按照正确的顺序组成一句话，并读出来

1. 做菜　　我　　不会　　　　　　　（我不会做菜。）
2. 这是　　礼物　　给你的　　　　　（这是给你的礼物。）
3. 有点儿　　我住的地方　　远　　　（我住的地方有点儿远。）
4. 一杯　　请给我　　红酒　　　　　（请给我一杯红酒。）
5. 吃饭　　这个周末　　去朋友家　　（这个周末去朋友家吃饭。）
6. 他最喜欢吃的　　意大利面　　就是（他最喜欢吃的就是意大利面。）

听说一段话

一、听录音，选择正确答案

[第一段录音]　忙搬家

男：安娜，最近忙什么呢？

Nán：Ānnà, zuìjìn máng shénme ne?

女： 忙搬家呢。以前我住的地方离学校太远了.

Nǚ： Máng bān jiā ne. Yǐqián wǒ zhù de dìfang lí xuéxiào tài yuǎn le.

男： 要帮忙吗？

Nán： Yào bāng máng ma?

女： 不用。这个星期六我和玛丽打算请几个朋友来家里玩儿，你有时间吗？

Nǚ： Búyòng. Zhège xīngqīliù wǒ hé Mǎlì dǎsuàn qǐng jǐ ge péngyou lái jiā li wánr, nǐ yǒu shíjiān ma?

男： 星期六一天我都有时间。

Nán： Xīngqīliù yì tiān wǒ dōu yǒu shíjiān.

女： 你会做菜吗？星期六我们每个人都做一个菜，然后一起吃。

Nǚ： Nǐ huì zuò cài ma? Xīngqīliù wǒmen měi ge rén dōu zuò yí ge cài, ránhòu yìqǐ chī.

男： 这是个好主意。不过我不会做菜，我买蛋糕和红酒吧。

Nán： Zhè shì ge hǎo zhúyi. Búguò wǒ bú huì zuò cài, wǒ mǎi dàngāo hé hóngjiǔ ba.

问： 1. 安娜最近在忙什么呢？（A）

　　2. 这个星期六他们打算干什么？（B）

　　3. 星期六他们每个人要干什么？（C）

[第二段录音] 去你家怎么走

17-11

大卫： 喂，安娜吗？我是大卫。我和马克现在在学校，去你家怎么走？

Dàwèi： Wèi, Ānnà ma? Wǒ shì Dàwèi. Wǒ hé Mǎkè xiànzài zài xuéxiào, qù nǐ jiā zěnme zǒu?

安娜： 你们是坐车来还是骑车来？走路也行。

Ānnà： Nǐmen shì zuò chē lái háishi qí chē lái? Zǒu lù yě xíng.

大卫： 我们骑车去。

Dàwèi： Wǒmen qí chē qù.

安娜： 你们从学校南门往左走，在第一个路口，右边有一个蓝色的楼就是我家。

Ānnà： Nǐmen cóng xuéxiào nánmén wǎng zuǒ zǒu, zài dì-yī ge lùkǒu, yòubian yǒu yí ge lánsè de lóu jiù shì wǒ jiā.

大卫： 好的，咱们一会儿见。
Dàwèi: Hǎo de, zánmen yíhuìr jiàn.

安娜： 要是有问题就给我打电话。
Ānnà: Yàoshi yǒu wèntí jiù gěi wǒ dǎ diànhuà.

问：1. 大卫和马克打算怎么去安娜家？（B）

　　2. 安娜的家在哪儿？（B）

17-12

[第三段录音] 你们尝尝

（大卫敲门）

安娜： 大卫，马克，请进！随便坐。
Ānnà: Dàwèi, Mǎkè, qǐng jìn! Suíbiàn zuò.

大卫： 这是我买的蛋糕，两瓶红酒。
Dàwèi: Zhè shì wǒ mǎi de dàngāo, liǎng píng hóngjiǔ.

马克： 这是我做的菜。不知道好不好吃，一会儿你们尝尝。
Mǎkè: Zhè shì wǒ zuò de cài. Bù zhīdào hǎo bu hǎochī, yíhuìr nǐmen chángchang.

安娜： 嗯，看起来就好吃。谢谢你们！喝点儿什么？茶还是咖啡？
Ānnà: Ǹg, kàn qilai jiù hǎochī. Xièxie nǐmen! Hēdiǎnr shénme? Chá háishi kāfēi?

大卫： 随便，都可以。玛丽呢？
Dàwèi: Suíbiàn, dōu kěyǐ. Mǎlì ne?

安娜： 玛丽在做意大利面呢。
Ānnà: Mǎlì zài zuò Yìdàlìmiàn ne.

马克： 我去看看，我最喜欢吃的就是意大利面。
Mǎkè: Wǒ qù kànkan, wǒ zuì xǐhuan chī de jiù shì Yìdàlìmiàn.

问：1. 什么不是男的准备的东西？（B）

　　2. 玛丽在干什么呢？（C）

第 18 课　今天我七点半就起床了

听说词语

一、听录音，把拼音写完整

18-2

1. 写声调

   è（饿）　　　　　zhēn（真）　　　　　kěshì（可是）
   yuè（月）　　　　shēntǐ（身体）　　　yǒude（有的）
   děi（得）　　　　xíguàn（习惯）　　　bīng shuǐ（冰水）
   gǎi（改）　　　　shuì jiào（睡觉）

2. 写声母

   duō（多）　　　　xiǎng（想）　　　　cái（才）
   shuì（睡）　　　　bǐrú（比如）　　　　gǎi（改）
   yìbān（一般）　　qǐ chuáng（起床）　　hái（还）
   chàbuduō（差不多）

3. 写韵母和声调

   chuáng（床）　　　　cháng（长）　　　　xíguàn（习惯）
   shēnghuó（生活）　　jiù（就）　　　　　yǐjīng（已经）
   zǎo shuì zǎo qǐ（早睡早起）　　duō cháng shíjiān（多长时间）

二、听录音，在下面的词语中迅速圈出听到的词

18-3

| 比如 | 习惯 | 以后 | 生活 | 起床 | 早饭 | 一般 |
| 不饿 | 九月 | 睡觉 | 可是 | 多长 | 已经 | |

74

第18课　今天我七点半就起床了

三、听录音中的问题，选择合适的回答，把相关问题的序号填在括号里

18-4
1. 他什么时候起床？　　2. 你晚了多长时间？　　3. 你想喝点儿什么？

4. 现在几点了？　　5. 这本书多少钱？

答案：（2）（1）（5）（3）（4）

五、说出下列词语的反义词

1. 以前 —— 以后　　2. 起床 —— 睡觉　　3. 上个月 —— 下个月

4. 往左 —— 往右　　5. 热水 —— 冰水　　6. 早睡早起 —— 晚睡晚起

听说句子

一、听录音，填空（可以写拼音）

18-5
1. 他晚上九点就睡觉了。

2. 北方人喜欢吃的面食，比如说包子啦、饺子啦都很好吃。

3. 他已经习惯了早睡早起。

4. 明天早上八点有课，我得早一点儿起床。

5. 这儿的东西有的贵，有的便宜。

6. 不吃早饭对身体不太好。

7. 我早上想多睡一会儿，所以没时间吃早饭。

8. 请给我一杯冰水。

二、听句子，选择正确的回答

18-6
1. （A）来中国以后，生活习惯了吗？

2. （C）明天上午咱们一起去玩儿吧？

3. （B）我习惯喝冰水，不习惯喝热水。

4. （C）今天上课老师说的你都明白了吗？

三、听录音中的问题，选择合适的回答，把相关问题的序号填在括号里

18-7
1. 你来北京多长时间了？Nǐ lái Běijīng duō cháng shíjiān le?

2. 最近你的身体怎么样？Zuìjìn nǐ de shēntǐ zěnmeyàng?

3. 你已经习惯这儿的生活了吗？Nǐ yǐjīng xíguàn zhèr de shēnghuó le ma?

4. 你为什么不吃早饭？Nǐ wèi shénme bù chī zǎofàn?

5. 他们家一般几点吃晚饭？Tāmen jiā yìbān jǐ diǎn chī wǎnfàn?

6. 这件事你是不是早就知道了？Zhè jiàn shì nǐ shì bu shì zǎo jiù zhīdào le?

答案：（2）（4）（1）（6）（3）（5）

四、跟着录音重复句子

18-8

1. 你来这儿多长时间了？
2. 他常常晚上十二点才睡觉。
3. 今天的天气真好。
4. 我学汉语已经两个多月了。
5. 他差不多习惯了这儿的生活。
6. 早睡早起对身体很好。
7. 对不起，我来晚了。
8. 不好的习惯得改改。

听说一段话

一、听录音，选择正确答案

[第一段录音] 你吃早饭了吗

18-9

安娜： 大卫，你吃早饭了吗？
Ānnà： Dàwèi, nǐ chī zǎofàn le ma?

大卫： 没有。我一般都不吃早饭。
Dàwèi： Méiyǒu. Wǒ yìbān dōu bù chī zǎofàn.

安娜： 为什么？不吃早饭对身体不好。
Ānnà： Wèi shénme? Bù chī zǎofàn duì shēntǐ bù hǎo.

大卫： 我早上想多睡一会儿，没有时间吃早饭。
Dàwèi： Wǒ zǎoshang xiǎng duō shuì yíhuìr, méiyǒu shíjiān chī zǎofàn.

安娜： 不吃早饭你不饿吗？
Ānnà： Bù chī zǎofàn nǐ bú è ma?

大卫： 已经习惯了。
Dàwèi： Yǐjīng xíguàn le.

安娜： 你这个习惯得改改。
Ānnà： Nǐ zhège xíguàn děi gǎigai.

大卫： 来中国以后，我的习惯已经改了，今天我七点半就起床了，以前我都是九点以后才起床。
Dàwèi： Lái Zhōngguó yǐhòu, wǒ de xíguàn yǐjīng gǎi le, jīntiān wǒ qī diǎn bàn jiù qǐ chuáng le, yǐqián wǒ dōu shì jiǔ diǎn yǐhòu cái qǐ chuáng.

问：1. 大卫为什么一般不吃早饭？（A）
　　2. 大卫今天早上几点起床的？（B）
　　3. 大卫的什么习惯改了？（B）

18-10

[第二段录音] 我已经习惯了

男： 我叫马克，我来中国以后住在中国人家里，已经两个月了。开始的时候真不习惯，比如说他们下午六点就吃晚饭了，十点多就睡觉了，可我习惯晚一点儿吃饭，晚一点儿睡觉。他们工作挺忙的，早上很早就起床了，那时候，我还在睡觉呢。不过他们对我很好，常常给我做很多好吃的，现在我差不多已经习惯了。

Nán： Wǒ jiào Mǎkè, wǒ lái Zhōngguó yǐhòu zhù zài Zhōngguórén jiā li, yǐjīng liǎng ge yuè le. Kāishǐ de shíhou zhēn bù xíguàn, bǐrú shuō tāmen xiàwǔ liù diǎn jiù chī wǎnfàn le, shí diǎn duō jiù shuì jiào le, kě wǒ xíguàn wǎn yìdiǎnr chī fàn, wǎn yìdiǎnr shuì jiào. Tāmen gōngzuò tǐng máng de, zǎoshang hěn zǎo jiù qǐ chuáng le, nà shíhou, wǒ hái zài shuì jiào ne. Búguò tāmen duì wǒ hěn hǎo, chángcháng gěi wǒ zuò hěn duō hǎochī de, xiànzài wǒ chàbuduō yǐjīng xíguàn le.

问：1. 马克在中国人家里住多长时间了？（B）
　　2. 中国人家里一般几点吃晚饭？（A）
　　3. 中国人家里的习惯是什么？（B）

[第三段录音] 有的不习惯

18-11

李军： 玛丽，你来中国多长时间了？
Lǐ jūn： Mǎlì, nǐ lái Zhōngguó duō cháng shíjiān le?

玛丽： 还有一个星期就两个月了。
Mǎlì： Hái yǒu yí ge xīngqī jiù liǎng ge yuè le.

李军： 生活习惯了吧？
Lǐ jūn： Shēnghuó xíguàn le ba?

玛丽： 有的习惯了，有的还不太习惯。
Mǎlì： Yǒude xíguàn le, yǒude hái bú tài xíguàn.

李军： 习惯喝茶了吗？
Lǐ jūn： Xíguàn hē chá le ma?

玛丽： 这个还不太习惯，在美国，我们都习惯喝冰水，可是中国人都喝热水，夏天也喝热水，这个我真不习惯。
Mǎlì： Zhège hái bú tài xíguàn, zài Měiguó, wǒmen dōu xíguàn hē bīng shuǐ, kěshì Zhōngguórén dōu hē rè shuǐ, xiàtiān yě hē rè shuǐ, zhège wǒ zhēn bù xíguàn.

问： 1. 玛丽来中国多长时间了？（C）
    2. 玛丽还不习惯什么？（A）

第 19 课　你又熬夜了

听说词语

一、听录音，把拼音写完整

19-2

1. 写声调

    fā（发）　　　　　huí（回）　　　　　jiǔ（久）

    yòu（又）　　　　xiǎoshí（小时）　　fēnzhōng（分钟）

    zuótiān（昨天）　áo yè（熬夜）　　　bù hǎoyìsi（不好意思）

2. 写声母

    kùn（困）　　　　báitiān（白天）　　yèli（夜里）

    ràng（让）　　　　shàng cì（上次）　 ānjìng（安静）

    juéde（觉得）　　 rènao（热闹）　　　lìhai（厉害）

    lùshang（路上）　 xià cì（下次）

3. 写韵母和声调

    bǐjiào（比较）　　jìxù（继续）　　　hǎoxiàng（好像）

    dǔ chē（堵车）　　chídào（迟到）　　bàn（办）

    qǐng kè（请客）　 hē zuì（喝醉）

二、听录音，把听到的词语写在相应的图片下面

19-3
发微信　　堵车　　喝醉了　　熬夜　　迟到　　太困了

答案：1. 熬夜　　　　2. 发微信　　　3. 太困了

　　　4. 喝醉了　　　5. 迟到　　　　6. 堵车

三、听录音，在下面的词语中迅速圈出听到的词

19-4
堵车　　　分钟　　　熬夜　　　比较　　　安静

热闹　　　继续　　　迟到　　　好像　　　厉害

79

五、说出下列词语的反义词

1. 发信 —— <u>回信</u>
2. 白天 —— <u>夜里</u>
3. 早 —— <u>晚</u>
4. 上次 —— <u>下次</u>
5. 安静 —— <u>热闹</u>

听说句子

一、听录音，填空（可以写拼音）

19-5

1. 你的email我已经<u>回</u>了。
2. 不好意思，<u>让</u>你久等了。
3. 今天路上堵车很<u>厉害</u>，所以来晚了。
4. 每次课只有五十<u>分钟</u>。
5. 昨天我们去了那个饭馆儿，很好吃，今天<u>又</u>去了，明天还想<u>再</u>去。
6. 要是堵车了，<u>怎么办呢</u>？
7. 他喝了不少白酒，<u>好像</u>喝醉了。
8. 咱们坐这儿吧，这儿<u>比较</u>安静。

二、听句子，选择正确的回答

19-6

1. （B）今天你怎么迟到了？
2. （C）你昨天晚上又熬夜了吧？
3. （C）要是你下次再迟到，你说怎么办呢？
4. （B）今天你怎么没来上课？
5. （C）你来点儿红酒还是白酒？

三、听录音中的问题，选择合适的回答，把相关问题的序号填在括号里

19-7

1. 你怎么又熬夜了？Nǐ zěnme yòu áo yè le?
2. 昨天你等了他多长时间？Zuótiān nǐ děngle tā duō cháng shíjiān?
3. 你怎么不坐公共汽车去？Nǐ zěnme bú zuò gōnggòng qìchē qù?
4. 你和辅导老师每个星期见几次？Nǐ hé fǔdǎo lǎoshī měi ge xīngqī jiàn jǐ cì?
5. 明天同学们一起吃饭，谁请客？Míngtiān tóngxuémen yìqǐ chī fàn, shéi qǐng kè?

6. 小张，你今天迟到了。Xiǎo Zhāng, nǐ jīntiān chídào le.

答案：（3）（5）（1）（6）（2）（4）

四、跟着录音重复句子

1. 有事就给我发微信。
2. 常常熬夜对身体不好。
3. 今天路上堵车很厉害。
4. 昨天夜里下了很大的雨。
5. 我们再等他五分钟吧。
6. 那个地方好像很热闹。
7. 咱们找个安静的地方坐一会儿。
8. 老师每次辅导学习一个半小时。

六、听录音中的三个短语，然后按照正确的顺序组成一句话，并读出来

1. 得　　考试以前　　熬夜学习　　（考试以前得熬夜学习。）
2. 请客　　他　　今天　　（他今天请客。）
3. 他喝了　　白酒　　一杯　　（他喝了一杯白酒。）
4. 比较　　他好像　　困　　（他好像比较困。）
5. 迟到了　　我的朋友　　五分钟　　（我的朋友迟到了五分钟。）
6. 等了　　我们　　半个小时　　（我们等了半个小时。）

听说一段话

一、听录音，选择正确答案

[第一段录音]　你又熬夜了

玛丽：　大卫，早上我给你发了微信，你怎么没回？

Mǎlì：　Dàwèi, zǎoshang wǒ gěi nǐ fāle wēixìn, nǐ zěnme méi huí?

大卫：　真不好意思，昨天夜里三点才睡，今天起晚了。

Dàwèi：　Zhēn bù hǎoyìsi, zuótiān yèli sān diǎn cái shuì, jīntiān qǐwǎn le.

玛丽： 你又熬夜了。白天不觉得困吗？

Mǎlì： Nǐ yòu áo yè le. Báitiān bù juéde kùn ma?

大卫： 习惯了，晚上学习比较安静。你找我什么事儿？

Dàwèi： Xíguàn le, wǎnshang xuéxí bǐjiào ānjìng. Nǐ zhǎo wǒ shénme shìr?

玛丽： 张红问咱们今天下午是不是还继续学唱中文歌。

Mǎlì： Zhāng Hóng wèn zánmen jīntiān xiàwǔ shì bu shì hái jìxù xué chàng Zhōngwéngē.

大卫： 继续呀，昨天的歌我还不会唱呢。

Dàwèi： Jìxù ya, zuótiān de gē wǒ hái bú huì chàng ne.

问：1. 大卫早上为什么没回微信？（B）

　　2. 大卫为什么熬夜？（C）

　　3. 女的找大卫有什么事儿？（C）

19-11

[第二段录音]　路上堵车了

安娜： 大卫，你怎么才来？我们等了你二十分钟了。

Ānnà： Dàwèi, nǐ zěnme cái lái? Wǒmen děngle nǐ èrshí fēnzhōng le.

大卫： 安娜，不好意思，让你们久等了。路上堵车很厉害。

Dàwèi： Ānnà, bù hǎoyìsi, ràng nǐmen jiǔ děng le. Lùshang dǔ chē hěn lìhai.

安娜： 上次你迟到了，说要请客，今天你又迟到了，你说怎么办？

Ānnà： Shàng cì nǐ chídào le, shuō yào qǐng kè, jīntiān nǐ yòu chídào le, nǐ shuō zěnme bàn?

大卫： 今天我请你们喝咖啡。

Dàwèi： Jīntiān wǒ qǐng nǐmen hē kāfēi.

安娜： 要是下次再迟到呢？

Ānnà： Yàoshi xià cì zài chídào ne?

大卫： 下次再迟到，我请你们吃饭，吃最好吃的。

Dàwèi： Xià cì zài chídào, wǒ qǐng nǐmen chī fàn, chī zuì hǎochī de.

问：1. 安娜等了大卫多长时间？（B）

　　2. 大卫为什么迟到了？（C）

　　3. 今天大卫迟到了，他打算怎么办？（C）

[第三段录音] 喝一杯怎么样

大卫： 又到周末了，安娜，晚上有时间吗？一起去喝一杯怎么样？
Dàwèi： Yòu dào zhōumò le, Ānnà, wǎnshang yǒu shíjiān ma? Yìqǐ qù hē yì bēi zěnmeyàng?

安娜： 我不会喝酒。
Ānnà： Wǒ bú huì hē jiǔ.

大卫： 没关系，你可以喝别的，去吧，人多热闹。
Dàwèi： Méi guānxi, nǐ kěyǐ hē bié de, qù ba, rén duō rènao.

安娜： 你们打算喝什么？
Ānnà： Nǐmen dǎsuàn hē shénme?

大卫： 李军准备了中国的白酒，好像很厉害，我得尝尝。
Dàwèi： Lǐ Jūn zhǔnbèi le Zhōngguó de báijiǔ, hǎoxiàng hěn lìhai, wǒ děi chángchang.

安娜： 那你一定会喝醉的，大卫。
Ānnà： Nà nǐ yídìng huì hēzuì de, Dàwèi.

问：1. 他们晚上打算干什么？（A）

    2. 谁不会喝酒？（B）

    3. 大卫说什么好像很厉害？（B）

第 20 课　　我想请一天假

听说词语

一、听录音，把拼音写完整

1. 写声调

   liáng（量）　　tǐwēn（体温）　　gǎnmào（感冒）

   hòutiān（后天）　yīyuàn（医院）　　bǔkǎo（补考）

   kèjiān（课间）　　dàifu（大夫）　　zhāng kāi（张开）

   qǐng bìngjià（请病假）

2. 写声母

   gēn（跟）　　bìng（病）　　zuǐ（嘴）

   kāi（开）　　shūfu（舒服）　　fā shāo（发烧）

   néng（能）　　dǎ zhēn（打针）　　qǐng jià（请假）

   rúguǒ（如果）　késou（咳嗽）

3. 写韵母和声调

   xiūxi（休息）　　shùnlì（顺利）　　zuìhǎo（最好）

   kǎo shì（考试）　chī yào（吃药）　　kàn bìng（看病）

   tóuténg（头疼）　fā dīshāo（发低烧）

二、听录音，把听到的词语写在相应的图片下面，并大声朗读

看病　打针　头疼　吃药　医院　张开嘴　大夫　量体温

答案：1. 吃药　　2. 打针　　3. 量体温　　4. 头疼

　　　5. 医院　　6. 看病　　7. 张开嘴　　8. 大夫

第20课　我想请一天假

三、听录音，在下面的词语中迅速圈出听到的词

| 补考 | 课间 | 医院 | 发烧 | 请假 | 感冒 |
| 体温 | 听写 | 吃药 | 顺利 | 大夫 | |

四、听录音，填空

1. 头很<u>疼</u>　　　　2. <u>一</u>次考试　　　　3. <u>没</u>发烧

4. <u>课</u>间休息十分钟　5. 开<u>病</u>假条　　　6. 不<u>能</u>来上课

7. <u>跟</u>老师请假　　　8. <u>最好</u>休息一天

听说句子

一、听录音，填空（可以写拼音）

1. 我想请<u>两天</u>假。
2. 老师说明天有<u>听写</u>考试。
3. 医生开了点儿<u>感冒</u>药。
4. 他<u>量</u>了体温，有点儿低烧。
5. 7月<u>6</u>号我有事不能来上课。
6. 我想<u>课间</u>休息的时候补考。
7. 祝你明天考试<u>顺利</u>。
8. 如果有时间的话，你<u>最好</u>跟他一起去医院。

二、听句子，选择正确的回答

1. （C）你怎么感冒了？
2. （A）一般找谁开病假条？
3. （C）你觉得身体哪儿不舒服？
4. （B）你打算请多长时间假？
5. （C）感冒了应该怎么办？

三、听录音中的问题，选择合适的回答，把相关问题的序号填在括号里

1. 你的身体能爬山吗？Nǐ de shēntǐ néng pá shān ma?

2. 他今天怎么没来上课？Tā jīntiān zěnme méi lái shàng kè?
3. 大夫，要打针吗？Dàifu, yào dǎ zhēn ma?
4. 你打算休息多长时间？Nǐ dǎsuàn xiūxi duō cháng shíjiān?
5. 老师，明天考试我不能来，怎么办？Lǎoshī, míngtiān kǎo shì wǒ bù néng lái, zěnme bàn?
6. 你现在发烧吗？Nǐ xiànzài fā shāo ma?
7. 你怎么了？好像不太舒服。Nǐ zěnme le? Hǎoxiàng bú tài shūfu.
8. 电影什么时候开始？Diànyǐng shénme shíhou kāishǐ?

答案：（3）（1）（7）（8）（2）（6）（5）（4）

四、跟着录音重复句子

1. 他今天不能来上课了。
2. 我跟老师请了两天假。
3. 你最好在家休息一天。
4. 如果发烧的话得打针。
5. 大夫给我开了病假条。
6. 我好像感冒了，头疼，还咳嗽。
7. 课间休息的时候我去买了一杯咖啡。
8. 要是不舒服就去医院看看。

六、听录音中的三个短语，然后按照正确的顺序组成一句话，并读出来

1. 开了药　给他　医生　（医生给他开了药。）
2. 请你　嘴　张开　（请你张开嘴。）
3. 他　看病了　去医院　（他去医院看病了。）
4. 跟你一起去　不能　我　（我不能跟你一起去。）
5. 休息　你最好　两天　（你最好休息两天。）

第20课　我想请一天假

听说一段话

一、听录音，选择正确答案

[第一段录音]　请假

大卫：　老师，明天我想请一天假，我爸妈来北京，我得去机场接他们，可以吗？

Dàwèi：　Lǎoshī, míngtiān wǒ xiǎng qǐng yì tiān jià, wǒ bà mā lái Běijīng, wǒ děi qù jīchǎng jiē tāmen, kěyǐ ma?

老师：　可以。不过明天我们有听写考试，你打算补考吗？大卫。

Lǎoshī：　Kěyǐ. Búguò míngtiān wǒmen yǒu tīngxiě kǎo shì, nǐ dǎsuàn bǔkǎo ma? Dàwèi.

大卫：　那我后天课间休息的时候补考，可以吗？

Dàwèi：　Nà wǒ hòutiān kèjiān xiūxi de shíhou bǔkǎo, kěyǐ ma?

老师：　好的。祝你明天顺利！

Lǎoshī：　Hǎo de。Zhù nǐ míngtiān shùnlì!

大卫：　谢谢老师。

Dàwèi：　Xièxie lǎoshī。

问：1. 大卫为什么请假？（C）

　　2. 大卫想什么时候补考听写？（B）

　　3. 大卫请了多长时间的假？（B）

[第二段录音]　我感冒了

（在医院）

安娜：　大夫，您好！

Ānnà：　Dàifu, nín hǎo!

医生：　你哪儿不舒服？

Yīshēng：　Nǐ nǎr bù shūfu?

安娜：　我好像感冒了。头疼，还有点儿咳嗽。

Ānnà：　Wǒ hǎoxiàng gǎnmào le. Tóuténg, hái yǒudiǎnr késou.

医生： 多长时间了？发烧吗？
Yīshēng: Duō cháng shíjiān le? Fā shāo ma?

安娜： 昨晚觉得不舒服，来以前我量了体温，37度8，有点儿低烧。
Ānnà: Zuówǎn juéde bù shūfu, lái yǐqián wǒ liángle tǐwēn, sānshíqī dù bā, yǒudiǎnr dīshāo.

医生： 张开嘴，我看看。嗯，先给你开点儿药，明天如果还发烧的话，再来打一针。
Yīshēng: Zhāng kāi zuǐ, wǒ kànkan. Ǹg, xiān gěi nǐ kāidiǎnr yào, míngtiān rúguǒ hái fā shāo dehuà, zài lái dǎ yì zhēn.

安娜： 我还能去上课吗？
Ānnà: Wǒ hái néng qù shàng kè ma?

医生： 你最好在家休息休息。我给你开张病假条，休息两天。
Yīshēng: Nǐ zuìhǎo zài jiā xiūxi xiūxi. Wǒ gěi nǐ kāi zhāng bìngjiàtiáo, xiūxi liǎng tiān.

安娜： 谢谢大夫！
Ānnà: Xièxie dàifu!

问： 1. 女的什么时候开始觉得不舒服的？（C）
　　2. 女的发烧了吗？（B）
　　3. 大夫怎么说？（B）
　　4. 大夫给女的开了几天病假？（B）

20-13

［第三段录音］ 我感冒很厉害

（安娜的微信语音留言）

玛丽，我是安娜，真不好意思，今天晚上我不能跟你一起去看电影了。今天我感冒很厉害，早上起床就觉得很不舒服，发了高烧。下午我跟老师请了假，去医院看了大夫，开了一些感冒药，吃了药以后我觉得很困，只想睡觉。你找别的同学去吧。

Mǎlì, wǒ shì Ānnà, zhēn bù hǎoyìsi, jīntiān wǎnshang wǒ bù néng gēn nǐ yìqǐ qù kàn diànyǐng le. Jīntiān wǒ gǎnmào hěn lìhai, zǎoshang qǐ chuáng jiù juéde hěn bù shūfu, fāle gāoshāo. Xiàwǔ wǒ gēn lǎoshī qǐngle jià, qù yīyuàn kànle dàifu, kāile yìxiē gǎnmàoyào, chīle yào yǐhòu wǒ juéde hěn kùn, zhǐ xiǎng shuì jiào. Nǐ zhǎo bié de tóngxué qù ba.

问：1. 安娜想告诉玛丽什么？（C）

2. 安娜现在觉得怎么样？（A）

3. 安娜现在想干什么？（A）

第 21 课   每个人要说多长时间

听说词语

一、听录音,把拼音写完整

21-2

1. 写声调

   xiū（修）　　　　bǐshì（笔试）　　　　jíshì（急事）

   duàn（段）　　　 shuō huà（说话）　　 yǔfǎ（语法）

   kǒuyǔ（口语）　　yīnwèi（因为）　　　 chūzūchē（出租车）

2. 写声母

   nán（难）　　　　xiū（修）　　　　　　tíng（停）

   huài（坏）　　　 bàoqiàn（抱歉）　　　 bāng（帮）

   bùfen（部分）　　háishi（还是）　　　　zhème（这么）

   tíqián（提前）　　chū mén（出门）

3. 写韵母和声调

   fānyì（翻译）　　liàng（辆）　　　　　zháojí（着急）

   suǒyǐ（所以）　　dǎ chē（打车）　　　 yònggōng（用功）

   dǎoméi（倒霉）　　dān xīn（担心）　　 bànlù shang（半路上）

二、听录音,把听到的词语写在相应的图片下面,并大声朗读

21-3

出租车　　堵车　　修自行车　　考笔试　　很着急　　用功

答案：1. 考笔试　　2. 用功　　3. 堵车　　4. 修自行车

　　　5. 出租车　　6. 很着急

三、听录音,在下面的词语中迅速圈出听到的词

21-4

语法　　部分　　堵车　　着急　　用功　　提前

出门　　翻译　　停　　　难　　　笔试　　说话

第 21 课　每个人要说多长时间

四、听录音，填空

21-5

1. 叫一辆出租车　　2. 担心路上堵车　　3. 车坏了
4. 说一段话　　　　5. 有急事　　　　　6. 提前出门
7. 对我来说不难　　8. 这么用功

听说句子

一、听录音，填空（可以写拼音）

21-6

1. 他昨天迟到了二十分钟。
2. 你别着急，再等一会儿。
3. 我用手机叫一辆出租车吧。
4. 这次考试的第一部分比较容易。
5. 我说了三次，他还是不太明白。
6. 请您快一点儿，我有急事。
7. 他们提前半个小时就出门了。
8. 因为堵车，所以来晚了。

二、听句子，选择正确的回答

21-7

1. （A）你今天怎么迟到了一个小时？
2. （B）这车怎么停了？
3. （C）昨天他等了你们多长时间？
4. （A）下个学期你还是在这儿继续学习吗？
5. （B）这是我用汉语写的，你帮我看看语法怎么样？

三、听录音中的问题，选择合适的回答，把相关问题的序号填在括号里

21-8

1. 真抱歉，我迟到了，让你久等了。
2. 今天路上堵车了吗？
3. 你觉得我的口语怎么样？
4. 你的自行车怎么了？
5. 老师说口试考什么？

6. 今天翻译考试的语法难不难？

7. 你的口语真不错！

8. 你怎么提前一个小时就出门了？

答案：（4）（8）（2）（7）（1）（3）（5）（6）

四、跟着录音重复句子

1. 我学了两个月汉语了。
2. 这一段时间他真倒霉。
3. 我等了半个多小时他才来。
4. 请你帮我翻译一下儿这段话。
5. 他打电话说有急事找我。
6. 他出门去修手机了。
7. 来以前请提前告诉我一下儿。
8. 因为堵车，所以来晚了，很抱歉！

六、听录音中的三个短语，然后按照正确的顺序组成一句话，并读出来

1. 每天都　　他　　这么用功　　　　（他每天都这么用功。）
2. 迟到了　　今天　　十分钟　　　　（今天迟到了十分钟。）
3. 提前一个小时　　出门了　　就　　（提前一个小时就出门了。）
4. 多长时间了　　你学汉语　　学了　（你学汉语学了多长时间了？）
5. 半个小时　　从家去学校　　就能到（从家去学校半个小时就能到。）

听说一段话

一、听录音，选择正确答案

[第一段录音]　明天考什么

大卫：安娜，昨天我请假了，没来上课，老师说明天的考试考什么？

Dàwèi: Ānnà, zuótiān wǒ qǐng jià le, méi lái shàng kè, lǎoshī shuō míngtiān de kǎo shì kǎo shénme?

第 21 课　每个人要说多长时间

安娜：　第一部分考口语，每个人说一段话，第二部分笔试。
Ānnà：　Dì-yī bùfen kǎo kǒuyǔ, měi ge rén shuō yí duàn huà, dì-èr bùfen bǐshì.

大卫：　口试每个人要说多长时间？
Dàwèi：　Kǒushì měi ge rén yào shuō duō cháng shíjiān?

安娜：　老师说每个人四到五分钟。
Ānnà：　Lǎoshī shuō měi ge rén sì dào wǔ fēnzhōng.

大卫：　笔试呢？考什么？
Dàwèi：　Bǐshì ne? Kǎo shénme?

安娜：　笔试考语法和翻译，一共一个半小时。
Ānnà：　Bǐshì kǎo yǔfǎ hé fānyì, yígòng yí ge bàn xiǎoshí.

大卫：　不知道考试难不难？
Dàwèi：　Bù zhīdào kǎo shì nán bu nán?

安娜：　大卫，你这么用功，对你来说一定不难。
Ānnà：　Dàwèi, nǐ zhème yònggōng, duì nǐ láishuō yídìng bù nán.

问：1. 明天的考试第一部分考什么？（A）
　　2. 每个人口试考多长时间？（A）
　　3. 笔试考多长时间？（C）

21-12

[第二段录音]　修车

玛丽：　师傅，怎么停车了？
Mǎlì：　Shīfu, zěnme tíng chē le?

师傅：　真抱歉，这车有点儿问题，得修一修。
Shīfu：　Zhēn bàoqiàn, zhè chē yǒudiǎnr wèntí, děi xiū yi xiū.

玛丽：　那怎么办呢？得修多长时间？我们有急事呢。
Mǎlì：　Nà zěnme bàn ne? Děi xiū duō cháng shíjiān? Wǒmen yǒu jíshì ne.

师傅：　最少得十几分钟吧。您要是着急的话，我就再帮您叫一辆车吧。
Shīfu：　Zuì shǎo děi shí jǐ fēnzhōng ba. Nín yàoshi zháojí dehuà, wǒ jiù zài bāng nín jiào yí liàng chē ba.

玛丽：　算了，我自己叫吧。
Mǎlì：　Suànle, wǒ zìjǐ jiào ba.

问：1. 师傅为什么停车了？（A）

2. 女的打算怎么办？（C）

21-13

[第三段录音] 真倒霉

昨天我和安娜去看一个朋友，我们担心路上堵车，所以提前一个小时就出门了，可还是迟到了十几分钟。因为我们坐的出租车半路上坏了，我们在路边等了半个小时才又打了一辆车。你说倒霉不倒霉？

Zuótiān wǒ hé Ānnà qù kàn yí ge péngyou, wǒmen dān xīn lùshang dǔ chē, suǒyǐ tíqián yí ge xiǎoshí jiù chū mén le, kě háishi chídào le shí jǐ fēnzhōng. Yīnwèi wǒmen zuò de chūzūchē bànlù shang huài le, wǒmen zài lùbiān děngle bàn ge xiǎoshí cái yòu dǎle yí liàng chē. Nǐ shuō dǎoméi bu dǎoméi?

问：1. 他们为什么迟到了？（C）

2. 他们迟到了多长时间？（B）

第 22 课　明天你下了课去哪儿

听说词语

一、听录音，把拼音写完整

22-2

1. 写声调

　　yuē（约）　　　　sǐ（死）　　　　lánqiú（篮球）

　　xuǎn（选）　　　ānpái（安排）　　kāi xué（开学）

　　wàng（忘）　　　yóuxì（游戏）　　kāi wánxiào（开玩笑）

　　hǎo jiǔ bú jiàn（好久不见）

2. 写声母

　　bié（别）　　　　yìjiàn（意见）　　jùhuì（聚会）

　　kuài（快）　　　huódòng（活动）　xiàzài（下载）

　　jiànyì（建议）　zhǎnlǎn（展览）　ménkǒu（门口）

　　shēng qì（生气）

3. 写韵母和声调

　　dǎ（打）　　　　gāng（刚）　　　tèbié（特别）

　　zhèyàng（这样）　xiàzài（下载）　yǒu yìsi（有意思）

　　shàng wǎng（上网）　fàng xīn（放心）　liáo tiānr（聊天儿）

二、听录音，把听到的词语写在相应的图片下面，并大声朗读

22-3

打篮球　　聚会　　玩儿游戏　　看展览　　生气　　开学

答案：1. <u>开学</u>　　　2. <u>生气</u>　　　3. <u>聚会</u>

　　　4. <u>玩儿游戏</u>　5. <u>打篮球</u>　6. <u>看展览</u>

95

三、听录音，在下面的词语中迅速圈出听到的词

22-4

| 展览 | 开玩笑 | 活动 | 聚会 | 意见 |
| 门口 | 安排 | 聊天儿 | 特别 | 游戏 |

四、听录音，填空

22-5

1. 打篮球　　　　2. 快开学了　　　　3. 饿死了
4. 开个玩笑　　　5. 刚到学校　　　　6. 约了一个朋友
7. 上网选课　　　8. 别忘了　　　　　9. 这样安排

七　说出下列词语的反义词

1. 因为 —— 所以　　　　2. 放心 —— 担心
3. 迟到 —— 早来　　　　4. 生气 —— 高兴
5. 晚 —— 早　　　　　　6. 口试 —— 笔试
7. 出门 —— 进门　　　　8. 有意思 —— 没意思

听说句子

一、听录音，填空（可以写拼音）

22-6

1. 我们明天下了课去看展览吧。
2. 明天的聚会是这样安排的。
3. 六点半在宿舍门口见面吧。
4. 他刚到北京就来看你了。
5. 我是跟你开玩笑的，你别生气。
6. 你放心吧，他没有意见。
7. 下午马克约我去打篮球呢。
8. 天气这么热，打什么球呀？

二、听句子，选择正确的回答

22-7

1. （A）你昨天去打篮球了吗？
2. （C）周末去爬山的同学还有谁呀？

3. （B）下了课咱们去看展览，怎么样？
4. （C）今天吃了晚饭以后你打算干什么？
5. （C）今天我们宿舍有个聚会，你也来玩儿吧？

三、听录音中的问题，选择合适的回答，把相关问题的序号填在括号里

1. 好久不见，最近好吗？
2. 下了课你去哪儿？
3. 晚上你有什么安排？
4. 你怎么早上又没吃早饭？
5. 要是我不去，他会不会生气？
6. 你对这样的安排有意见吗？
7. 你和大卫约了什么时候见面？
8. 昨天的活动你怎么没去？

答案：（2）（4）（6）（8）（1）（3）（7）（5）

四、跟着录音重复句子

1. 你别开玩笑了。
2. 他吃了早饭就出门了。
3. 刚来的时候我不太习惯这儿的天气。
4. 这个游戏特别有意思。
5. 今晚的聚会有什么活动？
6. 开了学就没时间玩儿了。
7. 我饿死了，下了课就去吃饭。
8. 我约了朋友去看展览。

六、听录音中的三个短语，然后按照正确的顺序组成一句话，并读出来

1. 忘了　他们　开学的时间　　　（他们忘了开学的时间。）
2. 去食堂　下了课　吃午饭　　　（下了课去食堂吃午饭。）
3. 在学校门口　明天下午两点　见面　（明天下午两点在学校门口见面。）
4. 下载了　一段电影　从网上　　（从网上下载了一段电影。）
5. 安排了　聚会　哪些活动　　　（聚会安排了哪些活动？）
6. 约了朋友　这个周末　去看展览　（这个周末约了朋友去看展览。）

听说一段话

一、听录音，选择正确答案

[第一段录音] 你们开学了吗

马克： 嗨，安娜，好久不见。你们开学了吗？
Mǎkè： Hāi, Ānnà, hǎo jiǔ bú jiàn. Nǐmen kāi xué le ma?

安娜： 马克，好久不见。我们开学一个星期了。
Ānnà： Mǎkè, hǎo jiǔ bú jiàn. Wǒmen kāi xué yí ge xīngqī le.

马克： 刚开学，很忙吧？
Mǎkè： Gāng kāi xué, hěn máng ba?

安娜： 对呀，到了学校第二天就考试，然后买书、上网选课，第三天就开始上课了。
Ānnà： Duì ya, dàole xuéxiào dì-èr tiān jiù kǎo shì, ránhòu mǎi shū、shàng wǎng xuǎn kè, dì-sān tiān jiù kāishǐ shàng kè le.

马克： 明天下了课你去哪儿？
Mǎkè： Míngtiān xiàle kè nǐ qù nǎr?

安娜： 对了，昨天我跟大卫见了面，他说他明天下了课一起去吃午饭。你去吗？
Ānnà： Duì le, zuótiān wǒ gēn Dàwèi jiànle miàn, tā shuō tā míngtiān xiàle kè yìqǐ qù chī wǔfàn. Nǐ qù ma?

马克： 好哇。去哪儿吃？
Mǎkè： Hǎo wa. Qù nǎr chī?

安娜： 就在学校门口。中午十二点半，你别忘了。
Ānnà： Jiù zài xuéxiào ménkǒu. Zhōngwǔ shí'èr diǎn bàn, nǐ bié wàng le.

马克： 放心吧。明天中午见。
Mǎkè： Fàng xīn ba. Míngtiān zhōngwǔ jiàn.

问：1. 安娜开学多长时间了？（A）
　　2. 安娜是什么时候开始上课的？（C）
　　3. 他们明天中午一起去干什么？（B）

第22课　明天你下了课去哪儿

[第二段录音]　看展览

安娜：　大卫，下了课咱们去看展览吧。
Ānnà：　Dàwèi, xiàle kè zánmen qù kàn zhǎnlǎn ba.

大卫：　你开什么玩笑？下了课我得去食堂吃饭，我快饿死了。
Dàwèi：　Nǐ kāi shénme wánxiào? Xiàle kè wǒ děi qù shítáng chī fàn, wǒ kuài èsǐ le.

安娜：　你早上又没吃早饭吧？
Ānnà：　Nǐ zǎoshang yòu méi chī zǎofàn ba?

大卫：　是啊，早上起了床就来上课了，哪儿有时间吃早饭？
Dàwèi：　Shì a, zǎoshang qǐle chuáng jiù lái shàng kè le, nǎr yǒu shíjiān chī zǎofàn?

安娜：　吃了午饭你打算干什么？
Ānnà：　Chīle wǔfàn nǐ dǎsuàn gàn shénme?

大卫：　下午马克约我去打篮球呢。
Dàwèi：　Xiàwǔ Mǎkè yuē wǒ qù dǎ lánqiú ne.

安娜：　天气这么热，打什么篮球呀？咱们去看展览吧。
Ānnà：　Tiānqì zhème rè, dǎ shénme lánqiú ya? Zánmen qù kàn zhǎnlǎn ba.

大卫：　要是我不去打篮球，马克会不会生气呀？
Dàwèi：　Yàoshi wǒ bú qù dǎ lánqiú, Mǎkè huì bu huì shēng qì ya?

安娜：　他生什么气呀，你叫他跟我们一起去吧。
Ānnà：　Tā shēng shénme qì ya, nǐ jiào tā gēn wǒmen yìqǐ qù ba.

大卫：　好，我这就给他发个微信问问他。
Dàwèi：　Hǎo, wǒ zhè jiù gěi tā fā ge wēixìn wènwen tā.

问：1. 大卫下了课要先去干什么？（B）
　　2. 大卫今天吃早饭了吗？（B）
　　3. 大卫发微信给马克问什么？（C）

[第三段录音]　聚会

玛丽：　大卫，今天的聚会有哪些活动？
Mǎlì：　Dàwèi, jīntiān de jùhuì yǒu nǎxiē huódòng?

大卫： 我们是这样安排的，吃饭以前大家可以上上网、聊聊天儿，吃了饭以后玩儿游戏。最后我还准备了一个很有意思的电影。你觉得怎么样，有没有意见？

Dàwèi: Wǒmen shì zhèyàng ānpái de, chī fàn yǐqián dàjiā kěyǐ shàngshang wǎng、liáoliao tiānr, chīle fàn yǐhòu wánr yóuxì. Zuìhòu wǒ hái zhǔnbèi le yí ge hěn yǒu yìsi de diànyǐng. Nǐ juéde zěnmeyàng, yǒu méiyǒu yìjiàn?

玛丽： 没有意见，不过我有个建议，吃饭以前唱卡拉OK吧，比较热闹。

Mǎlì: Méiyǒu yìjiàn, búguò wǒ yǒu ge jiànyì, chī fàn yǐqián chàng kǎlā OK ba, bǐjiào rènao.

大卫： 这个建议不错，我这就去网上下载一些好听的歌儿，特别是你们女生喜欢的歌。

Dàwèi: Zhège jiànyì búcuò, wǒ zhè jiù qù wǎngshang xiàzài yìxiē hǎotīng de gēr, tèbié shì nǐmen nǚshēng xǐhuan de gē.

问：1. 聚会最后的活动是什么？（B）

　　2. 女的有什么建议？（A）

　　3. 大卫打算去哪儿找歌？（A）

第 23 课　假期有什么打算

听说词语

 一、听录音，把拼音写完整

1. 写声调

   Xī'ān（西安）　　yìzhí（一直）　　Yúnnán（云南）
   lǚxíng（旅行）　　shǔjià（暑假）　　hǎohāor（好好儿）
   chēpiào（车票）　　Huà Shān（华山）　　hǎojí le（好极了）

2. 写声母

   tàng（趟）　　dāi（待）　　bān（班）
   jié（节）　　lìshǐ（历史）　　fēngjǐng（风景）
   fàng jià（放假）　　tīngshuō（听说）　　xiǎng jiā（想家）
   bào míng（报名）　　Guóqìng Jié（国庆节）

3. 写韵母和声调

   dàgài（大概）　　yīnggāi（应该）　　jiàqī（假期）
   juédìng（决定）　　kěnéng（可能）　　kǎolǜ（考虑）
   cānjiā（参加）　　huòzhě（或者）　　lǎojiā（老家）

二、听录音，把听到的词语写在相应的图片下面，并大声朗读

火车票　　放假　　老家　　去旅行　　打篮球　　美丽的风景

答案：1. 放假　　2. 火车票　　3. 去旅行
　　　4. 老家　　5. 打篮球　　6. 美丽的风景

 三、听录音，在下面的词语中迅速圈出听到的词

假期　　历史　　暑假　　旅行　　老家
决定　　应该　　报名　　或者　　参加

101

博雅汉语听说·初级起步篇 I
听力文本及参考答案

四、听录音，填空

23-5

1. 放几天假
2. 待多长时间
3. 怎么这么着急
4. 人多极了
5. 应该没问题
6. 回一趟老家
7. 快要考试了
8. 一直很想去那儿
9. 挺想家的
10. 对历史感兴趣

听说句子

一、听录音，填空（可以写拼音）

23-6

1. 我和朋友打算假期一起去旅行。
2. 我在那儿待了差不多一个星期。
3. 刚来中国的时候我很想家。
4. 那个地方的风景漂亮极了。
5. 我对历史不太感兴趣。
6. 上课时老师说了考试的安排，同学们应该都知道了。
7. 看起来今天可能会下雨。
8. 听说他报名参加了一个暑期汉语班。

二、听句子，选择正确的回答

23-7

1. （B）你对什么比较感兴趣？
2. （C）刚才你怎么那么着急？
3. （A）你们打算明天什么时候出门？
4. （A）您要买几月几号的火车票？
5. （C）你打算在那儿待多长时间？

三、听录音中的问题，选择合适的回答，把相关问题的序号填在括号里

23-8

1. 这几天你怎么这么用功啊？
2. 快要放暑假了，你有什么打算？
3. 假期从什么时候开始？

102

4. 那个地方的风景怎么样？

5. 买火车票的人多不多？

6. 你决定放假以后去哪儿旅行了吗？

7. 放假你不打算回国了吗？

8. 你到这个地方多长时间了？

答案：（3）（7）（2）（8）（1）（5）（4）（6）

23-9

四、跟着录音重复句子

1. 快要放暑假了。

2. 假期我打算去上海旅行。

3. 这个问题我再考虑考虑。

4. 暑假他去了一趟西安。

5. 有时间一定去你的老家看看。

6. 他对历史很感兴趣。

7. 昨天我一直待在家里。

8. 我报名参加了一个暑期汉语班。

23-10

六、听录音中的三个短语，然后按照正确的顺序组成一句话，并读出来

1. 云南　　去一趟　　我打算　　　　（我打算去一趟云南。）

2. 快一点儿　　你得　　决定　　　　（你得快一点儿决定。）

3. 极了　　旅行的人　　多　　　　　（旅行的人多极了。）

4. 一年　　他已经　　没回家了　　　（他已经一年没回家了。）

5. 待　　你打算在北京　　多长时间　（你打算在北京待多长时间？）

听说一段话

一、听录音，选择正确答案

[第一段录音] 假期你有什么打算

马克： 快要放暑假了，假期你有什么打算？
Mǎkè： Kuài yào fàng shǔjià le, jiàqī nǐ yǒu shénme dǎsuàn?

张红： 没什么特别的打算，我得回一趟老家。已经一年没回家了，挺想家的。你呢？
Zhāng Hóng： Méi shénme tèbié de dǎsuàn, wǒ děi huí yí tàng lǎojiā. Yǐjīng yì nián méi huí jiā le, tǐng xiǎng jiā de. Nǐ ne?

马克： 我打算去西安旅行。我对中国历史很感兴趣，所以一直很想去西安看看。
Mǎkè： Wǒ dǎsuàn qù Xī'ān lǚxíng. Wǒ duì Zhōngguó lìshǐ hěn gǎn xìngqù, suǒyǐ yìzhí hěn xiǎng qù Xī'ān kànkan.

张红： 那你打算在西安待多长时间？
Zhāng Hóng： Nà nǐ dǎsuàn zài Xī'ān dāi duō cháng shíjiān?

马克： 大概一个星期吧，然后从西安再去上海。
Mǎkè： Dàgài yí ge xīngqī ba, ránhòu cóng Xī'ān zài qù Shànghǎi.

张红： 你去西安的话，应该去华山玩儿玩儿，那儿离西安不远，风景漂亮极了。
Zhāng Hóng： Nǐ qù Xī'ān dehuà, yīnggāi qù Huà Shān wánrwanr, nàr lí Xī'ān bù yuǎn, fēngjǐng piàoliang jí le.

马克： 我不太喜欢爬山，不过你说漂亮，那我考虑考虑。
Mǎkè： Wǒ bú tài xǐhuan pá shān, búguò nǐ shuō piàoliang, nà wǒ kǎolù kǎolù.

问：1. 女的暑假有什么打算？（B）
   2. 男的打算在西安待多长时间？（C）
   3. 男的打算从西安再去哪儿玩儿？（A）

[第二段录音] 去旅行

大卫： 安娜，这么着急，去哪儿啊？
Dàwèi： Ānnà, zhème zháojí, qù nǎr a?

安娜： 我去买火车票。
Ānnà： Wǒ qù mǎi huǒchēpiào.

大卫： 你要去旅行啊？去哪儿？
Dàwèi： Nǐ yào qù lǚxíng a? Qù nǎr?

安娜： 国庆节快到了，有七天假呢，我打算去一趟云南。你呢？大卫，假期有什么打算？
Ānnà： Guóqìng Jié kuài dào le, yǒu qī tiān jià ne, wǒ dǎsuàn qù yí tàng Yúnnán. Nǐ ne? Dàwèi, jiàqī yǒu shénme dǎsuàn?

大卫： 我还没决定，可能去内蒙古，也可能去西安。
Dàwèi： Wǒ hái méi juédìng, kěnéng qù Nèiměnggǔ, yě kěnéng qù Xī'ān.

安娜： 那你得快一点儿决定，我听说国庆节假期旅行的人多极了，得早点儿买车票、机票。
Ānnà： Nà nǐ děi kuài yìdiǎnr juédìng, wǒ tīngshuō Guóqìng Jié jiàqī lǚxíng de rén duō jí le, děi zǎo diǎnr mǎi chēpiào、jīpiào.

大卫： 好，我明天就买。
Dàwèi： Hǎo, wǒ míngtiān jiù mǎi.

问：1. 安娜打算去哪儿旅行？（A）
　　2. 安娜打算怎么去旅行？（C）
　　3. 大卫明天要干什么？（B）

[第三段录音] 要放暑假了

下个星期就要放暑假了，暑假比较长，差不多两个月呢。这个暑假我不打算去旅行了，老师让我假期好好儿学学汉语语法，所以我报名参加了一个汉语班，每天上午都有两节课。下午呢，就待在家里看看书，上上网。天气好的话，就去爬爬山，或者找朋友打打球。你呢，你假期有什么打算？

Xià ge xīngqī jiù yào fàng shǔjià le, shǔjià bǐjiào cháng, chàbuduō liǎng ge yuè ne. Zhège shǔjià wǒ bù dǎsuàn qù lǚxíng le, lǎoshī ràng wǒ jiàqī hǎohāor xuéxue Hànyǔ yǔfǎ, suǒyǐ wǒ bào míng cānjiā le yí ge Hànyǔbān, měi tiān shàngwǔ dōu yǒu liǎng jié kè. Xiàwǔ ne, jiù dāi zài jiā li kànkan shū, shàngshang wǎng. Tiānqì hǎo dehuà, jiù qù pápa shān, huòzhě zhǎo péngyou dǎda qiú. Nǐ ne, nǐ jiàqī yǒu shénme dǎsuàn?

问：1. 什么时候开始放暑假？（A）

2. 她这个暑假打算干什么？（B）

3. 她暑假上午一般干什么？（A）

第 24 课　学得怎么样

听说词语

一、听录音，把拼音写完整

24-2

1. 写声调

   duǎn（短）　　shūfǎ（书法）　　pāi（拍）
   shuài（帅）　　kāixīn（开心）　　shān（删）
   jiéshù（结束）　　jīnnián（今年）　　zhǎng（长）
   qīngchu（清楚）　　qùnián（去年）

2. 写声母

   liànxí（练习）　　zì（字）　　huí lai（回来）
   bàogào（报告）　　jiéshù（结束）　　máobǐ（毛笔）
   quèshí（确实）　　zhàopiàn（照片）　　fàngsōng（放松）

3. 写韵母和声调

   jì（记）　　suì（岁）　　gòu（够）
   shǒu（手）　　jiějué（解决）　　lèi（累）
   bāng（帮）　　Hànzì（汉字）　　kāixīn（开心）
   nánkàn（难看）

二、听录音，在下面的词语中迅速圈出听到的词

24-3

报告　　清楚　　开心　　难看　　结束
解决　　放松　　确实　　照片　　去年

三、听录音，填空

24-4

1. <u>累死</u>了
2. <u>都</u>夜里两点了

3. 学得怎么样
5. 记得很清楚
7. 长得很帅
9. 假期结束了

4. 对我来说很难
6. 问题解决了
8. 拍了很多照片
10. 照片已经删了

听说句子

一、听录音，填空（可以写拼音）

24-5

1. 他昨天确实来了，我记得很清楚。
2. 我用毛笔练习书法，练得手疼。
3. 我写得很慢，半个小时不够。
4. 对大卫来说，写汉字确实有点儿难。
5. 拍得不好的照片我都删了。
6. 我觉得假期真短，还有一天就结束了。
7. 老师让我们每个人做一个报告。
8. 他旅行回来了吗？

二、听句子，选择正确的回答

24-6

1. （B）你中文歌唱得怎么样？
2. （A）他今年多大了？
3. （C）你认识他吗？他长得怎么样？
4. （C）你昨天用手机拍的照片怎么不见了？
5. （B）最近你学书法学得怎么样了？

三、听录音中的问题，选择合适的回答，把相关问题的序号填在括号里

24-7

1. 都十点了，你怎么还不去学校上课？
2. 你觉得二十分钟够不够？我觉得不够。
3. 那件事情你是不是忘了？
4. 这个暑假过得怎么样？去哪儿玩了？
5. 对你来说，最开心的事情是什么？

6. 几年没见，那个孩子长这么高了，我都不认识了。

答案：（5）（1）（6）（2）（4）（3）

四、跟着录音重复句子

24-8

1. 考试以后我要放松一下儿。
2. 那个问题已经解决了。
3. 这个假期玩儿得开心极了。
4. 昨天睡得太晚了，今天困死了。
5. 我觉得他长得特别帅。
6. 这张照片拍得挺好的。
7. 旅行的时候我想好好儿练习口语。
8. 他说得很快，我听得不太清楚。

六、听录音中的三个短语，然后按照正确的顺序组成一句话，并读出来

24-9

1. 十二点了　　都　　回家的时候　　（回家的时候都十二点了。）
2. 写得　　他的字　　很好看　　（他的字写得很好看。）
3. 不太好　　他英语　　说得　　（他英语说得不太好。）
4. 确实　　这次旅行　　有点儿累　　（这次旅行确实有点儿累。）
5. 照得最好的　　这是　　一张照片　　（这是照得最好的一张照片。）

听说一段话

一、听录音，选择正确答案

[第一段录音]　用毛笔写字好难

24-10

安娜：　大卫，你下午两点不是有书法课吗？怎么还不去？

Ānnà:　Dàwèi, nǐ xiàwǔ liǎng diǎn bú shì yǒu shūfǎkè ma? Zěnme hái bú qù?

大卫：　你记得真清楚，书法课上周就已经结束了。

Dàwèi:　Nǐ jìde zhēn qīngchu, shūfǎkè shàng zhōu jiù yǐjīng jiéshù le.

安娜： 是吗？学得怎么样？

Ānnà： Shì ma? Xué de zěnmeyàng?

大卫： 不怎么样。对我来说，用毛笔写字太难了，我每天都练习，写得手疼。

Dàwèi： Bù zěnmeyàng. Duì wǒ láishuō, yòng máobǐ xiě zì tài nán le, wǒ měi tiān dōu liànxí, xiě de shǒu téng.

安娜： 你这么用功，一定写得不错。给我看看吧。

Ānnà： Nǐ zhème yònggōng, yídìng xiě de búcuò. Gěi wǒ kànkan ba.

大卫： 不好意思，写得太难看了。

Dàwèi： Bù hǎoyìsi, xiě de tài nánkàn le.

安娜： 我觉得你写得挺好的呀，这个送给我吧。

Ānnà： Wǒ juéde nǐ xiě de tǐng hǎo de ya, zhège sònggěi wǒ ba.

大卫： 别急，我再好好儿练练，等我写得好一点儿再送给你。

Dàwèi： Bié jí, wǒ zài hǎohāor liànlian, děng wǒ xiě de hǎo yìdiǎnr zài sòng gěi nǐ.

问：1. 今天下午大卫为什么没去上书法课？（B）

2. 大卫自己觉得书法学得怎么样？（B）

3. 大卫写的书法送给安娜了吗？为什么？（C）

24-11

[第二段录音] 谈旅行

大卫： 玛丽，旅行回来了？玩儿得怎么样？

Dàwèi： Mǎlì, lǚxíng huílai le? Wánr de zěnmeyàng?

玛丽： 玩儿得挺开心的。

Mǎlì： Wánr de tǐng kāixīn de.

大卫： 这次旅行的时间不短，累不累？

Dàwèi： Zhè cì lǚxíng de shíjiān bù duǎn, lèi bu lèi?

玛丽： 累死了。昨天坐火车回到北京，都夜里三点了。

Mǎlì： Lèisǐ le. Zuótiān zuò huǒchē huídào Běijīng, dōu yèli sān diǎn le.

大卫： 那确实挺累的。好好儿休息几天，放松放松。

Dàwèi： Nà quèshí tǐng lèi de. Hǎohāor xiūxi jǐ tiān, fàngsōng fàngsōng.

玛丽： 不行啊，假期结束了，明天就开始上课了。

Mǎlì： Bù xíng a, jiàqī jiéshù le, míngtiān jiù kāishǐ shàng kè le.

大卫： 老师让我们做的报告你准备得怎么样了？
Dàwèi: Lǎoshī ràng wǒmen zuò de bàogào nǐ zhǔnbèi de zěnmeyàng le?

玛丽： 哎呀，你不说，我都忘了。时间不够了，怎么办？
Mǎlì: Āiya, nǐ bù shuō, wǒ dōu wàng le. Shíjiān bú gòu le, zěnme bàn?

大卫： 别担心，我帮你一起准备。
Dàwèi: Bié dān xīn, wǒ bāng nǐ yìqǐ zhǔnbèi.

问：1. 玛丽的旅行怎么样？（B）

  2. 旅行回来可以休息几天？（C）

  3. 玛丽忘了什么？他们打算怎么办？（B）

[第三段录音] 暑假过得很有意思

女： 今年暑假过得很有意思。我和几个朋友去了好几个地方旅行。路上拍了很多照片，这些都是我拍得比较好的，拍得不好的都删了。你看，这是拍得最好的一张，照片里的这个人是我去年认识的一个朋友，今年26岁，英语说得很好。这次我们一起旅行，他帮我解决了很多问题。我觉得他长得很帅，你不觉得吗？

Nǚ: Jīnnián shǔjià guò de hěn yǒu yìsi. Wǒ hé jǐ ge péngyou qùle hǎo jǐ ge dìfang lǚxíng. Lùshang pāile hěn duō zhàopiàn, zhèxiē dōu shì wǒ pāi de bǐjiào hǎo de, pāi de bù hǎo de dōu shān le. Nǐ kàn, zhè shì pāi de zuì hǎo de yì zhāng, zhàopiàn li de zhège rén shì wǒ qùnián rènshi de yí ge péngyou, jīnnián èrshíliù suì, Yīngyǔ shuō de hěn hǎo. Zhè cì wǒmen yìqǐ lǚxíng, tā bāng wǒ jiějué le hěn duō wèntí. Wǒ juéde tā zhǎng de hěn shuài, nǐ bù juéde ma?

问：1. 那些照片是什么时候拍的？（A）

  2. 那些照片拍得怎么样？（C）

  3. 谁长得很帅？（A）

第 25 课 准备好了吗

听说词语

一、听录音，把拼音写完整

1. 写声调

    jù cān（聚餐）　　　　kǎ（卡）　　　　　　shū（输）

    wàimài（外卖）　　　　dìng（订）　　　　　 dǒng（懂）

    duìfāng（对方）　　　　yíng（赢）　　　　　 kǎoyā（烤鸭）

    chōng zhí（充值）　　　jiéguǒ（结果）　　　 jiūzhèng（纠正）

2. 写声母

    bēizi（杯子）　　　　　wǎn（碗）　　　　　　xǐ（洗）

    bǐsài（比赛）　　　　　gānjìng（干净）　　　 dài（带）

    xīnkǔ（辛苦）　　　　　shōudào（收到）　　　 bànfǎ（办法）

    shēngdiào（声调）

3. 写韵母和声调

    gèng（更）　　　　　　 jiāo（交）　　　　　　nǔlì（努力）

    jiǎndān（简单）　　　　jiémù（节目）　　　　 xuéqī（学期）

    shāngdiàn（商店）　　　biǎoyǎn（表演）　　　　wǎnhuì（晚会）

二、听录音，在下面的词语中迅速圈出听到的词

外卖　　聚餐　　结果　　比赛　　辛苦

对方　　纠正　　充值　　办法　　表演

三、听录音，填空

1. 洗<u>干净</u>了　　　2. 准备<u>好</u>了　　　3. 票<u>订</u>好了

4. 听错了　　　　5. 看懂了　　　　6. 对方打得更好
7. 比赛打赢了　　8. 充值卡买到了　9. 怎么交钱
10. 叫外卖

五、说出下列词语的反义词

1. 输 —— 赢　　　　　　2. 上车 —— 下车
3. 错 —— 对　　　　　　4. 难看 —— 好看
5. 短 —— 长　　　　　　6. 结束 —— 开始

听说句子

一、听录音，填空（可以写拼音）

25-5

1. 聚餐用的杯子和碗什么的都准备好了。
2. 我们很努力，可是结果还是输了。
3. 晚会的节目还没准备好呢。
4. 第一次上课的时候我走错了教室。
5. 我们从饭店订了两只烤鸭。
6. 打电话叫个外卖吧。
7. 比赛的时候对方打得更好一点儿。
8. 我请老师帮我纠正声调问题。

二、听句子，选择正确的回答

25-6

1. （C）考试考完了，你考得怎么样？
2. （C）十个人聚餐，准备的这些吃的够吗？
3. （B）我的手机怎么不能打电话了？
4. （A）请问，你们这儿卖手机充值卡吗？
5. （C）您好！这是您叫的外卖，一共一百二十块钱。

三、听录音中的问题，选择合适的回答，把相关问题的序号填在括号里

25-7

1. 昨天的篮球比赛结果怎么样？

2. 他怎么还没来，是不是忘了？
3. 你们家吃完饭以后谁洗碗呀？
4. 请问，你们饭店可以送外卖吗？
5. 昨天的考试考得不错吧？
6. 你知道在哪儿可以买到这本书吗？
7. 你说得这么快，对方能听懂吗？
8. 没好好儿准备，我担心明天比赛会输。

答案：（2）（4）（7）（1）（8）（3）（5）（6）

四、跟着录音重复句子

25-8
1. 他说会带几个朋友来。
2. 我的手机该充值了。
3. 我没找到你说的那个地方。
4. 我给你发了微信，你没收到吗？
5. 他表演的节目很有意思。
6. 他差不多每天都叫外卖。
7. 我已经在饭店订了座位。
8. 你想了这么多办法，辛苦你了！

六、听录音中的三个短语，然后按照正确的顺序组成一句话，并读出来

25-9
1. 买到了　　我在网上　　那本书　　　　（我在网上买到了那本书。）
2. 参加聚会　　他明天　　不会来　　　　（他明天不会来参加聚会。）
3. 打算开一个　　同学们　　晚会　　　　（同学们打算开一个晚会。）
4. 听明白　　他没有　　我的意思　　　　（他没有听明白我的意思。）
5. 常常纠正　　老师　　我的语法问题　　（老师常常纠正我的语法问题。）
6. 旁边的教室　　等我们呢　　他在　　　（他在旁边的教室等我们呢。）

第25课　准备好了吗

听说一段话

一、听录音，选择正确答案

[第一段录音]　聚餐准备好了吗

大卫：　安娜，明天晚上的聚餐准备好了吗？
Dàwèi：Ānnà, míngtiān wǎnshang de jù cān zhǔnbèi hǎo le ma?

安娜：　差不多了吧。大卫，你看，这是吃的、喝的，杯子、碗什么的我都洗干净了。
Ānnà：Chàbuduō le ba. Dàwèi, nǐ kàn, zhè shì chī de、hē de、bēizi、wǎn shénmede wǒ dōu xǐ gānjìng le.

大卫：　这些吃的好像不够吧？李军说他会带好几个朋友来呢。
Dàwèi：Zhèxiē chī de hǎoxiàng bú gòu ba? Lǐ Jūn shuō tā huì dài hǎo jǐ ge péngyou lái ne.

安娜：　你问清楚了吗？会来几个人？
Ānnà：Nǐ wèn qīngchu le ma? Huì lái jǐ ge rén?

大卫：　他没说清楚。
Dàwèi：Tā méi shuō qīngchu.

安娜：　没关系，我再准备一点儿吃的，再去饭店买两只烤鸭，怎么样？
Ānnà：Méi guānxi, wǒ zài zhǔnbèi yìdiǎnr chī de, zài qù fàndiàn mǎi liǎng zhī kǎoyā, zěnmeyàng?

大卫：　烤鸭我已经订好了，饭店可以送外卖。
Dàwèi：Kǎoyā wǒ yǐjīng dìnghǎo le, fàndiàn kěyǐ sòng wàimài.

问：1. 他们正在说什么？（A）
　　2. 大卫觉得安娜准备得怎么样？（B）
　　3. 李军会带几个朋友来参加聚餐？（A）
　　4. 他们打算怎么准备烤鸭？（B）

[第二段录音]　比赛打输了

丽丽：　马克，昨天篮球比赛的结果怎么样？
Lìlì：Mǎkè, zuótiān lánqiú bǐsài de jiéguǒ zěnmeyàng?

马克: 哎,比赛打输了。
Mǎkè: Ài, bǐsài dǎshū le.

丽丽: 怎么输了?是不是没准备好?
Lìlì: Zěnme shū le? Shì bu shì méi zhǔnbèi hǎo?

马克: 我们准备了很长时间,练得很辛苦。我们打得也还可以,对方打得更好吧。
Mǎkè: Wǒmen zhǔnbèi le hěn cháng shíjiān, liàn de hěn xīnkǔ. Wǒmen dǎ de yě hái kěyǐ, duìfāng dǎ de gèng hǎo ba.

丽丽: 没关系,继续努力,下次一定能赢。
Lìlì: Méi guānxi, jìxù nǔlì, xià cì yídìng néng yíng.

马克: 谢谢你,下次打赢了,我请你吃饭。
Mǎkè: Xièxie nǐ, xià cì dǎyíng le, wǒ qǐng nǐ chī fàn.

问: 1. 篮球比赛的结果怎么样?（B）
　　2. 马克觉得为什么会有这样的结果?（C）

25-12

[第三段录音] 手机该充值了

安娜: 李军,我收到一个短信,没看懂,你可以帮我看看吗?
Ānnà: Lǐ Jūn, wǒ shōudào yí ge duǎnxìn, méi kàndǒng, nǐ kěyǐ bāng wǒ kànkan ma?

李军: 我看看。哦,这是说你的手机该充值了。
Lǐ Jūn: Wǒ kànkan. Ò, zhè shì shuō nǐ de shǒujī gāi chōng zhí le.

安娜: 那怎么充值呢?去哪儿交钱?
Ānnà: Nà zěnme chōng zhí ne? Qù nǎr jiāo qián?

李军: 最简单的办法就是用微信充值,也可以买手机充值卡。
Lǐ Jūn: Zuì jiǎndān de bànfǎ jiù shì yòng wēixìn chōng zhí, yě kěyǐ mǎi shǒujī chōngzhíkǎ.

安娜: 哪儿可以买到手机充值卡?
Ānnà: Nǎr kěyǐ mǎidào shǒujī chōngzhíkǎ?

李军: 学校食堂旁边的商店就能买到。
Lǐ Jūn: Xuéxiào shítáng pángbiān de shāngdiàn jiù néng mǎidào.

问：1. 女的请李军帮她干什么？（B）

2. 女的打算怎么给手机充值？（C）

3. 在哪儿可以买到手机充值卡？（B）

［第四段录音］ 开晚会

学期快要结束了，下个星期同学们要开一个晚会。我和安娜打算一起用中文给大家表演一个节目，可是我觉得我的声调有很多问题，所以昨天下午我们和张红约好了，请她来帮我们纠正声调。可是我们等了半天，张红也没来。我们想张红会不会忘了，所以就给她打了一个电话，才知道她听错了地点，正在旁边的教室里等我们呢。

Xuéqī kuài yào jiéshù le, xià ge xīngqī tóngxuémen yào kāi yí ge wǎnhuì. Wǒ hé Ānnà dǎsuàn yìqǐ yòng Zhōngwén gěi dàjiā biǎoyǎn yí ge jiémù, kěshì wǒ juéde wǒ de shēngdiào yǒu hěn duō wèntí, suǒyǐ zuótiān xiàwǔ wǒmen hé Zhāng Hóng yuēhǎo le, qǐng tā lái bāng wǒmen jiūzhèng shēngdiào. Kěshì wǒmen děng le bàntiān, Zhāng Hóng yě méi lái. Wǒmen xiǎng Zhāng Hóng huì bu huì wàng le, suǒyǐ jiù gěi tā dǎle yí ge diànhuà, cái zhīdào tā tīngcuò le dìdiǎn, zhèngzài pángbiān de jiàoshì li děng wǒmen ne.

问：1. 说话人和安娜打算一起做什么？（A）

2. 她们和张红约好了干什么？（C）

3. 张红为什么没来？（B）